Juristische ExamensKlausuren

Christoph Schmelz

Fallsammlung zum Urheberrecht, Gewerblichen Rechtsschutz und Kartellrecht

Unter Mitarbeit von Jochen Fürmann

Dr. Christoph Schmelz
Johannisberger Straße 3
65197 Wiesbaden
dr.christoph.schmelz@t-online.de

ISSN 0944-3762
ISBN 3-540-23643-0 Springer Berlin Heidelberg New York

Bibliografische Information Der Deutschen Bibliothek
Die Deutsche Bibliothek verzeichnet diese Publikation in der Deutschen Nationalbibliografie; detaillierte bibliografische Daten sind im Internet über <http://dnb.ddb.de> abrufbar.

Dieses Werk ist urheberrechtlich geschützt. Die dadurch begründeten Rechte, insbesondere die der Übersetzung, des Nachdrucks, des Vortrags, der Entnahme von Abbildungen und Tabellen, der Funksendung, der Mikroverfilmung oder der Vervielfältigung auf anderen Wegen und der Speicherung in Datenverarbeitungsanlagen, bleiben, auch bei nur auszugsweiser Verwertung, vorbehalten. Eine Vervielfältigung dieses Werkes oder von Teilen dieses Werkes ist auch im Einzelfall nur in den Grenzen der gesetzlichen Bestimmungen des Urheberrechtsgesetzes der Bundesrepublik Deutschland vom 9. September 1965 in der jeweils geltenden Fassung zulässig. Sie ist grundsätzlich vergütungspflichtig. Zuwiderhandlungen unterliegen den Strafbestimmungen des Urheberrechtsgesetzes.

Springer ist ein Unternehmen von Springer Science+Business Media

springer.de

© Springer-Verlag Berlin Heidelberg 2005
Printed in Germany

Die Wiedergabe von Gebrauchsnamen, Handelsnamen, Warenbezeichnungen usw. in diesem Werk berechtigt auch ohne besondere Kennzeichnung nicht zu der Annahme, dass solche Namen im Sinne der Warenzeichen- und Markenschutz-Gesetzgebung als frei zu betrachten wären und daher von jedermann benutzt werden dürften.

Umschlaggestaltung: Erich Kirchner, Heidelberg

SPIN 11340805   64/3153-5 4 3 2 1 0 – Gedruckt auf säurefreiem Papier

„Es ist nicht die Norm selbst, sondern erst der Mensch, der der Norm die Würde gibt."
ERNST FORSTHOFF

„In der Wirtschaft geht es nicht gnädiger zu als im Teutoburger Wald."
FRIEDRICH DÜRRENMATT

Vorwort des Herausgebers

Das Fallbuch „Urheberrecht, Gewerblicher Rechtsschutz und Kartellrecht" ist für die Bedürfnisse der Studenten und Referendare in der Wahlfachgruppe „Wirtschaftsrecht" konzipiert. Um den neuen Bedürfnissen in puncto „praxisbezogenere Juristenausbildung" an den Universitäten Rechnung zu tragen, werden einige Fälle bedarfsgerecht in prozessuale Fragestellungen eingekleidet. Erfahrungsgemäß stößt die Anwendung des theoretisch Erlernten immer wieder auf große Probleme. Vor diesem Hintergrund ist das Fallbuch auch als wirksame Synthese zwischen „law in books" und „law in action" zu verstehen.

Da die anwaltsorientierte Juristenausbildung eine immer größere Bedeutung erlangt, sind zahlreiche Fälle aus der Sicht eines Rechtsanwalts zu lösen, der nach einer erfolgreichen Mandatierung nun vor der Aufgabe steht, seinem Mandanten eine bestmögliche Rechtsberatung zu bieten unter Einbeziehung und Abwägung aller möglichen prozessualen Risiken.

Die Fälle basieren überwiegend auf Originalentscheidungen aus der höchstrichterlichen Rechtsprechung, werden aber aus didaktischen Gründen wissenschaftlich aufbereitet und am Ende jeweils mit weiterführenden Literaturhinweisen versehen, um das Erlernte vertiefen zu können.

Zur Arbeit mit diesem Buch bleibt noch anzumerken, dass die Lösung stets zwischen dem eigentlichen Lösungstext, der in einer Klausur zu schreiben wäre, und begleitenden Erläuterungen trennt. Die unterlegten Erläuterungen sollen „Regieanweisungen" zum eigenständigen und vertiefenden Nacharbeiten geben.

Zur Benutzung des Werkes ist Folgendes festzuhalten: Das Literaturverzeichnis enthält nur die gängigen Darstellungen zu den jeweiligen Rechtsgebieten. Weitere Literaturhinweise finden sich in den Fußnoten der jeweiligen Fälle sowie am Ende der Falldarstellung. Verweisungen auf Fußnoten beziehen sich auf Fußnoten desselben Falles. Die außerordentliche und immer weiter anwachsende Fülle der wissenschaftlichen Literatur macht es notwendig, eine Auswahl wissenschaftlicher Nach- und Hinweise zu treffen. Die sie leitenden Kriterien bestehen darin, auf Werke zu verweisen, die bereits Literaturzusammenstellungen auf Spezialgebieten enthalten, fundamentalen Rechtsproblemen nicht ausweichen und gegensätzliche Auffassungen belegen. Im Übrigen schließe ich mich gern den Worten von Martin

Shapiro an: „Those who are not convinced by the argument on its face will hardly be convinced by a flood of footnotes..."[1].

Zudem wurde auf die Aufnahme eines Sachverzeichnisses verzichtet, da sich dem geneigten Leser bereits das Inhaltsverzeichnis als Sachverzeichnis erschließen wird.

Unser besonderer Dank gilt unseren Familien, die doch so manches Mal auf gemeinsame familiäre Freizeit verzichten mussten. Dafür waren sie doch für uns eine nicht zu unterschätzende Inspirationsquelle.

Das Buch ist meinem ehemaligen akademischen Lehrer auf dem Gebiet des Wirtschaftsrechts Prof. Dr. iur. Volker Beuthien gewidmet.

Das perfekte Werk gibt es nicht. Ein solches zu schreiben, gleicht dem Versuch, einen Pudding an die Wand zu nageln. Deswegen sind Hinweise an folgende Adresse zu richten: RA Dr. iur. Christoph Schmelz, Johannisberger Str. 3, 65197 Wiesbaden.

Wiesbaden, im März 2005 *Christoph Schmelz*

---

[1] M. Shapiro, The European Court of Justice: Of Institutions and Democracy, in: Israel Law Review, Bd. 32, 1998, S. 3.

Inhaltsverzeichnis

A. Urheberrecht (Dr. Schmelz)

Fall 1 „Die Großstadt als Ort der Apokalypse".................1

Urheberrechtliche Schutzvoraussetzungen, Anforderungen an die Werkeigenschaft nach § 2 UrhG, System der urheberrechtlichen Schutzansprüche gem. § 97 UrhG als zentrale urheberrechtliche Ausgangsnorm, Problematik der dreifachen Schadensberechnung, urheberpersönlichkeitsrechtliche Befugnisse des Erben

Fall 2 „Die Beständigkeit der Erinnerung"......................17

Urheberpersönlichkeitsrecht, Zugangsrecht und Beeinträchtigung des Werkes, Eigentumsbefugnisse, Kollision zwischen Bürgerlichem Recht und Urheberrecht

Fall 3 „Der Großkapitalist"...25

Inhaltliche Beschränkung und Übertragbarkeit von Nutzungsrechten, Grundzüge des Urhebervertragsrechtes, Problematik des gutgläubigen Erwerbes von Nutzungsrechten

Fall 4 „Warhols Erben"..35

Problematik des Internationalen Urheberrechtes, Erschöpfung von Verwertungsrechten, Problematik der aufgedrängten Kunst, Konflikt zwischen Urheberrecht und Sacheigentum

Fall 5 „Das Keltische Horoskop"...................................41

Wirksamkeit von Lizenzverträgen, Rückforderung von Lizenzentgelt, Behandlung der Unmöglichkeit im reformierten Leistungsstörungsrecht, kaufrechtliche Sekundäransprüche, teleologische Reduktion des § 311a II S. 2 BGB

Fall 6 „Das blaue Haus am Meer"..................................51

Schranken des Urheberrechts, Gewerbliche Verwertung von Fotografien, Verhältnis von Urheber-, Delikts- und Bereicherungsrecht

Fall 7 „J'accuse"..57

Rechte und Pflichten der Verwertungsgesellschaften, kollektive Rechtewahrnehmung, „Binnenrecht" der Verwertungsgesellschaften anhand der Beziehung zwischen Verwertungsgesellschaften und Berechtigten, Urheberwahrnehmungsgesetz, Abschluss- und Inhaltskontrolle von Berechtigungsverträgen

Fall 8 „Mord in den Dünen"..65

Einräumung von Nutzungsrechten, Fortfall des Tochterrechtes und Wirkung auf das Enkelrecht, Abstraktionsprinzip im Urheberrecht, Lizenzhandel, Verlagsvertragsrecht, Urheberrechtsprozess

B. Wettbewerbsrecht (Dr. Schmelz)

Fall 9 „Geschmacklosigkeiten"...73

Schockwerbung, Einfluss der Grundrechte auf die Konkretisierung wettbewerbsrechtlicher Normen, Vergrundrechtlichung des Rechtes, Selbstbehauptung des Zivilrechts, Wirtschaftswerbung als Meinungsäußerung gem. Art. 5 I GG, Europäische Harmonisierung, Problematik der Aktivlegitimation, Berufung des Verbrauchers auf Normen des UWG

Fall 10 „Das Saxophon"...87

Ausbeutung eines fremden Leistungsergebnisses nach dem neuen UWG (ergänzender wettbewerbsrechtlicher Leistungsschutz), Verhältnis Marken-, Urheber- und Geschmacksmusterrecht, Internationales Privatrecht, dreifache Schadensberechnung, Konkurrenz mit bürgerlich-rechtlichen Anspruchsgrundlagen

Fall 11 „Der Scheiß des Monats"..97

System und Struktur vergleichender Werbung, Behinderungswettbewerb, Besonderheiten des Einstweiligen Rechtsschutzes im Wettbewerbsrecht, Gerichtsstand in presserechtlichen Angelegenheiten

C. Markenrecht (Fürmann)

Fall 12 „Drilling gegen Dreibrüder"...105

Markenschutz, Voraussetzungen eines Schutzanspruchs in Form eines Unterlassungsanspruches nach §§ 14, 15 MarkenG, Klageentwurf

Fall 13 „Drilling gegen Drilling"..121

Firmenschutz nach dem Markengesetz, BGB und HGB, geschäftliche Bezeichnung, Verwechslungsgefahr

Fall 14 „Drillinge im Internet"..133
Schutz von Domains, Internetbesonderheiten, Unterlassungs-, Schadensersatz- und Auskunftsanspruch, Namensschutz

Fall 15 „Nur wo Solingen draufsteht, ist auch Solingen drin"................147
Schutz geographischer Herkunftsangaben, Besonderheiten im Marken- und Kennzeichenverletzungsprozess

D. Patentrecht (Fürmann)

Fall 16 „Wer zuerst kommt, mahlt zuerst"..................................157
Patentrecht, einstweiliger Rechtsschutz, Einspruchs- und Nichtigkeitsverfahren, Unterlassungsklage

Fall 17 „Wer hat's erfunden"...169
Patentrecht, Arbeitnehmererfindung, Vergütungsanspruch, Schadensersatz

E. Geschmacksmuster- und Gebrauchsmusterrecht (Dr. Schmelz)

Fall 18 „Der magische Würfel"...177
Neues Geschmacksmusterrecht, Geschmacksmusterfähigkeit von Münz- und Banknoten-Abbildungen auf Gebrauchsartikeln, Verstoß gegen die öffentliche Ordnung nach dem Geschmacksmustergesetz, Verwendung staatlicher Hoheitszeichen

Fall 19 „Neues aus Büttenwarder"..183
Eintragung eines auf Plattdeutsch bezeichneten Gebrauchsmusters, Voraussetzungen einer Gebrauchsmusteranmeldung in das Register

F. Kartellrecht (Dr. Schmelz)

Fall 20 „Das Starkstrom-Kartell"...187
Wettbewerbsbeschränkende Vereinbarungen nach Art. 81 EGV, Auswirkungsprinzip, System der Legalausnahme, Verhältnis zwischen nationalem und europäischem Kartellrecht, rechtspolitischer Ausblick auf die Reform des deutschen Kartellrechtes in Form der 7. GWB-Novelle

Fall 21 „Der Missbrauch"..199

Diskriminierungsverbot des Art. 82 EGV, Vorliegen einer marktbeherrschenden Stellung, Marktabgrenzung, Missbrauch einer marktbeherrschenden Stellung

Fall 22 „Fusionitis"..207

Neue Fusionskontrollverordnung (FKVO), Zusammenschlussbegriff der FKVO, Aufgreifkriterien, Eingreifkriterien

Fall 23 „Nicht mit uns"..217

Kartellrechtliche Bewertung staatlicher Monopole, Besonderheiten der öffentlichen Unternehmen nach Art. 86 EGV, Kollision mit den Grundfreiheiten des EG-Vertrages, neues Kartellverfahrensrecht

Literaturverzeichnis..225

Fall 1
Die Großstadt als Ort der Apokalypse[1]

Urheberrechtliche Schutzvoraussetzungen, Anforderungen an die Werkeigenschaft nach § 2 UrhG, System der urheberrechtlichen Schutzansprüche gem. § 97 UrhG als zentrale urheberrechtliche Ausgangsnorm, Problematik der dreifachen Schadensberechnung, urheberpersönlichkeitsrechtliche Befugnisse des Erben

A. Sachverhalt

Der exzentrische Kunstprofessor P hat in seiner Vorlesung mit seinen Studenten die Aufführung eines Happenings mit expressionistischer und futuristischer Bildersprache einstudiert. Das Happening soll sich an dem Bild „The City" (1916/17) des Malers George Grosz (1893-1959) orientieren. Das Ziel des Kunstprofessors ist, angesichts der Globalisierung mit ihren Schattenseiten auf der Grundlage einer ästhetisch begründeten Misanthropie die Großstadt als Ort des individuellen und kollektiven Wahnsinns darzustellen, wo sich die Probleme der Menschen auf engstem Raum verdichten.

Der Professor hat seinen Studenten bei der choreographischen Darstellung der Stadt als „Pandämonium" exakte Anweisungen gegeben, wie sie jeweils zu agieren haben. Die Studenten müssen im Einzelnen wild kreischend über die Bühne rennen und bestimmte melodische Geräusche erzeugen. In den Gesichtern sollen sich Alkohol, Syphilis und existentielle Angst widerspiegeln. Auf diese Weise wird ein „allegorischer Realismus" erzeugt. Seine Vorstellungen hat P seinen Studenten auch zeichnerisch und schriftlich niedergelegt.

Das Happening wird gegen Semesterende an jeweils drei Abenden aufgeführt. Dabei hat P mit dem stadtbekannten Mäzen M eine Vereinbarung getroffen, die vorsieht, dass M während der Veranstaltung für didaktische Zwecke ein Videoband mitlaufen lassen darf. M ist von der Wirkung der Aufführung so elektrisierend überzeugt, dass er absprachewidrig Kopien herstellt und diese gewinnbringend an Kunstkenner veräußert.

---

[1] In Anlehnung an: BGH, NJW 1985, 1633 ff. („Happening").

1. P sucht nunmehr – erbost ob des Verhaltens von M – seinen Rechtsanwalt R auf. Er möchte erreichen, dass die mit M getroffene Vereinbarung beachtet und auch durchgesetzt wird[2].

2. Andererseits möchte er an den erzielten Gewinnen beteiligt sein. Rechtsreferendarin Eva Emsig wird die Rechtsfrage zur weiteren Begutachtung vorgelegt.

3. Gehen Sie von folgender Annahme aus: Der noch lebende Sohn S des Malers George Grosz, welcher das Happening als respektlose Missachtung des künstlerischen Schaffens seines Vaters empfindet, möchte sich rechtlich gegen die kommerzielle Verwertung zur Wehr setzen. Wie ist die Rechtslage?

4. Abwandlung: Wie ist prozessual die Frage 3 zu erörtern, wenn statt des Sohnes die „George-Grosz-Stiftung" rechtlich gegen die kommerzielle Verwertung vorgehen möchte?

B. Lösung

Frage 1

I. Anspruch gem. § 97 I S. 1 2. Var. UrhG

P könnte aus § 97 I S. 1 2. Var.[3] UrhG gegenüber M seinen Anspruch auf Unterlassung im Hinblick auf weiteres Verbreiten von Videobändern konstituieren.

1. Urheberrechtliche Schutzfähigkeit

Ein solcher Anspruch setzt zunächst eine urheberrechtliche Schutzfähigkeit der von P dargebotenen Inszenierung voraus.

a) Werk i.S.d. §§ 1, 2 I UrhG

Unter Zuhilfenahme des § 1 UrhG müsste es sich hierbei um ein Werk der Literatur, Wissenschaft oder Kunst handeln. Was nun in concreto unter den allgemeinen Schutzgegenständen des Urheberrechtsgesetzes zu verstehen ist, normiert § 2 I UrhG im Rahmen eines sog. Werkartenkataloges. Ob ein urheberechtlich schüt-

---

[2] Im Rahmen einer Mandatierung ist prioritäres Ziel die bestmögliche Rechtsberatung und -besorgung für den Mandanten. Vgl. zum Komplex „Anwaltliche Beratung" den konzisen Überblick bei: Mattheus/Teichmann, JuS 2003, 633 ff.

[3] Es kommt im Rahmen der zu prüfenden Ansprüche aus § 97 I UrhG auf ein sauberes Zitieren an. Da der Anspruch realiter Beseitigungs-, Unterlassungs- und Schadensersatzansprüche normiert, ist von **Varianten** und nicht – was in einigen Fällen fälschlicherweise geschieht – von Alternativen zu sprechen. Einer Alternative ist das Entweder-Oder-Prinzip immanent.

zenwertes Werk vorliegt, ist nach objektiven Kriterien zu bestimmen und nicht etwa nach der individuellen Auffassung des Urhebers[4].

Vorliegend ließe sich aufgrund der gesprochenen Worte und der melodischen Elemente an ein Sprachwerk i.S.d. § 2 I Nr. 1 UrhG respektive an Musik gem. § 2 I Nr. 2 UrhG denken. Aber aufgrund der choreographischen Ausdrucksmittel ließe sich von der Werkart her auch an Tanzkunst gem. § 2 I Nr. 3 UrhG denken. Die von P einstudierten Bewegungsabläufe kommunizieren über rein akrobatische Bewegungsabläufe nämlich auch Inhalte. Eine exakte Subsumtion unter eine der Werkarten des § 2 I UrhG ist vor diesem Hintergrund nicht möglich. Das Happening vereinigt in sich vielmehr Elemente mehrerer Werkarten. Es stellt sich somit die Frage, ob für eine urheberrechtliche Schutzfähigkeit eine exakte Zuordnung erforderlich ist. Hier hilft die grammatikalische Auslegung weiter. Durch die Formulierung „insbesondere" in § 2 I UrhG hat der Gesetzgeber einen Fingerzeig dergestalt gegeben, dass es sich nicht um eine abschließende, sondern vielmehr um eine beispielhafte Regelung handelt. Unterstützend lässt sich argumentativ die Teleologie dieser Vorschrift anführen. Sie dient der Konkretisierung des weiten Anwendungsbereichs des § 1 UrhG. Die Schöpfung neuer Werkkategorien soll keineswegs schutzlos sein. In Rechtsprechung und Literatur wird vielmehr darauf verwiesen, dass § 2 I UrhG Raum für Neuerung lässt[5]. Infolgedessen wird das Happening als solches vom Urheberrecht erfasst.

> Bei der Frage, ob ein Werk von den Regularien des Urheberrechts erfasst wird oder nicht, ist gedanklich an Leistungen auf Gebieten wie Technik oder Pflanzenzüchtung zu denken. Als gedankliche Merkhilfe sollte man sich folgende Formel vergegenwärtigen: Das Urheberrecht liegt auf dem kulturellen Sektor, der gewerbliche Rechtsschutz hingegen auf dem gewerblichen Sektor. Das Patent- und das Gebrauchsmusterrecht befassen sich mit dem technischen Schaffen, das Marken- und das Geschmacksmusterrecht mit ästhetischen Leistungen[6].

2. Urheberrechtlicher Werkbegriff

Der von P beanspruchte Urheberschutz erfordert weiterhin ein Werk i.S.d. § 2 II UrhG, also eine persönliche geistige Schöpfung. Der Werkbegriff weist eine dreigliedrige Definitionskomponente auf.

a) Schöpfung i.S.d. § 2 II UrhG

Unter dem Begriff „Schöpfung" versteht man, dass etwas Neues entsteht und nicht bloß Vorhandenes wiedergegeben wird[7]. Das Werk ist nämlich eine Ausdrucks-

---

[4] Schmid/Wirth, Kommentar zum Urheberrechtsgesetz, Baden-Baden 2004, § 2 Rn. 2.
[5] Rehbinder, Urheberrecht, 13. Auflage, München 2004, Rn. 113.
[6] Weiterführend: Rehbinder (aaO), Rn. 96 ff.
[7] Rehbinder (aaO), Rn. 114.

form des individuellen Geistes. Überträgt man dieses Definitionsmerkmal auf den Sachverhalt, so lässt sich feststellen, dass hier keine bloße Wiedergabe des bekannten Werkes von George Grosz erfolgt. Es wird vielmehr durch weitere Ausdrucksmittel ergänzt und angereichert. Darüber hinaus verlangt die Schöpfung, dass das Geschaffene bereits Gestalt angenommen hat[8]. Die bloße Idee – wie die Idee zu einem Film[9] – ist dagegen nicht urheberrechtsschutzfähig. Im Streitfall wurden die Vorstellungen des P spätestens mit der Aufführung für die Außenwelt sichtbar und ihnen eine Form gegeben. Der Inhalt des Happenings geht auch auf menschliches Schaffen zurück, sodass eine Schöpfung vorliegt.

b) Geistige Schöpfung i.S.d. § 2 II UrhG

Weiterhin müsste es sich bei der Schöpfung um eine geistige handeln. Erforderlich ist also ein geistiger Inhalt gedanklicher oder ästhetischer Art, der zum Ausdruck gebracht wird[10]. Keineswegs ausreichend sind sog. Aphorismen. Der menschliche Geist muss in umfassender Weise in dem Werk seinen Niederschlag gefunden haben[11]. In casu sind diese Anforderungen erfüllt. Hinter der Aufführung steht eine ganz konkrete gedankliche Konzeption des P. Ein bestimmter Gefühls- und Gedankeninhalt wird vermittelt. Im Zusammenspiel mit der choreographischen Darbietung der Studenten wird ein Gedanken- und Gefühlsinhalt mit Emphase zum Ausdruck gebracht, der auch durch entsprechende Ausdrucksmittel (Schreien, Gesichtverzerrungen etc. pp.) wahrnehmbar ist. Somit liegt eine geistige Schöpfung vor.

c) Persönliche geistige Schöpfung i.S.d. § 2 II UrhG

Ferner muss die Schöpfung eine persönliche sein. Persönlich ist nur dasjenige, was ein Mensch schafft. Gleichgültig ist, ob dies durch den Inhalt oder die Form oder durch beides geschieht[12]. Wie sich die individuelle Ausdruckskraft zu äußern habe, wird in Wissenschaft und Rechtsprechung unterschiedlich beschrieben. Die Lehre verlangt eine individuelle, schöpferische Leistung und einen spürbaren Ausdruck einer schöpferischen Persönlichkeit[13] oder Eigentümlichkeit und Gestaltungshöhe[14]. Die inhaltliche Umzäunung der Rechtsprechung erfolgt in ähnlicher Weise, wenn von einer eigenschöpferischen Prägung oder auch von einer schöpferischen Eigenart oder Eigentümlichkeit gesprochen wird[15]. Das Happening hat im Streitfall die Intention, bei dem Rezipienten kritische Denkprozesse über das heutige urbane Leben und die urbane Zivilisation hervorzurufen. Es beschränkt sich

---

[8] Schmid/Wirth (aaO), § 2 Rn. 5.
[9] Vgl. auch die Ausführungen auf S. 5.
[10] Rehbinder (aaO), Rn. 115.
[11] RGZ 82, 18.
[12] Rehbinder (aaO), Rn. 117.
[13] Schack, Urheberrecht und Urhebervertragsrecht, 2. Auflage, Tübingen 2001, Rn. 161.
[14] Eugen Ulmer, Urheber- und Verlagsrecht, 3. Auflage, Berlin 1980, passim.
[15] BGHZ 117, 264, 270; 94, 276, 285.

also nicht auf eine lediglich passive Rezeption. Die für eine kritische Aufnahme ursächlichen Gestaltungselemente machen folglich das Happening zu einem urheberrechtlich geschützten Werk i.S.d. § 2 II UrhG.

> Im Zusammenhang mit dem urheberrechtlichen Werkbegriff erscheint es angebracht, in knappen Zügen den urheberrechtlichen Schutz eines Filmwerkes zu skizzieren[16]. Bei den Rechtsfragen des Filmrechts gibt es für sog. „vorbestehende Werke" Ausnahmen zum grundsätzlichen urheberrechtlichen Schutz. Dem Autor, der durch eine Idee den Impetus für ein Filmprojekt liefert, auf der Basis der Idee später ein Exposé, ein Treatment und schließlich ein fertiges Drehbuch entwickelt, werden weder nach dem Gesetz noch nach den gängigen Autorenverträgen Rechte am fertigen Film eingeräumt. Kernproblem ist bei allen kreativen Arbeitsschritten des Autors die Frage nach der persönlichen geistigen Schöpfung. Für den schöpferischen Akt reicht es nicht aus, dass der Urheber die Idee bloß im Kopf trägt. Er muss sie in schriftlicher oder mündlicher Form entäußert und einem Dritten somit zugänglich gemacht haben. Für Filmideen lässt sich die rechtliche Schlussfolgerung fixieren, dass sie vom Gesetz nicht geschützt werden. Es mangelt nämlich in der überwiegenden Zahl der Fälle an der Einmaligkeit. Die Einmaligkeit dokumentiert immerhin das Faktum, dass die konkrete Ausprägung nur schwerlich zwei verschiedenen Personen gleichzeitig hätte einfallen können. Dem Exposé, das kurze Skizzen zu den Hauptcharakteren und den wesentlichen Gang der Story enthält, kommt in praxi nur in Ausnahmefällen ein urheberrechtlicher Schutz zu[17]. Geschützt wird also realiter nicht die Grundidee, sondern nur die individuelle und konkrete Abfassung, die sich im Exposé niedergeschlagen hat. Das Treatment, das inhaltlich die Geschichte in Szenen, Dialoge und deren Schauplätze gliedert und strukturiert, ist durch die weiteren Ergänzungen und inhaltlichen Präzisierungen und Vertiefungen urheberrechtlich geschützt. Das Drehbuch als Krönung der filmischen Idee genießt im Regelfall urheberrechtlichen Schutz. Es wird expressis verbis in § 89 UrhG als vorbestehendes Werk zum Film erwähnt.

3. Verletzteneigenschaft des P

Neben der urheberrechtlichen Schutzfähigkeit setzt der von P verfolgte Anspruch voraus, dass P Verletzter ist. Das ist dann der Fall, wenn P der Urheber, d.h. der Schöpfer des Werkes ist. § 7 UrhG normiert das sog. Schöpferprinzip als die zent-

---

[16] Vertiefend zu diesem Komplex: Schwarz/von Hartlieb, Handbuch des Film-, Fernseh- und Videorechts, 4. Auflage, München 2003.
[17] Nach der Rspr. des BGH (BGH, UFITA 38 (1963), 340) gilt folgender Merkposten: Je detaillierter die literarische Handlung ausformuliert und je fortgeschrittener die filmische Ausarbeitung des Stoffes ist, desto eher liegt eine schützenswerte individuelle geistige Schöpfung vor.

rale Idee des Urheberrechts. Die einzelnen Gestaltungselemente gehen einzig und allein auf P als „auctor" zurück. Das Happening trug seine „Handschrift". Man könnte noch an eine geistige Miturheberschaft der Studenten i.S.d. § 8 UrhG denken. Eine Miturheberschaft setzt jedoch voraus, gemeinsam durch persönliche geistige Einzelleistungen ein einheitliches Werk zu schaffen. Anregungen, Hinweise oder das Beisteuern von nicht urheberrechtsschutzfähigen Ideen reichen nicht aus[18]. Die Studenten haben vorliegend keine prägenden Gestaltungsbeiträge geliefert; sie waren vielmehr den Vorstellungen des P untergeordnet. Somit ist P in seiner Eigenschaft als Urheber Verletzter.

4. Urheberrechtsverletzung

Weiteres Tatbestandsmerkmal ist die Verletzung des Urheberrechts. In casu ist an eine Verletzung des Vervielfältigungsrechts des P seitens des M aus §§ 15 I Nr. 1, 16 UrhG zu denken. Unter „Vervielfältigen" versteht man das Herstellen eines körperlichen Werkexemplars, das das Werk den menschlichen Sinnen auf irgendeine Weise unmittelbar oder mittelbar wahrnehmbar machen kann[19]. Der Mäzen M hat durch die Aufnahme der Aufführung auf ein Videoband einen Bild- und Tonträger geschaffen, auf dem das Happening wieder betrachtet werden kann. Es ist zugleich lediglich vervielfältigt und nicht etwa umgestaltet oder bearbeitet worden (vgl. § 23 S. 1 UrhG). Da es sich nicht um eine persönliche geistige Schöpfung des M handelt, ist kein Filmwerk i.S.d. § 2 I Nr. 6 UrhG und auch keine Verfilmung gem. § 23 S. 2 UrhG gegeben.

Es stellt sich weiterhin die Frage, inwieweit es sich auf das Merkmal „Verletzung" auswirkt, dass M nach der Vereinbarung mit P die Aufführung aufnehmen durfte. Er durfte ein körperliches Werkexemplar herstellen. Es ist jedoch zu weiteren Vervielfältigungen in Form von Kopien gekommen. Durch das Herstellen der Kopien ist M über die Vereinbarung „hinausgegangen" und hat somit die aus §§ 15 I Nr. 6, 16 UrhG resultierenden Rechte des P verletzt. M hat außerdem das dem P zustehende Verbreitungsrecht verletzt, also das Recht, das Original oder Vervielfältigungsstücke des Werkes der Öffentlichkeit anzubieten oder in den Verkehr zu bringen.

5. Widerrechtlichkeit

Die Verletzung ist auch widerrechtlich, da sie den Normen des rechtlichen Sollens zuwiderläuft und auch nicht durch einen Erlaubnissatz gedeckt ist.

6. Wiederholungsgefahr

Der Unterlassungsanspruch setzt als weiteres konstituierendes Merkmal eine Wiederholungsgefahr voraus. Unter einer solchen ist die Gefahr zu verstehen, dass es auch künftig zu gleichartigen Rechtsverletzungen unter den gleichen Tatumstän-

---

[18] Schmid/Wirth, (aaO), § 8 Rn. 1.
[19] Vgl. nur: BGHZ 94, 276, 281 ff.

den kommt[20]. Die Beweisbarkeit einer gleichartigen Rechtsverletzung ist in concreto nicht sicher. Jedoch ist anerkannt, dass die Rechtsverletzung die Wiederholungsgefahr indiziert[21]. M hat auch in gegenteiliger Hinsicht auch nichts verlautbaren lassen, sodass eine Wiederholungsgefahr anzunehmen ist.

7. Rechtsfolge

Als Rechtsfolge normiert § 97 I S. 1 2. Var. UrhG die Verpflichtung, rechtswidrige Verletzungen des Urheberechtes - in casu handelt es sich um Verletzungen des Vervielfältigungs- und Verbreitungsrechtes - zu unterlassen. Dem M ist es also zukünftig verboten, Videoversionen der Aufführung zum Kauf zu offerieren respektive neue Videoversionen herzustellen.

II. Anspruch gem. § 97 I S. 1 1. Var. UrhG

Weiterhin ließe sich an einen Beseitigungsanspruch gem. § 97 I S. 1 1. Var. UrhG zugunsten des P denken. Der Beseitigungsanspruch verlangt einen fortdauernden störenden Zustand[22]. Eine Rücknahme bereits verbreiteter Videoaufnahmen ist dem M dann nicht mehr möglich, wenn sie bereits endgültig an Dritte veräußert worden sind und ihm auch kein weiteres Rückforderungsrecht – z. B. durch Ausübung von Sekundärrechten – zusteht. Soweit ein Rückruf bereits hergestellter Bänder noch möglich ist, kommt eine Beseitigung a priori in Betracht.

III. Anspruch gem. § 98 I UrhG

Des Weiteren kommt als Schutzanspruch der verschuldensunabhängige Vernichtungsanspruch mit Sanktionscharakter gem. § 98 I UrhG zum Tragen. Da die Kopien von der Aufführung rechtswidrig hergestellt und auch rechtswidrig verbreitet worden sind[23], kann P von M die Vernichtung dieser Videoversionen verlangen, sofern sich diese noch in seinem Besitz befinden oder in seinem Eigentum stehen. Der Anspruch kann von P sowohl im zivilrechtlichen Verfahren als auch im Strafverfahren aufgrund besonderen Antrags geltend gemacht werden (§ 110 UrhG; für Bildnisse: § 42 KUG).

IV. Anspruch gem. § 98 II UrhG

Weiterhin kann P auch den aus § 98 II UrhG folgenden Überlassungsanspruch betreiben. M muss dann P Eigentum und Besitz übertragen. Hierbei ist jedoch eine angemessene Entschädigung zu beachten, welche die Herstellungskosten nicht übersteigen darf (§§ 98 II, 99, 110 S. 3 UrhG). Auch dieser Anspruch ist sowohl im Zivilverfahren als auch im Strafverfahren durchsetzbar.

---

[20] Schmid/Wirth, (aaO), § 97 Rn. 12.
[21] BGHZ 14, 163.
[22] Rehbinder, (aaO), Rn. 453.
[23] Sub. A. I.

Frage 2

I. Anspruch gem. § 280 I BGB

Der Anspruch des P auf eine Gewinnpartizipation[24] könnte sich aus einer Pflichtverletzung des Nutzungsvertrages gem. § 280 I BGB konstituieren.

1. Pflichtverletzung des Nutzungsvertrages

Da es sich bei dem Nutzungsvertrag um einen typengemischten Vertrag[25] handelt, kommt für eine eventuelle Leistungsstörung nur der Pflichtverletzungstatbestand des § 280 I BGB in Betracht. In concreto ließe sich an eine Nebenpflichtverletzung dergestalt denken, den anderen Vertragspartner vor Schäden zu bewahren. Die vertragliche Vereinbarung zwischen P und M sah lediglich ein Mitlaufenlassendürfen der Kamera während der Aufführung vor, nicht jedoch eine kommerzielle Vermarktung. Auf dieser argumentativen Schiene ließe sich eine Nebenpflichtverletzung konstruieren. Einer weitergehenderen Erörterung bedarf es jedoch nicht. Dem P ist in casu kein ersatzfähiger Schaden entstanden. Vor allem ist ihm kein Gewinn entgangen, da er selbst gar nicht die Absicht einer kommerziellen Vermarktung hatte.

II. Anspruch gem. § 97 I S. 1 3. Var. UrhG

Zu prüfen ist weiterhin, ob sich ein Anspruch auf Gewinnpartizipation auf der Grundlage des urheberrechtlichen Anspruchs gem. § 97 I S. 1 3. Var. UrhG ergeben könnte.

1. Urheberrechtliche Schutzfähigkeit

Die tatbestandlichen Grundvoraussetzungen der §§ 1, 2 UrhG sind gegeben[26].

2. Problematik der dreifachen Schadensberechnung

Erörterungsbedürftig ist die Schadensberechnung. Im Rahmen des § 97 I UrhG sind nämlich unterschiedliche Arten der Schadensberechnung anerkannt. Dieses Procedere trägt der besonderen Bedeutung von Immaterialgüterrechten Rechnung. Der Urheberrechtsberechtigte kann demnach vom Verletzer wahlweise den konkreten Schaden nach § 249 S. 1 BGB, die übliche Lizenzgebühr oder den vom Verletzer erzielten Gewinn als Schadensersatz verlangen. Im Streitfall böte sich

---

[24] Bei dieser Anspruchsrichtung ist zu prüfen, ob aus der Verletzung des Urheberrechts Herausgabe-, Wertersatz- oder Schadensersatzansprüche folgen, die ihrer Rechtsfolge nach das Begehren des P decken.
[25] Schmid/Wirth, (aaO), § 31 Rn. 4.
[26] Die Voraussetzungen der persönlichen geistigen Schöpfung sind unter B., Frage I.1. abgehandelt worden.

als „ius variandi" an, dass P von M den erlangten Gewinn herausverlangt. Die dreifache Schadensberechnung wird im Schrifttum kritisiert, weder die angemessene Lizenzgebühr noch der Verletzergewinn ließen sich in das schadensrechtliche System der §§ 249 ff. BGB, welche sich durch eine Restitutions-, Kompensations- und Genugtuungsfunktion auszeichnen, integrieren[27]. Für diese Beträge müsste P dann eine andere Anspruchsgrundlage bemühen. Damit stellt sich das Problem, wie die Streitfrage zu entscheiden ist.

Für die Ansicht des Schrifttums spricht zunächst ein klares systematisches Argument: Eine dreifache Schadensberechnung ist nur schwerlich mit der im Schadensrecht herrschenden Differenzhypothese in Einklang zu bringen. Der Gewinn des Verletzers läßt sich schon begrifflich nicht als Vermögenseinbuße auf Seiten des Geschädigten auffassen. Wenn der Geschädigte zudem auch keine Lizenz erteilt hätte, ist es außerdem kaum begründbar, die angemessene Lizenzgebühr als Schaden zu verstehen[28].

Auf der anderen Seite ist zu beachten, dass die dreifache Schadensberechnung für den gesamten gewerblichen Rechtsschutz und das Urheberrecht Gültigkeit beansprucht[29]. Die Rechtsprechung begründet dies weitergehend mit der Erwägung, dass „niemand durch den unerlaubten Eingriff bessergestellt werden soll, als er im Fall einer ordnungsgemäß nachgesuchten und erteilten Erlaubnis durch den Rechtsinhaber gestanden hätte"[30]. Insbesondere basiert dieses Vorgehen auf Praktikabilitätserwägungen. Zwar bietet sich für den Geschädigten noch die Option, auf der bereicherungsrechtlichen Ebene gegen den Schädiger vorzugehen. Das Bereicherungsrecht ist jedoch ein Spiegelbild gegenüber dem Deliktsrecht, da es nicht darauf abzielt, eine Einbuße des Gläubigers zu sanktionieren, sondern einen Ausgleich für eine ungerechtfertigte Vermögensverschiebung zu schaffen – also eine vorhandene Bereicherung rückabzuwickeln. Insbesondere erfährt durch das Vorgehen der Rechtsprechung die von Georg Jellinek geprägte Formel von der „normativen Kraft des Faktischen" ihre wahre Berechtigung, sodass auf der Grundlage der dreifachen Schadensberechnung P seine Gewinnpartizipation erreichen kann.

III. Anspruch gem. § 812 I S. 1 2. Alt. BGB

Möglicherweise hat P gegenüber M noch einen Bereicherungsanspruch nach den Bestimmungen des § 812 I S. 1 2. Alt. BGB.

---

[27] Den Verletzergewinn sehen nicht als Schaden an: Beuthien/Wasmann, GRUR 1997, 255, 256 f.; Lange, Schadensersatzrecht, 2. Auflage, Tübingen 1990, § 6 XII 5 c; Staudinger/Medicus, Kommentar zum Bürgerlichen Gesetzbuch, 12. Auflage, Berlin 1983, § 249 Rn. 180.
[28] In diesem Sinne: Beuthien/Wasmann, (aaO), S. 257 Fn. 37.
[29] Vgl. nur BGHZ 20, 345, 353; BGH, GRUR 1987, 37, 39. In der Entscheidung GRUR 1993, 897, 898 hält der BGH die Grundsätze der dreifachen Schadensberechung expressis verbis für Gewohnheitsrecht.
[30] BGHZ 57, 116, 119.

1. Eingriff in den Zuweisungsgehalt eines Rechts/einer Rechtsposition

Dann müsste M im bereicherungsrechtlichen Sinne „etwas erlangt haben in sonstiger Weise". Fraglich ist, wie bei der Nichtleistungskondiktion das Erlangte inhaltlich zu konturieren ist. Vor dem Hintergrund, dass die Nichtleistungskondiktion dem Rechtsgüterschutz dient, kommt es bereits bei der Bestimmung des Erlangten darauf an, welcher Gegenstand oder welches Recht taugliches Kondiktionsobjekt ist. Mit der Vervielfältigung des Happenings hat M auf der Grundlage der Lehre vom Zuweisungsgehalt[31] in den Zuweisungsgehalt eines absoluten Rechts (§§ 15 I Nr. 1, 2, 16 I, 17 I UrhG) eingegriffen. Der Eingriff in den Zuweisungsgehalt erfolgte auch ohne Rechtsgrund.

2. Erlangtes i.S.d. § 818 II BGB

Fraglich ist auf der Rechtsfolgenseite, wie der durch M erlangte Vorteil im Sinne des § 818 II BGB zu bemessen ist.

Die Antwort auf diese Frage hängt davon ab, ob der Wertbegriff in § 818 II BGB subjektiv oder objektiv auszulegen ist. Überwiegend wird der Wertersatzanspruch objektiv ausgelegt[32]. P kann von M bereicherungsrechtlich die marktübliche Lizenzgebühr beanspruchen. Im Vordringen ist eine Gegenansicht, die den Wertbegriff des § 818 II BGB subjektivierend auslegt und auf die Vermögensverhältnisse des Bereicherungsschuldners abstellt. Nach dieser Ansicht kann P als Bereicherungsgläubiger bei M mindestens die Lizenzgebühr, aber auch den Gewinn kondizieren. Gegen die These der Gewinnhaftung spricht jedoch überzeugend das bereicherungsrechtliche Anspruchssystem. Einer Gewinnhaftung unterliegt nur der bösgläubige oder verklagte Bereicherungsschuldner nach §§ 819 I, 818 IV BGB. Aus Gründen der Vermeidung einer Systemwidrigkeit sprechen die überzeugungskräftigeren Gründe für eine objektive Wertermittlung im Rahmen des § 818 II BGB.

IV. Anspruch gem. §§ 687 II S. 1, 681, 667 BGB

Es stellt sich weiterhin die Frage, ob P gegen M einen Ersatzanspruch nach den Grundsätzen einer angemaßten Eigengeschäftsführung gem. § 687 II S. 1, 681, 667 BGB beanspruchen kann.

Ein solcher Anspruch in Form der Geschäftsanmaßung ist gegeben. M hat ohne Berechtigung ein objektiv fremdes Geschäft geführt. Es fiel nämlich dem äußeren Anschein nach in den Rechtskreis des P. Von der Rechtsfolge her hat M dem P den erzielten Gewinn nach §§ 687 II S. 1, 681 S. 2, 667 BGB herauszugeben.

---

[31] Vgl. nur: Wieling, Bereicherungsrecht, 3. Auflage, Heidelberg 2003, passim.
[32] Wieling, (aaO), passim.

Frage 3

I. Anspruch gem. § 97 I S. 1 2. Var. UrhG

Dem Sohn S des Malers George Grosz könnte ein Anspruch auf Unterlassung des Verbreitens weiterer Videoaufnahmen gem. § 97 I S. 1 2. Var. UrhG zustehen.

1. Urheberrechtliche Schutzfähigkeit

Das Bild von George Grosz lässt sich unter die Kategorie „bildende Künste" im Rahmen des § 2 I Nr. 4 UrhG subsumieren. Das Werk ist auch nicht gemeinfrei, da die urheberrechtliche Schutzfrist des § 64 UrhG von 70 Jahren noch nicht abgelaufen ist.

2. Urheberpersönlichkeitsrechtliche Befugnisse des Erben

Fraglich ist jedoch, ob der Sohn S überhaupt befugt ist, urheberpersönlichkeitsrechtliche Interessen seines verstorbenen Vaters rechtlich geltend zu machen.

Unter Zuhilfenahme des § 28 I UrhG ergibt sich, dass das Urheberpersönlichkeitsrecht vererblich ist. Sub signo „monistische Theorie"[33] ist das Urheberpersönlichkeitsrecht Bestandteil eines einheitlichen, als Ganzes vererblichen Urheberrechts, bei dem die Urheberpersönlichkeitsrechte und die Verwertungsrechte eine untrennbare Einheit bilden. Weiterhin gilt beim Urheberpersönlichkeitsrecht folgendes besondere Faktum: Es erübrigt sich für selbiges wegen der eindeutig umrissenen Gesetzeslage eine besondere Begründung für die Gewährung des postmortalen Persönlichkeitsschutzes. Eine solche ist nun einmal für das allgemeine Persönlichkeitsrecht zwingend geboten.

> Das Urheberpersönlichkeitsrecht besteht auch klar in der Frist des § 64 I UrhG. Vor diesem Hintergrund ist es logische Konsequenz, dass die urheberpersönlichkeitsrechtlichen Interessen mit dem zeitlichen Abstand zum Tode des Urhebers auch nicht an Gewicht verlieren[34]. Der Schutz der Werkintegrität dient zudem den vermögensrechtlichen Interessen des/der Erben an dem Werk. Deswegen geht die von der Rechtsprechung vertretene Gegenansicht, wonach dem Urheberpersönlichkeitsrecht mit dem zeitlichen Abstand zum Tod des Urhebers ein geringeres Gewicht zukommt, nicht mit der Teleologie des UrhG konform. Sie vermengt in einer dogmatisch unzulässigen Weise die zum postmortalen Persönlichkeitsschutz entwickelten Grundsätze mit dem Urheberpersönlichkeitsrecht.

---

[33] Siehe Punkt C.
[34] Wandtke/Bullinger (Hrsg.), Praxiskommentar zum Urheberrecht, München 2002, Vor §§ 12 ff. Rn. 10.

Durch den Eintritt des Todes von George Grosz trat der Erbfall ein. Es kam i.S.d. § 1922 BGB zu einer Universalsukzession, unter der man ex lege eine Gesamtrechtsnachfolge des Erben in das Vermögen des Erblassers versteht.

> Bei einer Ausübung der Urheberpersönlichkeitsrechte seitens einer Mehrheit von Erben ist Folgendes zu beachten: Das Verhältnis der Erben untereinander orientiert sich an den §§ 2032 ff. BGB. Die Miterben werden durch den Erbfall nicht zu einer Urhebergemeinschaft[35]. Die Ausübung der urheberpersönlichkeitsrechtlichen Befugnisse gehört in concreto zur Nachlassverwaltung. Bei der Ausübung des Urheberpersönlichkeitsrechtes durch Erben des Urhebers ist auch zu berücksichtigen, dass sie ihre Befugnisse frei ausüben können, d. h. sie sind nicht an den erklärten oder mutmaßlichen Willen des verstorbenen Urhebers gebunden. Da die Erben die volle Rechtsstellung erlangen, können sie die urheberpersönlichkeitsrechtlichen Befugnisse im eigenen Interesse ausüben[36].

3. Verletzung des Urheberrechts

Eine Verletzung des Urheberrechts seitens des P könnte in der zeichnerischen und schriftlichen Darstellung über die Durchführung des Happenings, in der Durchführung als solcher, im Herstellen der Videobänder und letztlich in der kommerziellen Verwertung der Bänder zu sehen sein.

a) Verletzung des Vervielfältigungsrechtes

Indem P seine Vorstellungen zeichnerisch und schriftlich angefertigt hat, könnte eine Vervielfältigung i.S.d. §§ 15 I Nr. 1, 16 I UrhG des Gemäldes „The City" zu erblicken sein. Die dem Happening zugrunde liegenden zeichnerischen und schriftlichen Darstellungen sind jedoch keine bloße Reproduktion des Bildes. Vielmehr gehen die Darstellung und letztlich das auf dieser basierende Happening über eine reine Vervielfältigung hinaus. Der Professor P hat das Gemälde durch seine Zeichnungen vielmehr in eine andere Darstellungsform gekleidet. Eine Verletzung des Vervielfältigungsrechtes scheidet somit aus.

Auch die Durchführung des Happenings verletzt kein Vervielfältigungsrecht. Es fehlt nämlich an einer körperlichen Fixierung, die essentieller Bestandteil einer Vervielfältigung i.S.d. § 16 I UrhG ist. Es handelt sich vielmehr um eine Form einer unkörperlichen Wiedergabe respektive steht einer solchen Form gleich.

---

[35] BGH, GRUR 1982, 308, 310.
[36] Dietz, ZUM 1993, 303, 317. Ein solches Procedere ist nicht unumstritten. In diesem Zusammenhang ist auch die gegenteilige Auffassung der Rspr. zu beachten (vgl. BGH, GRUR 1989, 106, 107).

b) Verletzung eines Aufführungsrechtes

Überlegenswert ist jedoch, ob M nicht ein Aufführungsrecht nach §§ 15 II Nr. 1, 19 II 2. Alt. UrhG, also das Recht, das Werk öffentlich bühnenmäßig darzustellen, verletzt hat. Das Werk ist öffentlich durchgeführt worden. Des Weiteren ist eine bühnenmäßige Darstellung erforderlich. Unter einer solchen versteht man unter Verweis auf § 19 II UrhG ein für Auge und Ohren bestimmtes bewegliches Spiel[37]. Diese Anforderungen sind im vorliegenden Fall erfüllt. Dennoch ist die Einschlägigkeit der Verletzung eines Aufführungsrechtes kontrovers zu diskutieren[38].

Bei einer unbefangenen Normauslegung kommt man zu dem Schluss, dass der Gesetzeswortlaut lediglich von „Werk" spricht und somit eine Deutung zulässt, welche die Möglichkeit einer bühnenmäßigen Aufführung sämtlicher Werkarten vorsieht. Im wissenschaftlichen Schrifttum jedoch wird die Vorschrift methodologisch teleologisch dahingehend reduziert, dass eine bühnenmäßige Aufführung nur von Werken i.S.d. § 2 I Nr. 1, 2, und 3 UrhG möglich ist[39]. Für eine solche Sichtweise spricht ein systematisches Argument: Der Gesetzestext bezieht sich lediglich auf eine reine „Darstellung" (vgl. § 19 II UrhG) bzw. „Wiedergabe" (vgl. § 15 II S. 1 UrhG) des Werkes. Das streitgegenständliche Happening geht aber über eine bloße Darstellung bzw. Wiedergabe des Gemäldes „The City" hinaus. Es erfolgt keine schlichte Wiedergabe des Gemäldes. Die Darstellung unterscheidet sich vielmehr durch die Anreicherung mit neuen Darstellungs- und Gestaltungselementen vom Ausgangswerk und stellt somit eine Darstellungsform sui generis dar. Aus diesen Überlegungen ist zu folgern, dass S die Durchführung des Happenings nicht untersagen kann.

4. Bearbeitung versus freie Benutzung

Eine Verletzung des Urheberrechtes könnte in dem Herstellen und Anbieten der Videobänder zu sehen sein, wenn in der Durchführung des Happenings eine Bearbeitung oder eine andere Umgestaltung des Gemäldes „The City" zu erblicken ist. Dahinter steht der Gedanke, dass Bearbeitungen oder Umgestaltungen nur mit Einwilligung des Erben S als Sohn des verstorbenen Malers George Grosz erfolgen dürfen (§§ 15 I Nr. 1, Nr. 2, 16 I, 17 I UrhG). Liegt eine freie Benutzung i.S.d. § 24 I UrhG vor, so ist keine Urheberrechtsverletzung gegeben.

In Abgrenzung zur Bearbeitung muss bei der Benutzung folgendes Spezifikum beachtet werden: Das aus der Benutzung entstehende Werk muss gegenüber dem früheren Werk selbständig sein[40]. Die freie Benutzung bezieht sich wie die Bearbeitung auf ein anderes Werk, geht in ihrem schöpferischen Gehalt aber über eine Bearbeitung hinaus. Eine freie Benutzung setzt definitorisch weitergehend voraus, dass die individuellen Züge des benutzten Werkes nur eine Anregung für weiteres

---

[37] Schmid/Wirth (aaO), § 19 Rn. 3.
[38] Siehe nur: Eugen Ulmer (aaO), § 51 III 1, S. 248.
[39] Rehbinder (aaO), Rn. 215.
[40] Schmid/Wirth (aaO), § 24 Rn. 2 („erhöhter Grad an Eigenständigkeit").

Schaffen bilden, während bei der Bearbeitung die Individualität des Originalwerkes übernommen und ihr nur zusätzlich neue Individualität eingepflanzt wird.

Hintergrund dieser Abgrenzung ist, dass gestalterischer Fortschritt nur erzielt werden kann, wenn der geistig Schaffende auf den Leistungen anderer aufbauen kann. Die Rechtsprechung benutzt, um der Abgrenzungsproblematik eine anschauliche Plastizität zu geben, die sog. Verblassensformel. Diese hat zum Inhalt, dass angesichts der Eigenart des neuen Werkes die entlehnten eigenpersönlichen Züge des geschützten und älteren Werkes verblassen müssen. Eine freie Benutzung ist exempli causa dann anzunehmen, wenn ein Sprachwerk, ein Musikwerk oder ein Bildwerk in eine andere dieser drei Kunst- und Darstellungsformen übertragen wird. Für das Umwandeln in andere Werkgattungen lassen sich derartige Regeln nicht ohne weiteres ermitteln. Das Besondere hierbei ist die viel größere Ähnlichkeit zwischen Ausgangswerk und verändertem Werk. So sind Werke der bildenden Künste, Lichtbildwerke, Filmwerke und bildliche Darstellungen wissenschaftlicher oder technischer Art untereinander bearbeitungsfähig.

Überträgt man die o. g. genannten und aufgezeigten Entwicklungstendenzen, so ist das streitgegenständliche Happening als freie Benutzung des Gemäldes „The City" zu qualifizieren. Sein schöpferischer Ausdrucksgehalt basiert nicht wie der eines Gemäldes lediglich auf optischen, sondern auch auf akustischen Eindrücken. Es lebt von der Einmaligkeit und Aktion jeder einzelnen Aufführung und nicht von einer verewigten Statik wie das Gemälde. Die entlehnten eigenpersönlichen Züge des älteren Werkes verblassen angesichts der Kumulation neuer Darstellungselemente bei der Aufführung gegenüber dem Happening. Somit sind beide Werkarten einander völlig wesensfremd. S kann damit auch die kommerzielle Verwertung des väterlichen künstlerischen Schaffens nicht verhindern.

Frage 4

Bei der prozessualen Geltendmachung einer Verletzung von Urheberpersönlichkeitsrechten seitens Dritter ist Folgendes zu beachten: Eine Ausübung des Rechtes nach dem Tode des Urhebers ist auch durch Dritte möglich. Dies geschieht prozessual im Wege einer gewillkürten Prozessstandschaft[41]. Voraussetzung dafür ist ein eigenes schutzwürdiges Interesse des Dritten, der die Rechte ausüben will und soll. Das eigene schutzwürdige Interesse ist nur dann zu bejahen, wenn die Entscheidung die eigene Rechtslage beeinflusst[42]. Ein eigenes schutzwürdiges Interesse kann sich aus der Satzung einer Stiftung ergeben, die den Nachlass eines verstorbenen Urhebers verwaltet[43]. Im wissenschaftlichen Schrifttum wird auch aus überzeugenden Gründen für eine Ausübung des Urheberpersönlichkeitsrechtes

---

[41] Die gewillkürte Prozessstandschaft ist eine besondere Form der Prozessführungsbefugnis und daher eine Prozessvoraussetzung.
[42] Thomas/Putzo (Hrsg.), Kommentar zur Zivilprozessordnung, 26. Auflage 2004, § 51 Rn. 34.
[43] BGHZ 107, 384, 389.

durch Dritte mit dem Argument einer besseren Vertrautheit mit dem Werk des verstorbenen Urhebers votiert[44].

C. Weiterführende Hinweise: Historie der Immaterialgüterrechte

Das Urheberrecht und die gewerblichen Schutzrechte eignen sich für die rechtshistorische Betrachtung in besonderer Weise, da sich in ihnen deutlicher als in anderen Teilen der Rechtsordnung der Wandel der sozialen und wirtschaftlichen Verhältnisse abbildet: Den „freien" Schriftsteller und Künstler im Sinne der Moderne gibt es in früheren Jahrhunderten ebenso wenig wie die Notwendigkeit, geistige Schaffenskraft durch allgemeines Gesetz zu belohnen. Es kommt – wie Wadle plastisch formuliert – hinzu, dass „alle Gebiete des geistigen Eigentums in stärkerem Maße Veränderung unterworfen sind als Rechtsfiguren und -institute, die eine ewige Wiederkehr kennen"[45]. Vor diesem Hintergrund sind das Urheberrecht und die gewerblichen Schutzrechte auch viel mehr als andere Rechte auf die Vergewisserung der eigenen Anfänge und Entwicklungen angewiesen. Nur so kann einer – um mit Friedrich Carl von Savigny zu sprechen – „trostlosen Eilfertigkeit" des Gesetzgebers bei neuen legislativen Projekten Einhalt geboten werden.

In starkem Maße geht das Urheberrecht auf das sog. Privilegiensystem zurück. Ein Drucker oder ein Verleger wird danach das hoheitliche Vorrecht (privilegium) verliehen, ein bestimmtes Werk innerhalb eines bestimmten Hoheitsbereichs zu drucken. Der Zweck ist folgender: Sowohl Sicherung der Zensur über weitere Veröffentlichungen als auch diejenige der Verkaufseinnahmen eines Werkes. Auf einer späteren Entwicklungsstufe entstehen sog. Autorenprivilegien, denen schon der Gedanke des Autors für die von ihm geschaffene geistige Schöpfung zugrundeliegt. Auch heute noch ist die Belohnungstheorie für das Verständnis des gewerblichen Rechtsschutzes in praxi von fundamentaler Bedeutung. Die Ausschließlichkeitsrechte stellen danach eine Belohnung für denjenigen dar, der eine bestimmte Leistung erbringt. In die ähnliche Richtung weisen die sog. Ansporntheorie und die Vertragstheorie. Die zugrundeliegende Überlegung sollte bei der praktischen Argumentation in der Klausur und Praxis stets an passender Stelle eingebracht werden. Stets stellt sich nämlich die Frage, ob eine Leistung vorliegt, die durch die Zuerkennung eines Ausschließlichkeitsrechtes belohnt werden muss oder nicht.

Weiterhin ist für das historische Verständnis Folgendes wichtig: Die im 17. Jahrhundert von John Locke entwickelte Lehre vom geistigen Eigentum, die auf das angeborene Recht des Menschen auf die von ihm geschaffenen Güter abstellt. Eine Fortentwicklung findet sich in den Überlegungen des Königsberger Philoso-

---

[44] Wandtke/Bullinger (aaO), Vor §§ 12 ff. Rn. 15.
[45] Wadle, Geistiges Eigentum – Bausteine zur Rechtsgeschichte, Weinheim - New York - Cambridge 1996, S. V.

phen Immanuel Kant[46], wenn er bei der Klassifizierung des Urheberrechts als Persönlichkeitsrecht den Aspekt des Persönlichkeitsschutzes in den Vordergrund stellt. Bis auf den heutigen Tag letztlich ist die Konzeption eines einheitlichen, aus immateriellem und materiellem Gehalt bestehenden Urheberrechtes im einzelnen noch umstritten[47]. Man wird jedoch mit gutem Grund sagen könne, dass auf der Basis der monistischen Theorie realiter eine Verklammerung des Schutzes materieller und ideeller Interessen des Urhebers zu einem einheitlichen Recht mit einer doppelten Funktion erfolgt.

Im Gegensatz hierzu sind dem angloamerikanischen Rechtskreis[48] in Form des sog. Copyright Law urheberpersönlichkeitsrechtliche Befugnisse und bestimmte Verfügungsbeschränkungen zum Schutz des Urhebers fremd. Der Schutz des produzierten Wirtschaftsgutes steht im Vordergrund.

---

[46] Kant unterscheidet in seiner Schrift „Über die Unrechtmäßigkeit des Büchernachdrucks" zwischen dem „opus mechanicum" des Buches, an dem ein Sachenrecht bestehe, und seinem Inhalt, den er als Rede des Verfassers an die Nation auffasste, an der der Verfasser ein persönliches Recht habe.

[47] Einen instruktiven Überblick zu den weiteren historischen Begründungsversuchen zur Theorie vom Immaterialgüterrecht in den Schriften von Hegel („Grundlinien der Philosphie des Rechts") und Fichte („Beweis der Unrechtmäßigkeit des Büchernachdrucks") liefert Rehbinder. Vgl. Rehbinder, (aaO), Rn. 27.

[48] Vgl. Cornish, Intellectual Property, London 1981, S. 394 ff.; Kaplan/Brown, Copyright, 3. Auflage, New York 1978, S. 655 ff.; Treece, American Law Analogues of the Author's "Moral Right", AJCL. 16 (1968), S. 487-506.

Fall 2
Die Beständigkeit der Erinnerung[1]

Urheberpersönlichkeitsrecht, Zugangsrecht und Beeinträchtigung des Werkes, Eigentumsbefugnisse, Problematik der Zerstörung des Werkes als höchste Form der Entstellung, Kollision zwischen Bürgerlichem Recht und Urheberrecht

A. Sachverhalt

Der Künstler K hat auf Bestellung des kunstsinnigen Privatiers P den Treppenflur seiner im Tudor-Stil erbauten Villa - gelegen im vornehmen Harvestehuder Weg der Hansestadt Hamburg - in Anlehnung an die surrealistische Darstellung „Die Beständigkeit der Erinnerung" des spanischen Malers Salvador Dali mit einem urheberschutzfähigen Gemälde bemalt. Da es sich um den Stammwohnsitz des P handelt, kann das fertiggestellte Gemälde nicht ohne weiteres besichtigt werden. Eines Tages spürt K den inneren Drang, sein Werk wieder sehen zu müssen.

1. Hat K einen Anspruch darauf, sein Gemälde besichtigen zu können?

Nach zwei Jahren verliert Privatier P seinen Gefallen an dem Gemälde. Die „Beständigkeit der Erinnerung" ist für ihn nicht mehr zu ertragen. Aus diesem Grund lässt er das Gemälde ohne Zustimmung des K teilweise übertapezieren. Nur noch vereinzelte Elemente des ursprünglichen Gemäldes bleiben weiterhin sichtbar. K ist über diesen Schritt des P empört. Er sieht sich in seiner „Künstlerehre" gekränkt und verletzt. Privatier P entgegnet, dass er über sein Eigentum nach eigenem Gusto verfügen könne. Von K lasse er sich nichts sagen.

2. Kann K auf rechtlichem Wege erreichen, dass das teilweise Übertapezieren seines Werkes rückgängig gemacht wird?

---

[1] In Anlehnung an: RGZ 79, 397 ff. („Felseneiland mit Sirenen"). In diesem Streitfall ging es um ein - bislang fälschlich Arnold Böcklin zugeschriebenes, in Wahrheit aber von Hans Mayer stammendes - Fresko „Felseneiland mit Sirenen".

3. Wie ist der Fall zu bewerten, wenn P ob des Anblicks des Gemäldes derart der „Kragen platzt", dass er die Darstellung gänzlich übertapezieren und somit aus seinem Blickfeld verschwinden lässt?

4. Erläutern Sie die Besonderheiten bei der Frage der Beweislast im Zusammenhang des § 25 UrhG.

B. Lösung[2]

Frage 1

I. Anspruch gem. § 25 UrhG

Der Anspruch des K auf Zugang zu seinem Werkstück könnte sich aus § 25 I UrhG herleiten lassen.

1. Urheberrechtlich schutzfähiges Werk

Das Gemälde ist ausweislich der Sachverhaltsinformation ein urheberrechtlich schutzfähiges Werk.

2. Zugang wegen Herstellung von Vervielfältigungen oder Bearbeitungen

Ausgehend von der Teleologie des § 25 UrhG erscheint ein bloßes inneres Bedürfnis als nicht ausreichend für die Konstituierung eines Zugangsrechtes[3]. Es muss vielmehr ein bestimmtes qualitatives Maß haben. So kann beispielsweise ein Architekt nicht mit dem Anliegen vordringen, er möchte eine mögliche Entstellung eines von ihm geplanten Gebäudes prüfen. Aus welchem Motiv heraus der Urheber einen Zugang zu seinem Werk erreichen möchte, ist für das Zugangsrecht unerheblich[4].

Der Gesetzeswortlaut verlangt mit dem Merkmal „erforderlich" das o.g. qualitative Maß. Die Erforderlichkeit ist dann zu bejahen, wenn dem Urheber ein anderer Zugang zu seinem Werk verwehrt oder unzumutbar ist, z.B. weil er kein Ver-

---

[2] Der Fall spricht in seinen verschiedenen Facetten die Kollision der Ausschließlichkeitsrechte mit dem Eigentumsrecht am körperlichen Gegenstand an. Es bleibt festzuhalten, dass das Urheberrecht und die gewerblichen Schutzrechte überhaupt unabhängig als Immaterialgüterrecht („Sachenrecht" des 21. Jahrhunderts) Gegenstände unkörperlicher Art schützen und sich durch ihre potentielle Ubiquität auszeichnen. Da dies so ist, kann das Ausschließlichkeitsrecht aber jederzeit mit dem Eigentumsrecht an dem körperlichen Gegenstand, in dem sich das Ausschließlichkeitsrecht gerade verkörpert, kollidieren.

[3] Vgl. auch: OLG Düsseldorf, GRUR 1979, 318 ff.

[4] Schmid/Wirth, Kommentar zum Urheberrechtsgesetz, Baden-Baden 2004, § 25 Rn. 2.

vielfältigungsstück besitzt, das Werk nicht in einer öffentlichen Bibliothek, einem Museum oder an einem öffentlichen Platz zugänglich ist oder weil es sich in einem entfernten Land oder an einem unerreichbaren Ort befindet[5]. Im vorliegenden Fall wird man die Erforderlichkeit unter dem Gesichtspunkt dergestalt bejahen können, dass lediglich das Originalwerk die einzige Sicherheit dafür bietet, den künstlerischen Gehalt des Werkes unverändert wiederzugeben[6]. Zudem ist für K das Gemälde nicht ohne weiteres zugänglich.

Das Zugangsrecht dient dem Schutz der persönlichen Beziehung des Urhebers zu dem Werkstück, auch wenn bei seiner Geltendmachung im Einzelfall Vermögensinteressen des Urhebers eine Rolle spielen[7]. Eine saubere Separation zwischen ideellen und materiellen Interessen ist insbesondere im Urheberrecht nicht immer möglich. In der Literatur wird deswegen zu Recht das Zugangsrecht als ein Beispiel für die unauflösbare Bindung des Urhebers an seine geistige Schöpfung angesehen[8]. Das Zugangsrecht ist nicht auf Dritte übertragbar. Auf das Zugangsrecht als solches kann nicht verzichtet werden, wohl aber auf die Ausübung im Einzelfall. Dabei muss der Verzicht deutlich erklärt worden sein. So umfasst die Erklärung eines Architekten, auf sämtliche mit dem Bauvorhaben zusammenhängende Ansprüche gleich welcher Art zu verzichten, nicht den Verzicht auf das Zugangsrecht. Das Zugangsrecht erlischt erst mit Ablauf der in § 64 UrhG normierten Schutzfrist („post mortem auctoris").

3. Kein entgegenstehendes berechtigtes Interesse des Besitzers

Privatier P ist unmittelbarer Besitzer i.S.d. § 854 BGB[9]. Ob nun ein berechtigtes Interesse des Besitzers entgegensteht, beurteilt sich anhand einer Abwägung der Interessen des Urhebers und der entgegenstehenden Interessen des Besitzers[10]. Berechtigte Interessen können ideelle und materielle Interessen sein. Überwiegen bei einer Interessenabwägung die berechtigten Interessen des Besitzers, so wird das Zugangsrecht – je nach Lage des Falles – verdrängt oder eingeschränkt. Der Besitzer kann dem Urheber den Zugang nicht mit der Begründung versagen, dass der Urheber sein Zugangsrecht nur dazu benutzt, ein möglicherweise dem Originalwerk ähnliches neues Werk zu schaffen[11]. In casu ist argumentativ ins Feld zu führen, dass K lediglich das Treppenhaus und nicht die Privaträume des P betreten

---

[5] Rehbinder, Urheberrecht, 13. Auflage, München 2004, Rn. 249.
[6] Zu diesem Bereich: KG, GRUR 1983, 507.
[7] Dreier/Schulze, Kommentar zum Urheberrechtsgesetz, München 2004, § 25 Rn.1.
[8] Reimer, GRUR 1962, 619.
[9] Anspruchsverpflichteter im Rahmen des § 25 UrhG kann auch der Fremdbesitzer sein. Entscheidend ist die tatsächliche Sachherrschaft.
[10] Möhring/Nicolini, Kommentar zum Urheberrechtsgesetz, 2. Auflage, München 2000, § 25 Rn. 7.
[11] Wandtke/Bullinger (Hrsg.), Praxiskommentar zum Urheberrechtsgesetz, München 2002, § 25 Rn. 10.

muss[12]. K muss dann mit P rechtzeitig erforderliche Terminabsprachen treffen, um auch die zeitliche Belastung des P so gering wie möglich zu halten. Auf diese Weise sind Abwägungsparameter für einen angemessenen Interessenausgleich gefunden.

> Aus der Erkenntnis der Wesensverschiedenheit von Sacheigentum und Urheberrecht als geistigem Eigentum erklärt sich die vom Gesetzgeber bewusst abgelehnte Gleichstellung beider[13]. Eugen Ulmer weist überdies treffend darauf hin, dass „es auch methodisch verfehlt wäre, wenn der Inhalt des Sacheigentums als Vorbild und Maß für den Inhalt des geistigen Eigentums genommen würde"[14].

4. Rechtsfolge

Von seiner Rechtsfolge her gesehen beläuft sich der Anspruch auf ein Zugänglichmachen des Werkes. Der P muss dem K als Urheber die tatsächliche Möglichkeit verschaffen, je nach Lage des Einzelfalles Vervielfältigungen oder Bearbeitungen herzustellen. Dazu gehört auch das Recht des K, Zutritt zum Treppenhaus zu bekommen.

Frage 2

K könnte gegen P aus § 97 I S. 1 1. Var. UrhG einen Anspruch darauf haben, dass P die Beeinträchtigungen von Urheberrechten des K dergestalt beseitigt, dass das teilweise Übertapezieren rückgängig gemacht und das Gemälde wieder in den ursprünglichen Zustand zurückversetzt wird.

1. Verletzung von Urheberrechten

Das teilweise Übertapezieren der Darstellung von K könnte sein Urheberpersönlichkeitsrecht in Form des Schutzes vor Beeinträchtigungen gem. § 14 UrhG tangieren. Das Recht gegen Entstellungen des Werkes schützt den Bestand dieser konkreten Form und des darin zum Ausdruck gelangenden konkreten geistigästhetischen Gesamteindrucks des Werkes[15]. Die Entstellung ist dabei lediglich ein besonders schwerwiegender Unterfall der Beeinträchtigung[16], deren Vorliegen sich nach objektiver Sicht bestimmt, die dem Urheber jedoch keine Wertung von außen aufzwingen darf[17]. Originärer Beurteilungsmaßstab ist deshalb das Werk in der ihm vom Urheber verliehenen Gestalt, die dem Urheber als die bestmögliche

---

[12] Der Schutz der Privatheit ist ein anerkanntes Motiv des Besitzers, das dem Zugangsrecht entgegenstehen kann.
[13] Vgl. amtl. Begr. zum UrhG 1965, BT-Drucks. IV/270, S. 63.
[14] Ulmer, Urheber- und Verlagsrecht, 3. Auflage, Berlin 1980, S. 108.
[15] Vgl. v. Gamm, Kommentar zum Urheberrechtsgesetz, München 1968, § 15 Rn. 10.
[16] Schricker, Kommentar zum Urheberrecht, 2. Auflage, München 1999, § 14 Rn. 19.
[17] Schricker (aaO), § 14 Rn. 18.

erscheint und die demzufolge auch vom außenstehenden Betrachter als solche hinzunehmen ist[18].

Unter Berücksichtigung dieser Faktoren ergibt sich folgendes Argumentationsbild: Durch das teilweise Übertapezieren hat das Gemälde des K einen anderen geistig-ästhetischen Gesamteindruck erlangt. Dadurch wird dem Gemälde ein neuer interpretatorischer Sachzusammenhang zuteil, der von dem von K ursprünglich verliehenen Inhalt abweicht. Angesichts der „umgepolten" künstlerischen Aussage ist das Gemälde nur noch eingeschränkt „das" Bild des K. Eine Beeinträchtigung ist folglich zu bejahen.

2. Gefährdung berechtigter Interessen des Urhebers

Die Beeinträchtigung indiziert die Eignung, die geistigen oder persönlichen Interessen des Urhebers zu gefährden[19]. Weiterhin bleibt zu überlegen, ob das beeinträchtigte Interesse des K im Hinblick auf die Werkintegrität („droit au respect de son œuvre") gegenüber den Eigentümerinteressen des P auch ein berechtigtes ist.

Zunächst bleibt festzuhalten, dass von einem Vorrang des Bestands- und Integritätsinteresses des Urhebers auszugehen ist. Im Urheberrecht gilt ganz allgemein ein grundsätzliches Änderungsverbot[20]. Ferner ist jedoch zu beachten, dass der Eigentümer eines Werkexemplars berechtigterweise daran interessiert ist, mit seinem Eigentum nach Belieben verfahren zu dürfen. Privatier P macht dies vorliegend auch hinreichend deutlich. Entscheidend für die Auflösung dieser Konfliktlage ist folgender Aspekt: Das Gemälde ist nur für den privaten Bereich und nicht für die Öffentlichkeit bestimmt. Insofern ist es ausgeschlossen, dass ein unbestimmter und unkontrollierter Personenkreis das veränderte Werk zu Gesicht bekommt. K hat durch die Veränderung somit in der Öffentlichkeit keinen Verlust seines künstlerischen Ehranspruchs zu befürchten. Die Eigentumsgarantie des Art. 14 GG ist ein elementares Grundrecht. Zudem ist sie „eine Wertentscheidung von besonderer Bedeutung"[21], die eine eigenverantwortliche Gestaltung des Lebens ermöglichen soll. Daraus ist zu folgern, dass in casu die urheberrechtlichen Interessen des K zurücktreten müssen und keine Gefährdung berechtigter Interessen vorliegt[22].

Frage 3

K könnte im Falle des vollständigen Übertapezierens seines Gemäldes die Beseitigung des Übertapezierens nach § 97 I S. 1 1. Var. UrhG verlangen.

---

[18] Dreier/Schulze (aaO), § 14 Rn. 10.
[19] OLG München, ZUM 1992, 307, 310.
[20] BGH, GRUR 1974, 675, 676.
[21] BVerfGE 14, 263, 277.
[22] Im Übrigen bleibt anzumerken, dass in der Kunstgeschichte „Bildkorrekturen" nicht neu sind. Schon Papst Paul IV. hatte vor über 400 Jahren nackte Gestalten in Michelangelos Werk „Das jüngste Gericht" durch einen anderen Maler bekleiden lassen (vgl. Movessian, UFITA 95 (1985), S. 77, 78).

Urheberrechtsverletzung

Die Lösung in puncto „Urheberrechtsverletzung" erscheint trotz der zunächst klaren Ausgangslage in Form des vollständigen Übertapezierens nicht eindeutig: Auf der Basis der Rechtsprechung und einer historisch begründeten Argumentation unter Heranziehung der amtlichen Begründung zu § 14 UrhG scheidet mangels Urheberrechtsverletzung ein Beseitigungsanspruch aus. Der Gesetzgeber hat insbesondere das Entstellen von Werken nicht mit dem Vernichten gleichgesetzt[23]. Eine solche Gleichstellung hätte er aber legislatorisch wählen können.

Namentlich das Reichsgericht hat in seiner berühmten „Felseneiland mit Sirenen-Entscheidung" eine Gleichstellung inhaltlich mit dem Schutz des Eigentümers des Werkexemplars verneint[24]. Durch das Vernichten wird nicht in die künstlerische Eigenart des Werkes und in das Persönlichkeitsrecht des Künstlers eingegriffen. Vielmehr müsse es dem Eigentümer freistehen, das Werk zu veräußern, zu verkaufen oder es dem Anblick durch Beseitigung zu entziehen[25]. Dies gilt jedoch nur, solange nicht eine Ehrenkränkung des Künstlers die originäre Motivationslage ist[26]. Nachweislich der Philosophie der Begründung zum UrhG im Jahre 1965 hat der Gesetzgeber trotz der beeinträchtigenden Wirkung der Werkvernichtung kein Verbot in § 14 UrhG mit aufgenommen[27] [28]. Der Eigentümer eines Werkexemplares ist aus § 14 UrhG deshalb nicht mit der Pflicht belastet, ein Werk erhalten oder restaurieren zu müssen. Er ist frei, ein Werk verfallen zu lassen oder das Werk sogar zu zerstören.

Wichtige argumentative Substanz in diesem Kontext liefert ein rechtsvergleichender Blick: So enthält Art. 7 des TRIPS-Abkommens[29] den Inhalt, dass „der Schutz und die Durchsetzung von Rechten des geistigen Eigentums (...) in einer dem gesellschaftlichen und wirtschaftlichen Wohl zuträglichen Weise erfolgen und einen Ausgleich zwischen Rechten und Pflichten herstellen sollen". Die französische Regierung schreibt in ihrer Begründung des Gesetzentwurfes zur Umsetzung der Richtlinie vom 12.11.2003: „Il convient donc de trouver des voies permettant de favoriser une diffusion plus large de la culture tout en préservant les droits des créateurs. C'est dans cet esprit d'équilibre que les traits de l'Organisation Mondiale de la Proprieté Intellectuelle (OMPI) de 1996 ont adapté

---

[23] Vgl. M. Schulze, Materialien zum UrhG, Band I, 2. Auflage, Weinheim 1997, S. 435. Im Wege eines „argumentum a minore ad maius" könnte man die Ansicht vertreten, dass die Zerstörung die höchste Form der Entstellung eines Werkes darstellt.
[24] RGZ 79, 397, 401.
[25] Im Originalzitat heißt es im Urteil des RG: „Ja man wird ihm (scil. Eigentümer) für den Regelfall auch das Recht nicht versagen können, es (scil. Werk) völlig zu vernichten".
[26] So Rehbinder (aaO), Rn. 244.
[27] BR-Drucks. 1/62, 45 zu § 14 (1965).
[28] Vor diesem Hintergrund bedarf es auch nicht des methodologischen Versuches, im Wege eines „argumentum a minore ad maius" die Vernichtung von Werkexemplaren unter § 14 UrhG zu subsumieren.
[29] TRIPS = Trade-Related Aspects of Intellectual Property Rights.

à l'univers numérique la plupart des règles des conventions internationales de Berne et Rome".

Insgesamt ist der Streitfall auf der Basis einer „differentia specifica"[30] einer sachgerechten Lösung zuzuführen. Die aus § 903 S. 1 BGB resultierende Befugnis des Eigentümers, mit der Sache nach Belieben verfahren und sie folglich auch nach Belieben vernichten zu dürfen, verdient einen derart ausgeprägten Vorrang nur in den Fällen sog. aufgedrängter Kunst[31]. In allen anderen Fällen ist eine zurückhaltende Entscheidung geboten. Diese Zurückhaltung gebietet sich gerade im Hinblick auf das „droit au respect de son œuvre" des Urhebers. Die Sichtweise der Rechtsprechung hätte zur Folge, dass der Urheber sein Werk vor einer Teilzerstörung in Form einer Entstellung sichern könnte, aber nicht vor einer weitergehenden Werkvernichtung als schärfste Form der Beeinträchtigung[32]. Eine Werkvernichtung ist gerade in der Konstellation unzulässig, wo der Urheber seinen Anspruch auf Zugang zum Werkstück bereits geltend gemacht hat und dieser noch nicht erfüllt ist[33]. Der Eigentümer ist vielmehr verpflichtet, den Urheber in Anlehnung an das Zugangsrecht jedenfalls zuvor über die Zerstörungsabsicht zu informieren und ihm ggf. den Zugang zu ermöglichen[34].

Im Streitfall ist eine saubere Offenlegung des Gemäldes nach dem kompletten Übertapezieren nicht mehr möglich. Dem P gegenüber ist jedoch der Vorwurf zu erheben, eine Informationspflicht und die Rechte des K aus § 14 UrhG verletzt zu haben. Dem K hätte die Möglichkeit gewährt werden müssen, Skizzen oder Abbildungen des Gemäldes anzufertigen. Insgesamt überwiegen jedoch auch in dieser Fallkonstellation die Interessen des P gegenüber denjenigen des K, so dass K seinen Beseitigungsanspruch rechtlich nicht konstituieren kann[35].

> Das strukturelle Telos des Urheberpersönlichkeitsrechtes manifestiert sich darin, dem Urheber eine geistige und persönliche Beziehung zu seinem Werk zu gewähren. Diese Beziehung ist auch im internationalen Urheberrecht anerkannt. Nach Art. 6 RBÜ[36] behält der Urheber unabhängig von seinen vermögensrechtlichen Befugnissen und selbst nach deren Abtretung das Recht, die Urheberschaft am Werk für sich in Anspruch zu nehmen und sich jeder Entstellung, Verstümmelung, sonstigen Änderung oder Beeinträchtigung des Werkes zu widersetzen, die seiner Ehre oder seinem Ruf nachteilig sein könnten. Das Urheberpersönlichkeitsrecht wird als rechtlich selbständige Erscheinungsform des allgemeinen Persönlichkeitsrechtes verstanden. Einerseits geht es als Spezialregelung gemäß dem Grundsatz

---

[30] Hierzu: Schneider, Logik für Juristen, 5. Auflage, München 1999, S. 34 ff.
[31] Schack, GRUR 1983, 56 ff.
[32] Schricker (aaO), § 14 Rn. 38.
[33] G. Schulze, FS 100 Jahre GRUR, Weinheim 1991, S. 1303, 1336.
[34] Schack, Urheber- und Urhebervertragsrecht, 2. Auflage, Tübingen 2001, Rn. 359 ff.
[35] Einen sog. Vernichtungsabwehranspruch wird man nur bei hochwertigen Originalen von Werken der bildenden Kunst annehmen können.
[36] RBÜ = Revidierte Berner Übereinkunft zum Schutz von Werken der Literatur und der Kunst.

> „lex specialis derogat legi generali" dem allgemeinen Persönlichkeitsrecht vor, andererseits gelten ergänzend die Befugnisse aus dem allgemeinen Persönlichkeitsrecht. Das allgemeine Persönlichkeitsrecht kommt außerhalb des Bereichs schutzfähiger Werke in Betracht, beispielsweise als Recht auf Schaffensfreiheit[37].

Frage 4

Grundsätzlich gilt im Zivilprozess der Grundsatz, dass jede Partei die Beweislast für die anspruchsbegründenden Tatsachen trägt. Dieser Grundsatz der subjektiven Beweislast erfährt im Zusammenhang mit einer Anspruchsverfolgung aus § 25 UrhG eine Aufweichung und Änderung dahingehend, dass der Besitzer des Originals oder eines Vervielfältigungsstücks beweisen muss, dass der Zugang bei ihm nicht erforderlich sei[38]. Es erfolgt eine Beweislastumkehr. Sachliche Rechtfertigung für diese Beweislastumkehr ist das Faktum, dass der Urheber den Negativbeweis, er habe keinen Zugang zu anderen Exemplaren, in der Regel kaum führen kann. Ohne eine Beweislastumkehr ließe sich das Zugangsrecht letztlich aushöhlen und würde zu einem „zahnlosen Papiertiger" degradiert.

C. Weiterführende Hinweise: Literatur

Zu § 25 UrhG:

1.) Erdmann, Sacheigentum und Urheberrecht, FS Piper 1996, S. 655 ff.

2.) Schöfer, Die Rechtsverhältnisse zwischen dem Urheber eines Werkes der bildenden Kunst und dem Eigentümer des Originalwerkes, 1984

Zu § 97 UrhG:

1.) Bullinger, Kunstverfälschung und Urheberpersönlichkeitsrecht, Berlin 1997

2.) Götting, Persönlichkeitsrechte als Vermögensrechte, Tübingen 1995

3.) Lucas-Schlötter, Die Rechtsnatur des Droit Moral, GRUR Int. 2002, S. 809 ff.

---

[37] Schricker (aaO), Vor §§ 12 ff. Rn. 16.
[38] Dreier/Schulze (aaO), § 25 Rn. 20.

Fall 3
Der Großkapitalist[1]

Inhaltliche Beschränkung und Übertragbarkeit von Nutzungsrechten, Grundzüge des Urhebervertragsrechts, Problematik des gutgläubigen Erwerbs von Nutzungsrechten

A. Sachverhalt

Der umtriebige Jungregisseur Klaas Klever (K) - frischgebackener Absolvent der Münchener Filmhochschule - hat als alleiniger Urheber das Theaterstück „Der Großkapitalist" geschrieben und auch verfilmt. Im Mittelpunkt des Stückes steht das Leben des dem Müßiggängertum zugewandten und saturierten Großkapitalisten G. Dieser lebt nach der Devise des bekannten Dadaisten und Schöpfers der sog. „Ready mades" Marcel Duchamp : „Ich atme liebe, als dass ich arbeite".

K hat mit G einen schriftlichen Vertrag abgeschlossen, in welchem er dem G gegen Entgelt das unbefristete Recht überträgt, den Film auf DVDs zu vervielfältigen und die DVD-Versionen zu kommerzialisieren. Eine mündliche Zusatzabsprache sieht aber vor, dass G nur solche DVD-Versionen anfertigen und vertreiben darf, die nach dem System XY arbeiten.

Zwei Jahre später veräußert G, der nunmehr als „Aussteiger" in Island leben möchte, sein Unternehmen und in diesem Zusammenhang auch das Nutzungsrecht in Schriftform an C, der die mündliche Zusatzabsprache zwischen K und G nicht kennt. C beginnt damit, DVD-Versionen mit dem System AB herzustellen. Das AB-System ist dem XY-System gerade auf dem Sektor der Bild- und Tonspurübertragung weit überlegen und ermöglicht zusätzliche Nutzungen. K hat nur vage Informationen über das Vorhaben des C.

1. K möchte von seinem Rechtsanwalt wissen, ob es die Möglichkeit gibt, sich rechtlich Klarheit über den Handelsumsatz der von C vertriebenen DVD-Versionen mit dem System AB verschaffen zu können.

---

[1] In Anlehnung an: BGHZ 5, 116 ff.

2. Des Weiteren möchte K wissen, ob er von C Unterlassung des Vertriebs und Herausgabe der hergestellten DVD-Versionen des Systems AB verlangen kann.

3. Beziehen Sie kurz Stellung zur Anwendbarkeit der Grundsätze der Geschäftsgrundlagenstörung im Urhebervertragsrecht.

B. Lösung

Frage 1

I. Anspruch gem. § 809 BGB

Der Anspruch des K im Hinblick auf genaue Informationen einer möglichen Urheberrechtsverletzung gegenüber C könnte sich auf einen zivilrechtlichen Vorlageanspruch gem. § 809 BGB stützen lassen[2].

1. Anwendbarkeit der Vorschrift

Die Vorschrift des § 809 BGB ist ausweislich der Bestimmung des § 97 III UrhG auf der Basis einer sog. Anspruchskonkurrenz[3] anwendbar. Die §§ 97 ff. UrhG treffen keine abschließende Regelung.

2. Bestehen eines Hauptanspruchs

Der zivilrechtliche Vorlage- und Besichtigungsanspruch nach § 809 BGB[4] ist immer dann einschlägig, wenn der Schutzrechtsinhaber eine Rechtsverletzung nicht mit hinreichender Sicherheit festzustellen vermag. Dies ist zum Beispiel dann der Fall, wenn er sich den schutzrechtsverletzenden Gegenstand nicht im Wege eines Testkaufs besorgen kann oder weil der Verletzer die Verletzung innerhalb seines Betriebes begeht[5]. In diesen Fällen schafft der Vorlage- und Besichtigungsanspruch Abhilfe[6].

---

[2] Urheberrechtliche Ansprüche sind nicht einschlägig. Insbesondere das Rechtsfolgensystem des § 97 UrhG deckt sich nicht mit dem tatsächlichen Begehren, dem sog. Sachziel, des K.

[3] Im wissenschaftlichen Schrifttum wird häufig auch von einer Anspruchsgrundlagenkonkurrenz gesprochen.

[4] Ein solcher Anspruch kommt im Studium - nicht jedoch in der Praxis - selten vor. Jedoch sollte man ihn in seinen Spezifika einmal kennen gelernt haben.

[5] Dreier/Schulze, Kommentar zum Urheberrechtsgesetz, München 2004, § 97 Rn. 83.

[6] Im Rahmen einer Patentverletzung gibt es gewisse Spezifikationen, die es zu beachten gilt. Grundlegend ist die sog. Druckbalken-Entscheidung des BGH (vgl. BGHZ 93, 191 ff.). Die „gewisse" Wahrscheinlichkeit einer Patentverletzung genügt nicht. Sie muss erheblich sein.

Die Rechtsprechung hat diesen zivilrechtlichen Anspruch zunächst auch im Recht des geistigen Eigentums grundsätzlich zugelassen[7] und in jüngster Zeit den Anwendungsbereich im Hinblick auf die inhaltlichen Anforderungen erweitert[8]. Zukünftig ist im Urheberrecht nicht mehr eine erhebliche, sondern nur noch eine gewisse Wahrscheinlichkeit für das Vorliegen einer Verletzung erforderlich. Unzulässig sind nur solche Eingriffe, die eine ernsthafte und realistische Gefahr für das Integritätsinteresse des vermeintlichen Verletzers darstellen. Die Formulierung „in Ansehung der Sache" macht zudem deutlich, dass der Anspruch auch besteht, wenn der Anspruchsteller zwar möglicherweise keinen Anspruch auf Herausgabe der Sache hat, aber zwischen seinem Anspruch und der Sache eine sonstige rechtliche Beziehung besteht, kraft derer das Bestehen des Anspruchs in irgendeiner Weise von der Existenz oder der Beschaffenheit der Sache abhängt[9]. Doch genügen nicht bloße Spekulationen über sein Bestehen. Ansonsten würde das prozessrechtliche Verbot des Ausforschungsbeweises unterlaufen[10].

> Die Bestimmungen der §§ 809, 810 BGB gewähren zur Förderung, Erhaltung oder Verteidigung einer Rechtsposition unter bestimmten Voraussetzungen eigene schuldrechtliche Ansprüche auf Besichtigung bzw. Einsicht[11].
>
> Für den Gesetzgeber[12] lag der Schwerpunkt der Vorschrift des § 809 BGB bei den Einschränkungen, die er für den Vorlegungsanspruch einführte. Sie ziehen dem Rechtsinstitut engere Grenzen als sie für die als zu weit empfundene Exhibitionsklage des gemeinen Rechts bestanden. Insofern dienen § 809 BGB und seine Folgevorschriften dem Ausgleich der divergierenden Interessen an der Besichtigung einerseits und an der Freihaltung der Privatsphäre des Besitzers andererseits[13].
>
> Weil die Bestimmung § 809 BGB einen Hauptanspruch des Vorlegungsgläubigers als wenigstens wahrscheinlich voraussetzt, kann der Vorlageanspruch als materiell-rechtlicher Hilfsanspruch qualifiziert werden.

Überträgt man die oben skizzierten Anforderungen auf den Streitfall, so ergibt sich folgendes Bild: Das Bestehen von Ansprüchen seitens des K gegenüber C hängt wesentlich davon ab, ob immaterialgüterrechtlich geschützte Merkmale sich

---

[7] BGH, GRUR 1985, 512.
[8] BGH, GRUR 2002, 1046.
[9] BGHZ 93, 197, 198.
[10] BGHZ 93, 191, 205.
[11] BGH, NJW 1981, 1733.
[12] Mot. II, 890 = Mugdan II, 497.
[13] RGRK/Steffen, Das Bürgerliche Gesetzbuch mit besonderer Berücksichtigung der Rechtsprechung des Reichsgerichts und des Bundesgerichtshofs – Kommentar zum BGB, 12. Auflage, Berlin 1974 ff., vor § 809 Rn. 1.

in der Sache respektive der angegriffenen Ausführungsform (scil. DVD-Versionen des Systems AB) verkörpern[14].

C hat zudem möglicherweise Verwertungsrechte des K verletzt. Des Weiteren müsste K ein legitimes Interesse zustehen. Ein solches steht nur demjenigen zu, der an der Besichtigung der Sache ein Interesse hat, das wegen des wirklich oder wahrscheinlich bestehenden Hauptanspruchs begründet ist. Bezogen auf die urheberrechtliche Besonderheit des Falles hat eine Konkretisierung dahingehend zu erfolgen, dass ein legitimes Interesse dann gegeben ist, wenn der Inhaber eines Immaterialgüterrechts Anhaltspunkte dafür hat, dass bei dem Anspruchsgegner Ware lagert, die sein(e) Recht(e) verletzt und ihm nicht zugänglich ist[15]. Bezüglich des legitimen Interesses ist das Vorbringen des K plausibel und letztlich substantiiert im Sinne des zivilprozessual erforderlichen Vorbringens. Zudem sind auch keine Aspekte ersichtlich, die ein anerkennenswertes Geheimhaltungsinteresse des C gem. § 17 UWG begründen könnten. In diesem Fall stünde ein solches dem Vorlageanspruch des K entgegen.

3. Rechtsfolge

C ist als Besitzer der Anspruchsgegner. Von der Rechtsfolge her beläuft sich der Anspruch aus § 809 BGB auf das sinnliche Wahrnehmbarmachen der Sache[16]. Die Kostentragung obliegt gem. § 811 II S. 2 BGB dem K als Anspruchsberechtigtem. Die Kostentragung beinhaltet den durch die Vorlegung veranlassten Aufwand (Transport, Verpackung, Porto) einschließlich der Kosten eines etwa einzuschaltenden Sachverständigen.

> Besitzer und deshalb Schuldner des Anspruchs kann nach überwiegender Auffassung auch der mittelbare Besitzer sein. Dafür spricht der Wortlaut des § 868 BGB, dagegen die rechtspraktische Überlegung, dass der mittelbare Besitzer nicht ohne weiteres in der Lage ist, die Sache vorzulegen. Es kommt vor diesem Hintergrund nur derjenige mittelbare Besitzer als Anspruchsgegner in Betracht, der kraft seines Rechtsverhältnisses zum unmittelbaren Besitzer die Sache jederzeit an sich ziehen kann oder der selbst einen Anspruch auf Vorlegung oder Besichtigung gegen diesen hat[17]. Keinesfalls kann der Besitzdiener Anspruchsgegner sein.

---

[14] Der Anspruch kann auch dann bestehen, wenn er von dem Bestand der Sache oder ihrer Beschaffenheit abhängt. In der reichsgerichtlichen Judikatur wurde dies für den Fall einer Vorlegung von Briefen an den Erben des Absenders bejaht, damit dieser prüfen kann, ob die Veröffentlichung kraft Urheberrechts zu untersagen ist (hierzu: RGZ 69, 401, 405 – Nietzsche Briefe).

[15] OLG Düsseldorf, GRUR 1983, 745, 746.

[16] Palandt/Sprau, Kommentar zum Bürgerlichen Gesetzbuch, 64. Auflage, München 2005, § 809 Rn. 9.

[17] In diesem Sinne anhand eines Beispieles die Erwägungen des LG Frankfurt. Vgl. LG Frankfurt, NJW-RR 1991, 13.

Frage 2

I. Anspruch gem. § 97 I S. 1 2. Var. UrhG

Ein Unterlassungsanspruch des K gegen C könnte sich aus dem Regelungsgehalt des § 97 I S. 1 2. Var. UrhG ableiten lassen.

1. Urheberrechtlich schutzfähiges Werk

Das von K verfasste Bühnenstück ist urheberrechtlich geschützt. Es fällt als Theaterstück nicht unter eine einzelne Werkart, wohl aber als Mischform unter mehrere Werkarten i.S.d. § 2 I Nr. 1, 2, 3 UrhG. Als Filmwerk wird es zudem von § 2 I Nr. 6 UrhG erfasst. Dem K steht auch als geistiger Schöpfer des Theaterstückes die Urheberschaft gem. § 7 UrhG zu.

2. Widerrechtliche Urheberrechtsverletzung

In concreto ist an eine Verletzung des aus §§ 15 I Nr. 1, 16 I, II UrhG folgenden Vervielfältigungsrechtes zu denken. C hat durch das Herstellen der besagten DVD-Versionen das Werk des K menschlichen Sinnen wahrnehmbar gemacht und somit in das in § 16 II UrhG verankerte Vervielfältigungsrecht eingegriffen. Dies geschah auch ohne Vorliegen eines Rechtfertigungsgrundes.

3. Einräumung und Übertragung eines Nutzungsrechtes

Eine Verletzung des Urheberrechtes des K kommt dann nicht in Betracht, wenn dem C das Herstellen von DVD-Kopien erlaubt war. Dies kann durch die Einräumung eines Nutzungsrechts nach § 31 I S. 1 UrhG erfolgt sein. Die Einräumung eines Nutzungsrechtes kann nur zwischen G und K möglich sein, zwischen G und C hingegen muss eine Übertragung i.S.d. § 34 UrhG erfolgt sein.

Jeder Rechtseinräumung liegt ein Verpflichtungsgeschäft zugrunde, mit welchem der Umfang des Nutzungsrechtes sowie die einzelnen Konditionen festgelegt werden, zu denen das Nutzungsrecht überlassen werden soll[18]. Im Wege der Rechtseinräumung wird über das Nutzungsrecht verfügt. Hierfür gelten ergänzend zu den urheberrechtlichen Vorschriften die §§ 398 ff. BGB[19]. K hat mit G eine Einigung über die Einräumung eines Nutzungsrechtes an dem Filmwerk „Der Großkapitalist" getroffen. G war berechtigt, das Werk „auf die erlaubte Art" zu nutzen. Ein solches Nutzungsrecht könnte nunmehr auf C übergegangen sein. Die Über-

---

[18] Dreier/Schulze (aaO), § 31 Rn. 15.
[19] Beachte: Auch im Urheberrecht gilt grundsätzlich das Abstraktionsprinzip mit seiner Unterscheidung zwischen schuldrechtlichem Verpflichtungsgeschäft und dinglichem Verfügungsgeschäft. Durchbrochen ist das Abstraktionsprinzip für den Verlagsvertrag nach § 9 I VerlG. Es ist umstritten, ob dieser automatische Heimfall des dinglichen Rechts bei Beendigung des schuldrechtlichen Vertrags auch im übrigen Urheberrecht entsprechende Anwendung findet (so: OLG Hamburg, NJW-RR 2002, 402). Die gegenteilige Ansicht findet sich bei: Dreier/Schulze (aaO), § 31 Rn. 19.

tragung von Nutzungsrechten erfolgt nach denselben Voraussetzungen wie die Einräumung von Nutzungsrechten. Die Rechtsposition des Veräußerers geht in vollem Umfang auf den Erwerber über[20]. Einen Vertrag über die Übertragung haben G und C abgeschlossen. Die Übertragung des Nutzungsrechtes scheitert auch nicht an der fehlenden Zustimmung des K. Eine solche ist nämlich gem. § 34 III UrhG entbehrlich. G hat seine Nutzungsrechte im Rahmen einer Gesamtveräußerung seines Unternehmens an C übertragen.

Die Teleologie des § 34 III UrhG hat einen Interessenausgleich zum Ziel. Soll ein ganzes Unternehmen oder ein Teil eines Unternehmens mit dem Bestand seiner Rechte verkauft werden, könnte die Zahl der um Zustimmung zu befragenden Urheber geradezu uferlos werden. Denn anders als bei einem Sammelwerk ließe sich die Zahl der zu befragenden Urheber nicht auf einen überschaubaren Kreis beschränken. Deshalb bedarf es bei derartigen globalen Übertragungen von Nutzungsrechten keiner Zustimmung des Urhebers[21].

4. Inhaltliche Beschränkung des Nutzungsrechtes

Zu prüfen ist weiterhin, ob nicht doch eine inhaltliche Beschränkung des Nutzungsrechtes dergestalt vorliegt, dass nur das Herstellen von DVD-Versionen mit dem System XY gestattet ist. Die mündlich vereinbarte Beschränkung des Nutzungsrechtes zwischen K und G ist gültig. Im Urheberrecht gibt es keinen „numerus clausus" hinsichtlich der subjektiven Rechte. Die Vertragsparteien können entsprechend ihren Bedürfnissen die Verfügungswirkung der Rechtseinräumung beeinflussen[22]. Das Einräumen von Nutzungsrechten ist auch mündlich zulässig[23]. Hierbei handelt es sich aber lediglich um eine schuldrechtliche Abrede. Um auch eine Wirkung gegenüber C entfalten zu können, müsste dieser Abrede auch dingliche Wirkung zukommen. Sie müsste also das Nutzungsrecht selbst betreffen[24].

Eine essentielle Auslegungshilfe bietet in diesem Zusammenhang die seit dem 1.7.2002 geltende Fassung des § 31 V UrhG, welche klarstellt, dass die Zweckübertragungstheorie nicht nur für die Frage gilt, welche Nutzungsarten von der Rechteeinräumung erfasst sind. Die Bestimmung kodifiziert die anerkannte umfassende Geltung. Die urhebervertragsrechtliche Praxis reagiert auf die Zweck-

---

[20] Dreier/Schulze (aaO), § 34 Rn. 5.
[21] Vgl. amtl. Begr. in: UFITA 45 (1965), 240, 272.
[22] Schack, Urheber- und Urhebervertragsrecht, 2. Auflage, Tübingen 2001, Rn. 541.
[23] Wandtke/Bullinger, Praxiskommentar zum Urheberrecht, München 2002, § 31 Rn. 4.
[24] Für den Nutzer kann es nämlich von essentieller Bedeutung sein, ob er ein Nutzungsrecht mit dinglicher Wirkung erwirbt oder nur schuldrechtlich befugt ist, das Werk zu nutzen. Die schuldrechtliche Befugnis gilt nur zwischen den Vertragspartnern („inter partes"), nicht gegenüber Dritten („erga omnes"). Im Falle einer dinglichen Wirkung fallen die Rechte an den Urheber zurück, wenn der Lizenzvertrag endet. Läuft hingegen eine lediglich schuldrechtliche Nutzungsbefugnis aus, bedarf es keines Rechtsrückfalls, weil die Rechte immer beim Urheber geblieben sind.

übertragungstheorie[25] in der Weise, auf pauschale Rechtseinräumungen zu verzichten und im Wege von Allgemeinen Geschäftsbedingungen (§§ 305 ff. BGB) einen möglichst umfassenden Rechtekatalog zu vereinbaren[26].

Unter Anwendung dieser Grundsätze gelangt man zu der rechtlichen Schlussfolgerung, dass die inhaltliche Vereinbarung zwischen K und G auch auf C übergegangen und von ihm letztlich zu beachten ist. Entscheidend ist hierbei das Bedürfnis des Urhebers nach optimaler Gestaltung und Verwertung seiner Rechte.

Für C könnte sich jedoch die Frage stellen, ob er die Nutzungsrechte gutgläubig nur mit dem zwischen K und G schriftlich getroffenen Inhalt erworben hat. Auf diesem Wege ließe sich der Schutz des Rechtsverkehrs doch noch konstituieren.

5. Gutgläubiger Erwerb eines Nutzungsrechtes

Im Urheberrechtsgesetz sind per se keine Regelungen über einen gutgläubigen Erwerb enthalten, so dass es eines analogen Rekurses auf die Bestimmungen der §§ 932 ff. BGB bedarf. Wesensmerkmal der Analogie ist, dass der geregelte Fall und der nicht geregelte Fall als rechtlich gleich zu erachten sind.

Erörterungsbedürftig erscheint vorliegend die Frage nach dem sog. Rechtsschein der Berechtigung, der sich im Mobiliarsachenrecht im Rechtsschein des Besitzes manifestiert. Es ist eine vergleichbare Rechtsscheinsgrundlage fraglich[27]. Im Urheberrecht kann der Erwerber eines Nutzungsrechtes nur auf das Wort des Urhebers vertrauen, dass dieser das Nutzungsrecht noch nicht anderweitig eingeräumt hat.

In concreto begründet der schriftliche Vertrag einen Rechtsschein für das Bestehen des Nutzungsrechtes in dem schriftlich formulierten Umfang. Auch war C gutgläubig; er besaß keine Kenntnis über die zwischen K und G mündlich getroffene Einschränkung des Nutzungsrechtes. Die schriftliche Vereinbarung hat C im Rahmen einer gerichtlichen Auseinandersetzung nach den Grundsätzen der formellen Beweislast vorzulegen, um einen Gutglaubenserwerb konstituieren zu können.

Weiterhin spricht für einen gutgläubigen Erwerb seitens des C folgendes Faktum: Er kann durch den Verweis auf die zwischen K und G getroffene schriftliche Vereinbarung lückenlos die inhaltlich schrankenlose Einräumung des Nutzungsrechtes nachweisen. Zwar wird auf dieser Argumentationsschiene der Regelungsgehalt des § 31 V UrhG unterminiert, jedoch ist dies in letzter Konsequenz eine Folge des das gesamte deutsche Privatrechtssystem wie einen roten Faden durchziehenden Grundsatzes des Verkehrsschutzes bei Vorliegen der entsprechenden

---

[25] Zweck der Zweckübertragungslehre ist es, dass das Urheberrecht gleichsam die Tendenz hat, „soweit wie möglich beim Urheber zurückzubleiben" (Ulmer, Urheber- und Verlagsrecht, 3. Auflage, Berlin 1980, S. 365).
[26] „Buy-out-Verträge", also die faktisch vollständige Übertragung aller (bekannten) Nutzungsarten, sind so weiterhin möglich.
[27] So: Rehinder, Urheberrecht, 13. Auflage, München 2004, Rn. 188 u. Rn. 305.

Voraussetzungen[28]. Daraus ist zu folgern, dass K von C keine Unterlassung begehren kann.

> Im Rahmen des gutgläubigen Erwerbs von Nutzungsrechten ist Folgendes zu beachten: Wer behauptet, Nutzungsrechte erworben zu haben, muss den Erwerb der Rechte konkret dartun und beweisen. Niemand kann ergo mehr Rechte übertragen, als er tatsächlich besitzt („Nemo plus iuris transferre potest quam ipse habet").

II. Anspruch auf Herausgabe der DVD-Versionen

Ein Anspruch auf Herausgabe der hergestellten DVD-Versionen kann rechtlich mangels einer rechtswidrigen Urheberrechtsverletzung nicht begehrt werden. Insofern kann K seine Ansprüche auf Unterlassung und Herausgabe nicht verfolgen.

Frage 3

Die Anpassung des Vertrages wegen Wegfall oder Störung der Geschäftsgrundlage (§ 313 BGB) ist wie folgt gekennzeichnet: Vom Wegfall der Geschäftsgrundlage spricht man, wenn die nicht zum eigentlichen Vertragsinhalt erhobenen, bei Vertragsabschluss zutage getretenen gemeinsamen Vorstellungen beider Vertragsparteien entfallen sind. Essentielle Bestandteile sind das reale, hypothetische und normative Moment.

Die Rechtsprechung zum Komplex „Wegfall der Geschäftsgrundlage" im Bereich des Urhebervertragsrechtes ist sehr zurückhaltend[29]. An das Vorliegen einer die Opfergrenze übersteigenden Äquivalenzstörung ist ein strenger Maßstab anzulegen. So sind beispielsweise Sendelizenzverträge im deutschsprachigen Raum im Hinblick auf die technischen Veränderungen und die Richtlinie 93/83/EWG zum Satelliten- und Kabelfernsehen auf die Ausleuchtzone des Satelliten ASTRA gegen eine angemessene Höhe der Lizenzgebühr anzupassen[30]. In einem geradezu kristallinen Maße zeigt sich der Grundsatz von der Anpassung vor der Aufhebung. Eine Auflösung des Vertrages kommt nur ganz ausnahmsweise in Betracht, wenn dem Vertragspartner ein weiteres Festhalten am Vertrag auch mit einem angepassten Inhalt nicht zumutbar ist[31].

---

[28] So auch: Haberstumpf, Wettbewerbs- und Kartellrecht, Gewerblicher Rechtsschutz, München 2000, S. 73. Eine andere Ansicht ist unter Verweis auf die Rspr. des BGH (vgl. BGH, GRUR 1959, 200, 203) mehr als vertretbar. Letztlich kommt es darauf an, ob im Einzelfall das Beweisgebäude des Anspruchsberechtigten lückenlos und widerspruchsfrei ist.
[29] BGH, GRUR 1996, 763, 764.
[30] OLG Frankfurt, GRUR Int. 1996, 247, 250 f.
[31] BGH, GRUR 1990, 1005, 1008.

> Die Lehre von der Geschäftsgrundlage wurde nachhaltig von Paul Oertmann[32] entwickelt, um die Anpassung von Verträgen an schwerwiegende Veränderungen der äußeren Umstände, die dem Vertrag gewissermaßen unausgesprochen zugrunde lagen, zu ermöglichen. Angesichts der gravierenden Auswirkungen der Wirtschaftskrise im Jahre 1923 nahm das Reichsgericht[33] [34] diese Lehre in seine Judikatur auf und verankerte sie in dem in § 242 BGB wurzelnden Grundsatz von Treu und Glauben als steuernde Wirkung für die gesamte Rechtsordnung.

C. Weiterführende Hinweise: Literatur

1.) Kraßer, Verpflichtung und Verfügung im Immaterialgüterrecht, GRUR Int. 1973, 230

2.) Reber, Digitale Verwertungstechniken – Neue Nutzungsarten: Hält das Urheberrecht der technischen Entwicklung noch Stand?, GRUR 1998, 792

3.) Schwarz, Klassische Nutzungsrechte und Lizenzvergabe bzw. Rückbehalt von „Internet-Rechten", ZUM 2000, 816

4.) Stieper/Frank, DVD als neue Nutzungsart?, MMR 2000, 643

---

[32] Oertmann, Die Geschäftsgrundlage. Ein neuer Rechtsbegriff, 1921.
[33] Grundlegend: RGZ 103, 332. In RGZ 100, 129, 130 hatte das Reichsgericht noch auf die Lehre von der sog. „clausula rebus sic stantibus" zurückgegriffen, um eine schwere Äquivalenzstörung zu korrigieren.
[34] Zu der jüngsten zusammenfassenden Darstellung: Köhler, Die Lehre von der Geschäftsgrundlage als Lehre von der Risikobefreiung, in: 50 Jahre Bundesgerichtshof, Festgabe aus der Wissenschaft, München 2000, Bd. I, S. 295 ff.

Fall 4
Warhols Erben[1]

Problematik des Internationalen Urheberrechtes, Erschöpfung von Verwertungsrechten, Problematik der aufgedrängten Kunst, Konflikt zwischen Urheberrecht und Sacheigentum

A. Sachverhalt

Der schwedische Pop-Art-Künstler und Graffiti-Mogul Göran Karlsson (K) verschönert an einem alten Gutshof, gelegen im idyllischen Sachsenwald bei Hamburg, einen Teil der Hofmauern mit einer kunstvollen Graffiti-Zeichnung, die an die Werke von Andy Warhol und Robert Rauschenberg erinnert. Gutsbesitzer G möchte die Hofmauern erneuern und lässt die bemalten Hofmauern kunstgerecht abtragen. Die Hofmauern grenzen an eine stark befahrene Landstraße.

Der Kunstkenner D ist von den Zeichnungen derart fasziniert, dass er dem G die alten Mauern mit den Zeichnungen zu einem sehr hohen Preis abkauft. Erst jetzt gibt sich K als bekannter Künstler zu erkennen. Er sieht sich um den Lohn für sein Kunstwerk gebracht, dessen Wert sich G nicht einfach aneignen dürfe. G verweist darauf, dass K kein Geld verlangen könne. Vielmehr liege eine aufgedrängte Bereicherung vor. Allein die öffentliche Anbringung der Zeichnungen sei Selbstzweck und trage ihren „Lohn" gewissermaßen in sich. Zudem könne er als schwedischer Staatsangehöriger keine Rechte nach deutschem Urheberrecht geltend machen.

1. K sucht einen Rechtsanwalt (R) auf und fragt ihn, ob er als schwedischer Staatsangehöriger sich tatsächlich nicht auf deutsches Urheberrecht berufen könne?

2. Des Weiteren bittet er R zu prüfen, ob K an dem Gewinn, den G erzielt hat, beteiligt werden kann?

---

[1] In Anlehnung an: BGHZ 129, 66 ff.

B. Lösung

Frage 1

Bei der Beantwortung dieser Frage sind folgende Überlegungen anzustellen:
Das UrhG gilt nur im Hoheitsgebiet der Bundesrepublik Deutschland. Es ist nur auf Sachverhalte anwendbar, die im Geltungsbereich des UrhG lokalisiert werden können. Dies ergibt eine teleologische Zusammenschau der Bestimmungen der §§ 120 ff. UrhG.

Das deutsche Urheberrecht ist historisch bedingt stark von der Territorialität der nationalen Schutzgewähr geprägt[2]. Ein einheitliches weltweites Urheberrecht gibt es jedoch ebenso wenig wie ein einheitliches Gemeinschaftsurheberrecht der EU. Im Unterschied zu den meisten föderalen Staatenzusammenschlüssen (z. B. der Bundesrepublik Deutschland, Belgien oder den U.S.A.) hat die EU keine eigenständige Kompetenz zur Gesetzgebung auf dem Gebiet des Urheberrechts. Die territoriale Begrenzung der nationalen Rechtsordnungen wird als Territorialitätsprinzip bezeichnet, welches den Rechteinhaber zwingt, seine Rechte in der Rechtsordnung des jeweiligen Schutzlandes zu suchen (sog. Schutzlandprinzip). Man spricht auch von der Regelung des „lex loci protectionis".

Bezogen auf den Streitfall bedeutet dies Folgendes: Dem K steht als schwedischer Staatsbürger und somit Angehöriger eines EU-Staates gem. § 120 II Nr. 2 UrhG[3] urheberrechtlicher Schutz zu. Entscheidend für die Feststellung der Staatsangehörigkeit ist zunächst der Zeitpunkt der Schöpfung des betreffenden Werkes und, da das UrhG zugleich an die Staatsangehörigkeit im Zeitpunkt der Verletzung anknüpft, auch derjenige der Verletzung[4]. Bei K sind die beiden kumulativen Voraussetzungen erfüllt. Demnach kann K nach deutschem Recht urheberrechtlichen Schutz begehren.

Frage 2

I. Anspruch gem. 97 I S. 2 UrhG

K könnte seinen Anspruch auf Herausgabe des von G erzielten Gewinns auf die Bestimmung des § 97 I S. 2 UrhG stützen.

---

[2] Dreier/Schulze, Kommentar zum Urheberrechtsgesetz, München 2004, Vor §§ 120 ff. Rn. 1.

[3] § 120 UrhG ist nur eine fremdenrechtliche Schutzvoraussetzung, aber keine ausgerechnet auf das Personalstatut des Urhebers verweisende Kollisionsnorm. Man spricht im Zusammenhang mit dem kompensatorischen Fremdenrecht auch vom sog. Assimilationsprinzip.

[4] Dreier/Schulze (aaO), Vor §§ 120 ff. Rn. 10.

1. Urheberrechtliche Schutzfähigkeit

Die von K gefertigten Graffiti-Zeichnungen sind als urheberrechtsschutzfähige Werke der bildenden Kunst im Sinne des § 2 I Nr. 4 UrhG anzusehen. Bei der Stilrichtung der Graffiti-Kunst handelt es sich in der Regel um persönliche Schöpfungen von individueller Ausdruckskraft. Die Werke von K haben eine breite Anerkennung gefunden und sind zu veritablen Objekten in der Kunstszene geworden. Für die mit der Werkschöpfung kraft Gesetzes entstehende Urheberrechtsschutzfähigkeit ist es grundsätzlich bedeutungslos, dass sich die Herstellung des Werkes als gesetzwidrig – hier als eine mit zivil- und strafrechtlichen Sanktionen bewehrte Eigentumsverletzung (§ 823 BGB, § 303 StGB) - erweist[5]. Der Werkbegriff ist auch ideologieneutral[6] und kann gewünschte Kunst ebenso wie unerwünschte oder aufgedrängte Kunst erfassen[7].

2. Widerrechtliche Urheberrechtsverletzung

In Betracht kommt allein eine Verletzung des Verbreitungsrechtes gem. §§ 15 I Nr. 2, 17 I UrhG. Nach § 17 I UrhG steht dem Urheber u.a. das ausschließliche Recht zu, das Original des Werkes in den Verkehr zu bringen[8]. Ein Werk wird in Verkehr gebracht, wenn es aus der internen Betriebssphäre der Öffentlichkeit i.S.d. § 15 III UrhG zugeführt wird. In casu befinden sich die Hofmauern samt Graffiti-Zeichnungen an einer stark befahrenen Landstraße. Daraus ist zu folgern, dass die Zeichnungen des K einer Mehrzahl von Personen sinnlich wahrnehmbar zugänglich gemacht worden sind und das Verbreitungsrecht einschlägig ist. Der Eingriff in das Verbreitungsrecht ist mangels Einschlägigkeit eines Erlaubnissatzes auch widerrechtlich.

3. Erschöpfung von Verbreitungsrechten

Zu diskutieren ist aber eine sog. Erschöpfung von Verbreitungsrechten. Hinter dem sog. Erschöpfungsgrundsatz des § 17 II UrhG steht folgender Grundgedanke: Einerseits soll der Urheber selbst entscheiden können, ob und in welchem Umfang Vervielfältigungsstücke seines Werkes in die Öffentlichkeit gelangen, andererseits soll er über diejenigen Vervielfältigungsstücke, die er in die Öffentlichkeit gelangen ließ, keine bleibende ausschließliche Befugnis ausüben dürfen[9]. Der Rechteinhaber hat durch eigene Benutzungshandlungen das ihm vom Gesetz eingeräumte ausschließliche Verwertungsrecht ausgenutzt und damit verbraucht. Weitere Verwertungshandlungen werden somit nicht mehr vom Schutzrecht erfasst[10]. Für den

---

[5] BGHZ 129, 66, 70.
[6] BGHZ 64, 183 ff.
[7] Loewenheim, LM, § 17 UrhG Nr. 15.
[8] Die Verbreitung unkörperlicher Werke fällt nicht unter § 17 UrhG, sondern unter die in § 15 II UrhG aufgeführten Verwertungsrechte (vgl. BGH, NJW-RR 1986, 1251).
[9] Dreier/Schulze (aaO), § 17 Rn. 24.
[10] BGH, GRUR 1985, 924, 925.

Streitfall stellt sich die Frage, ob man bereits das öffentliche Anbringen der Graffiti-Zeichnungen an der Hofmauer des Gutshofs von G als Verbreiten bzw. als ein Inverkehrbringen i.S.d. § 17 I UrhG ansieht. Dies hätte zur Konsequenz, dass das Verbreitungsrecht des K erschöpft wäre und in dem Verkauf der Zeichnungen läge dann lediglich eine Weiterverbreitung des Werkes, die nach § 17 II UrhG zulässig wäre und folglich keine Urheberrechte des K verletzen würde.

Man könnte argumentieren, dass die streitgegenständlichen Zeichnungen nach ihrer Eigenart überhaupt nicht bei ihrer In-Verkehr-Bringung für einen derivativen Erwerb in Frage kommen[11]. Allein ihre sichtbare Anbringung ist als „Entäußerung" zu werten, die der Urheber im Einzelfall beabsichtigt. Insofern liegt es bei derartigen Schöpfungen im Kern nicht anders als bei vergleichbaren Beispielen, etwa eigenpersönlich geschaffenen Bildern auf dem Bürgersteig, bei Graffiti mit eigenpersönlicher Bedeutung auf den Bänken von Schulen oder Hörsälen. Die großflächig-plakative Veröffentlichung eines derartigen Bildes oder eines Graffitis auf einer Mauer ist ein vom Urheber so bestimmter, einseitig-originärer und endgültig gewollter Veröffentlichungsakt, bewusst vorgenommen ohne Berücksichtigung eines künftigen Nutzungsrechtes. Die Veröffentlichung an einer stark befahrenen Landstraße und somit öffentlich zugänglichen Stelle ist Selbstzweck; sie trägt ihren „Lohn" gewissermaßen in sich[12].

Im Gegensatz hierzu kann man mit überzeugungskräftigen Argumenten die Teleologie der §§ 15 ff., 17 II UrhG ins Feld führen: Diese Bestimmungen wollen sicherstellen, dass der Urheber grundsätzlich an jeder Nutzung seines Werkes partizipiert und gewähren dem Urheber dazu einen lückenlosen, aber jeweils eng umrissenen Schutz[13]. § 17 UrhG sichert dem Urheber den ersten Verbreitungsakt, um ihm die Möglichkeit zu geben, sein Werk zu Geld machen zu können. Hat der Urheber das Werk „im Wege der Veräußerung" einmal übertragen und den wirtschaftlichen Wert des Werkes entsprechend ausschöpfen können, so ist die Erschöpfung des Verbreitungsrechtes angemessen. Zum einen soll nun allein der Eigentümer darüber entscheiden können, ob er das Werk behält oder verkauft und zu welchen Konditionen er dies tut[14]. Zum anderen soll der Urheber das Verbreitungsrecht nicht dazu nutzen können, Weiterveräußerungen an bestimmte Bedingungen zu knüpfen und auf diese Weise eine Preisbindung einführen zu können, die dem Kartellrecht widersprechen würde[15].

Bei einer differenzierten Gegenüberstellung der konträren Meinungspositionen sollte man den vorliegenden Fall folgender sachgerechten Lösung zuführen: In casu zeigt sich in aller Deutlichkeit das Spannungsverhältnis zwischen Urheberrecht und Sacheigentum. Das Eigentum vermittelt zwar den individuellen Werkgenuss,

---

[11] KG, GRUR 1994, 212, 214.
[12] KG, GRUR 1994, 212, 214.
[13] Nach der amtlichen Begründung zum UrhG 1965 (BR-Drucks. 1/62, S. 28) „ist es ein Grundsatz des Urheberrechts, die ausschließlichen Befugnisse des Urhebers so umfassend zu gestalten, dass möglichst jede Art der Nutzung seines Werks seiner Kontrolle unterliegt".
[14] Dreier/Schulze (aaO), § 17 Rn. 25.
[15] Schack, JZ 1995, 837, 839.

jedoch noch keine Nutzungsrechte. Umgekehrt erlangt der Urheber, der zur Schöpfung seines Werkes fremdes Eigentum in Anspruch nimmt, dadurch allein – vorbehaltlich des § 950 BGB – noch kein dingliches Recht. Gestützt auf § 903 BGB steht es dem Eigentümer aufgedrängter Kunst deshalb in aller Regel frei, sie zu zerstören[16]. Genau dies ist der entscheidende Aspekt bei der rechtlichen Bewertung. Wer nun zur Schöpfung seiner Kunstwerke rechtswidrig fremdes Eigentum in Anspruch nimmt, kann nicht erwarten, deshalb auch die Veräußerung fremder Sachen durch einen Einwilligungsvorbehalt unterbinden zu können, zumal er ein solches Verbotsrecht wegen § 137 S. 1 BGB noch nicht einmal vertraglich hätte begründen können[17]. Selbst wenn der Urheber aufgedrängter Kunst das Verbotsrecht des § 17 I UrhG noch besäße, wäre dessen Ausübung als rechtsmissbräuchlich anzusehen. Der Urheber müsste alle Einbußen, die der Eigentümer dadurch erleidet, sogleich wieder gemäß §§ 823 I, II BGB i.V.m. § 303 StGB ersetzen. Damit ist die Rechtsfigur und der Einwand des „dolo agit qui petit quod statum rediturus est" gegeben. Das gilt unabhängig davon, ob der Eigentümer beispielsweise sein besprühtes Auto oder sein bemaltes Haus als Ganzes oder in Bruchstücken veräußern will. Es geht stets nur um die Übertragung des Sacheigentums und nicht etwa um die Einräumung urheberrechtlicher Nutzungsrechte[18]. Daraus ist letztlich zu folgern, dass K wegen aufgedrängter Kunst keine Ansprüche rechtlich begründen kann.

C. Weiterführende Hinweise: Literatur

1.) Berger, Urheberrechtliche Erschöpfungslehre und digitale Informationstechnologie, GRUR 2002, 198

2.) Schricker, Bemerkungen zur Erschöpfung im Urheberrecht, FS für Adolf Dietz, München 2001, S. 447 ff.

3.) Schwarz, Urheberrecht und unkörperliche Verbreitung multimedialer Werke, GRUR 1996, 836

---

[16] Schack, GRUR 1983, 60.
[17] In diesem Sinne eindeutig: Schack, JZ 1995, 837, 839.
[18] Schack, JZ 1995, 837, 839.

Fall 5
Das Keltische Horoskop[1]

Wirksamkeit von Lizenzverträgen, Rückforderung von Lizenzentgelt, Behandlung der Unmöglichkeit im reformierten Leistungsstörungsrecht, kaufrechtliche Sekundäransprüche, teleologische Reduktion des § 311a II S. 2 BGB

A. Sachverhalt

Der freischaffende Journalist und Publizist P hat auf der Grundlage seiner historischen Forschungen und Studien zum Thema „Kelten" ein sog. „Keltisches Baumhoroskop" entworfen. P hat bereits ein Buch zum Thema „Die Wahrheit der Bäume" verfasst, in dem 21 Baumarten bestimmte Daten und Eigenschaften zugeordnet und mit einer Charakteristik versehen worden sind. Im Vorwort des Buches heißt es: „Dass die Kelten kein Horoskop gehabt hätten, wäre unlogisch und inskonsequent. Hier liegt nun das keltische Baumhoroskop vor, von 21 Bäumen regiert. Da in den Bäumen auch keltische Gottheiten wohnten, ist so ein Baumhoroskop nur logisch".

Die Konzeption des P hat das Interesse des umtriebigen Verlegers V geweckt, der mit P einen Vertrag folgenden Inhalts abschließt:

1. Der Verleger V versichert, alle Rechte für den von ihm herausgegebenen Kalender „Das Keltische Horoskop" zu besitzen.
2. Um dieses Vorhaben zu realisieren, räumt P dem V die ausschließlichen Nutzungs- und Verwertungsrechte ein.
3. Des Weiteren erhält V das Recht, Kopien des urheberrechtlich geschützten Ölgemäldes „Baumphantasie", das der verstorbene Vater des P gemalt hat, herstellen zu dürfen.

V entrichtet dem P die vereinbarten Lizenzgebühren und macht von den eingeräumten Rechten erfolgreich Gebrauch. Die Mitwerber des V sehen im Hinblick auf seine dominierende Marktposition von Konkurrenzangeboten ab.

---

[1] In Anlehnung an: BGHZ 115, 69 ff. („Keltisches Horoskop").

Später stellt sich im Rahmen eines Gerichtsverfahrens heraus, dass das „Keltische Horoskop" mangels Gestaltungshöhe keinen urheberrechtlichen Schutz genießt und dass P auch nicht Erbe seines Vaters geworden ist. Der einzige Erbe verweigert die Zustimmung bezüglich der Übertragung des Nutzungsrechtes an dem Ölgemälde „Baumphantasie". P und V einigen sich daraufhin, ihre Vertragsbeziehung mit Wirkung für die Zukunft zu beenden. Sie können sich aber nicht darüber einigen, wie die Lizenzverträge in Bezug auf die Vergangenheit zu beurteilen sind. V sucht seinen Rechtsanwalt auf und bittet um Beantwortung folgender Fragen:

1. Kann V die an P geleisteten Lizenzgebühren zurückverlangen?

2. Kann V Ansprüche auf sonstige Zahlungen geltend machen?

B. Lösung

Frage 1

I. Anspruch gem. §§ 275, 311a BGB

K könnte sein Begehren – Rückforderung der an P geleisteten Lizenzgebühren – auf die §§ 275, 311a BGB stützen.

1. Anwendbarkeit bürgerlich-rechtlicher Vorschriften

Für die zahlreichen Nutzungs- oder Lizenzverträge, die auf verschiedenen Gebieten des Urheberrechtes abgeschlossen werden, gibt es – bis auf das Verlagsgesetz für den Bereich des Verlagswesens – kein eigenes Urhebervertragsrecht. Insoweit bedarf es eines Rückgriffes auf die allgemeinen zivilrechtlichen Vorschriften. Demnach ist der Anwendungsbereich der bürgerlich-rechtlichen Vorschriften eröffnet.

2. Rechtliche Einordnung von Urheberrechtsverträgen

Verträge über die Einräumung von Nutzungsrechten lassen sich nicht ohne weiteres in die Vertragsarten des allgemeinen Zivilrechts einordnen. Es ist vielmehr von Fall zu Fall zu prüfen, welche bürgerlich-rechtlichen Vorschriften dem Typus des jeweiligen Urheberrechtsvertrages entsprechen und welche Modifikationen sich aus den besonderen Verhältnissen ergeben[2]. Prinzipiell herrscht Vertragsfreiheit. Es „bieten sich für die Ausgestaltung eines Auswertungsvertrages ... neben den Vertragstypen des allgemeinen bürgerlichen Rechts, wie Kauf, Dienstvertrag oder Werkvertrag, auch Sonderformen wie des Lizenz-, Verlags- oder Bestellvertrages

---

[2] Schricker, Kommentar zum Urheberrecht, 2. Auflage, München 1999, §§ 31/32 Rn. 13.

an, ohne dass damit die rechtsgeschäftlichen Gestaltungsformen erschöpft wären"³.

Den Nutzungsverträgen wohnt originär eine Rechtsverschaffungspflicht inne, so dass hinsichtlich dieser Pflicht eine Anwendung kaufrechtlicher Normen in Betracht kommt. In casu ist § 453 I BGB einschlägig, der wiederum auf die allgemeinen kaufrechtlichen Vorschriften verweist. Der Lizenzvertrag ist entgeltlich und auf die Belastung eines Gegenstandes gerichtet⁴.

3. Vertragliches Sekundäranspruchssystem

P war im Streitfall nicht Inhaber entsprechender Urheberrechte und somit hinsichtlich der Einräumung urheberrechtlicher Befugnisse Nichtberechtigter. Im Zusammenhang mit dem „Keltischen Horoskop" bestand ein entsprechendes Urheberrecht überhaupt nicht und die Übertragung des Nutzungsrechts am Ölgemälde scheitert an der fehlenden Zustimmung des Erben gem. § 185 I, II BGB. Dem V wurden letztlich rechtlich nicht existente Rechte übertragen. Er hat vielmehr – plastisch gesprochen – ein „Nichts" erhalten. Nach der Rechtslage vor dem Schuldrechtsmodernisierungsgesetz waren Urheberrechtsverträge, denen kein bestehendes Urheberrecht zugrunde lag, gem. § 306 BGB a.F. als nichtig zu klassifizieren. Unter dem Blickwinkel des reformierten Schuldrechts in der seit 1.1.2002 geltenden Fassung sind solche Verträge in ihrem rechtlichen Schicksal wie folgt zu werten: Im Falle des § 275 I BGB ist der Primäranspruch ipso iure ausgeschlossen. Eine solche Konstellation ist im Streitfall gegeben. Die Wirksamkeit des Vertrages ist aber ausweislich der Bestimmung des § 311a BGB hiervon nicht berührt. Vielmehr stehen dem K im vorliegenden Fall für sein Begehren die Bestimmungen der §§ 275, 311a BGB zur Verfügung.

Das Sachziel des V ist auf eine Rückzahlung der Lizenzgebühren ausgerichtet. Nach § 311a II BGB steht dem Gläubiger im Falle einer Befreiung des Schuldners von seiner primären Leistungspflicht nach § 275 BGB ein Anspruch auf Schadensersatz statt der Leistung zu. Der Ersatzanspruch geht hier auf das positive Interesse⁵ ⁶. Nach § 280 I S. 2 BGB ist Voraussetzung für jede Schadensersatzpflicht des Schuldners, dass er die Pflichtverletzung zu vertreten hat. Das wird dort freilich mit einer doppelten Negation formuliert: Die Ersatzpflicht gelte nicht, wenn der Schuldner die Pflichtverletzung nicht zu vertreten habe. Dahinter steht Folgendes: Nach allgemeinen Regeln wäre das Vertretenmüssen als Voraussetzung

---

³ BGH, UFITA 33 (1961), 96, 98 – Heldensagen, unter Berufung auf Ulmer.
⁴ Ulmer, Urheber- und Verlagsrecht, 3. Auflage, Berlin 1980, § 92 II.
⁵ Medicus, Schuldrecht I – Allgemeiner Teil, 15. Auflage, München 2004, Rn. 390 c.
⁶ Zu dem Problem der „dogmatischen Eigenart" des § 311 a BGB und der Frage, ob das nicht ausreichende Sich-Kümmern um die eigene Leistungsfähigkeit seitens des Schuldners nicht doch eher auf das negative Interesse gerichtet ist: Canaris, Der Betrieb 2001, 1815, 1817 ff. („Nichterfüllung als Leistungsversprechen").
In seinem Beitrag führt Medicus zu diesem Punkt treffend Folgendes aus: „Der Vorwurf gegen den Schuldner besteht darin, dass er die Leistung versprochen hat, ohne sich seiner Leistungsfähigkeit hinreichend zu vergewissern. Deshalb schuldet er Schadensersatz statt der Leistung" (Medicus, JuS 2003 521, 527).

des Schadensersatzanspruchs vom klagenden Gläubiger zu behaupten und notfalls zu beweisen. Dies ist der grundsätzlich geltende Gedanke der formellen Beweislast, auch als Beweisführungslast bezeichnet.

4. Teleologische Reduktion

Es stellt sich jedoch vorrangig die Frage, ob das in § 311a II S. 2 BGB niedergelegte System der Haftung für vermutetes Verschulden im Falle einer Einräumung von Nutzungsrechten eine teleologische Reduktion erfahren muss. In diesem Zusammenhang kann man auf die zu § 437 BGB a.f. fein ausdifferenzierte Kasuistik rekurrieren, die gerade im Hinblick auf die Besonderheiten des Immaterialgüterrechtes entwickelt wurde. Nicht unter § 437 I BGB a.F. sollen Beschränkungen fallen, die erst nachträglich offenbar werden, auch wenn sie – bspw. beim Patent – ex tunc wirken[7]. Als Begründung wird angeführt, dass die Schutzrechtsübertragung ein „gewagtes Geschäft" sei[8] und der Rechteinhaber auch bei Anwendung größter Sorgfalt die Rechtsbeständigkeit eines Schutzrechtes nicht garantiere. Zur dogmatischen Rechtfertigung zieht man in diesem Kontext teils die Grundsätze über die Geschäftsgrundlage als Form einer Lehre von der Risikobefreiung und teils das Bereicherungsrecht heran[9].

Eine teleologische Reduktion der Haftung für vermutetes Verschulden wegen einer Pflichtverletzung erscheint gerade im Hinblick auf den „aleatorischen" Charakter der Immaterialgüterrechte überzeugungskräftig und sachangemessen. Hierzu lassen sich folgende weitere Argumente ins Feld führen: Im Urheberrecht ist die Abgrenzung der kleinen Münze nach unten und damit die Frage nach einer urheberrechtlichen Schutzfähigkeit sehr schwierig[10]. So ist im vorliegenden Fall das „Keltische Horoskop" einerseits der Werkart nach dem Urheberschutz zugänglich (vgl. § 2 I Nr. 1, 4 UrhG), andererseits kennt aber das deutsche Urheberrecht kein Urheberrecht an Gestaltungen, die mangels Gestaltungshöhe keine persönliche geistige Schöpfung sind (vgl. § 2 II UrhG). Weiterhin spricht für eine teleologische Reduktion der Aspekt, dass das Urheberrecht kraft Gesetzes mit Schöpfung des Werkes entsteht. Es gibt keine amtliche Registrierung oder Feststellung darüber, ob das fragliche Recht als solches besteht. Dies ist im Patentrecht der Fall. Wenn nun im Patentrecht eine teleologische Reduktion angeführt wird, so muss dies doch methodologisch gesehen im Wege eines „argumentum a fortiori" erst recht für das Urheberrecht gelten.

Unter Berücksichtigung der o.g. Grundsätze kommt eine Haftung des P im Hinblick auf das Nutzungsrecht am „Keltischen Horoskop" nicht in Betracht. Hinsichtlich des Nutzungsrechtes, Kopien des Ölgemäldes herstellen zu dürfen, liegt der Fall eindeutiger: Das Urheberrecht am Gemälde aus § 2 I Nr. 4, II UrhG ist als

---

[7] Soergel/Huber, 12. Auflage, Stuttgart 1991, § 437 Rn. 61; Staudinger/Köhler, 13. Bearbeitung, Berlin 1995, § 437 Rn. 18.
[8] BGH, GRUR 1957, 595.
[9] Vgl. Nachweise bei: Malzer, GRUR 1964, 349, 415; GRUR 1970, 107; Nirk, GRUR 1970, 595.
[10] So: Schack, Urheber- und Urhebervertragsrecht, 2. Auflage, Tübingen 2001, Rn. 1020.

solches existent, nur ist P mangels Erbenstellung nicht Inhaber des Rechtes geworden. Hier kommt die Einräumung von Nutzungsrechten schon aus Rechtsgründen nicht in Betracht. In seinem solchen Fall ist eine teleologische Reduktion nicht geboten. Es bleibt vielmehr bei der gesetzlich normierten Haftung für vermutetes Verschulden i.S.d. § 311a II S. 2 BGB. § 311a II BGB ist somit anwendbar, soweit er sich auf den Lizenzvertrag über die Nutzung des Ölgemäldes bezieht.

5. Rechtsfolge

Erörterungsbedürftig ist in diesem Punkt die Frage, ob dem V realiter ein Schaden entstanden ist. Nach § 249 S. 1 BGB ist die Frage zu erheben, wie V stehen würde, wenn P ihm tatsächlich ein Nutzungsrecht am Ölgemälde eingeräumt hätte, also die Verfügung über urheberrechtliche Befugnisse nicht ins „Leere" gegangen wäre. Er hätte dann ex lege gem. § 31 III S. 1 UrhG alle Personen einschließlich des Urhebers von der Herstellung etwaiger Gemäldekopien ausschließen können und eine Monopolstellung erlangt.

In casu ist jedoch zu berücksichtigen, dass die Mitbewerber und offenbar auch P im Hinblick auf das von ihnen für existent gehaltene Nutzungsrecht des V davon abgesehen haben, selber Konkurrenzprodukte auf dem Markt zu positionieren und dem V somit kein Schaden entstanden ist. Ein Schaden setzt begriffslogisch eine unfreiwillige Einbuße an geschützten Gütern voraus. V hat trotz Übertragung eines Scheinrechtes eine wirtschaftliche Vorzugstellung erlangt. Er hat Vertragsvorteile erhalten in Gestalt einer günstigen geschäftlichen Stellung, die er ohne den Vertrag nicht gehabt hätte. V stand in der Vergangenheit vielmehr so, wie er auch bei wirksamer Einräumung eines Nutzungsrechtes gestanden hätte. Aus all dem ist zu folgern, dass V im Zusammenhang mit dem „leeren" Nutzungsrecht am Ölgemälde keinen Schadensersatz von P beanspruchen kann.

Frage 2

I. Anspruch gem. §§ 812 I S. 1 1. Alt., 818 II BGB

Ein weiterer Anspruch des V gegen P auf Rückzahlung der Lizenzgebühren für das „Keltische Horoskop" könnte sich im Wege einer Leistungskondiktion gem. §§ 812 I S. 1 1. Alt., 818 II BGB ergeben.

Bestehen eines Bereicherungsanspruchs

Das Begehren des V setzt naturgemäß das Bestehen eines Kondiktionsanspruchs voraus. Durch die Überweisung der Lizenzgebühren seitens des V hat P als Leistungsempfänger einen vermögenswerten Vorteil und somit „etwas" i.S.d. § 812 I S. 1 1. Alt. BGB erlangt. Dieses Etwas ist auch durch Leistung[11] des Bereicherungsgläubigers erlangt. V hat durch die Überweisung der Gebühren eine bewuss-

---

[11] Zum Leistungsbegriff: siehe nur Medicus (aaO), Rn. 634.

te und zweckgerichtete Mehrung fremden Vermögens vorgenommen. Dabei wurde auch der Zweck verfolgt, die Verbindlichkeit aus dem Lizenzvertrag zu erfüllen.

Es stellt sich weiterhin die Frage, ob die Leistung ohne rechtlichen Grund erfolgte. Unter dem rechtlichen Grund ist nach einschlägiger Terminologie jede materiell-rechtliche Rechtfertigung für das Behaltendürfen oder Verschieben zu verstehen.

In diesem Zusammenhang ist der ökonomischen Bedeutung[12] und dem wirtschaftlichen Hintergrund der Lizenzverträge eine besondere Beachtung zu schenken. Das Bereicherungsrecht hat originär den Ausgleich einer ungerechtfertigten Vermögensverschiebung zum Ziel. Aufbauend auf dieser Teleologie ist das bereicherungsrechtliche Begehren des V folgender Lösung zuzuführen: V hat als Lizenznehmer eines nicht entstandenen Rechtes eine wirtschaftliche Vorzugstellung erhalten. Die Konkurrenten haben den Lizenzvertrag respektiert. Diese Argumentationsschiene baut auf einer Rechtsprechung[13] auf, die für die gewerblichen Schutzrechte entwickelt wurde, jedoch eine Übertragung auf urheberrechtliche Sachverhalte zulässt und nahe liegend erscheinen lässt. Diese Rechtsprechung beruht auf der Erwägung, dass der Lizenzgeber regelmäßig eine verbindliche Zusage des Rechtsbestands seines Rechtes nicht geben kann und auch nicht gibt, dass aber auch das Interesse des Lizenznehmers weniger auf Teilhabe an einer rechtlich unanfechtbaren Vorzugstellung gerichtet ist, als vielmehr auf die wirtschaftlichen Vorteile, die mit der Erlaubnis der Benutzung eines durch ein absolutes Schutzrecht faktisch abgesicherten Monopols verbunden sind[14]. Solange das Schutzrecht für existent gehalten und von Nichtberechtigten respektiert wird, ist dem Lizenznehmer die Vorzugstellung sicher. Der Lizenzgeber erfüllt vor diesem Hintergrund seine vertragliche Verpflichtung und kann folglich auch das vereinbarte Entgelt beanspruchen[15]. Dies gilt auch dann, wenn der Lizenznehmer bei der Ausnutzung des Nutzungsrechtes keinem wirtschaftlichen Wettbewerb ausgesetzt ist[16]. Unter Zugrundelegung dieser Maßstäbe hat P dem V also durchaus dasjenige verschafft, was V nach dem Vertrag erlangen wollte und sollte. V stand in der Vergangenheit exakt so, wie er bei Einräumung eines bestehenden Nutzungsrechtes gestanden hätte[17]. Der Vertrag ist somit durch P erfüllt worden und begründet einen Rechtsgrund für das Behaltendürfen der überwiesenen Lizenzbeträge.

---

[12] Als Merkposten sei angemerkt, dass die ökonomische Analyse des Rechts – die ökonomisch effizienteste Lösung ist zugleich auch die rechtlich richtige – in der letzten Zeit wissenschaftlich verstärkt thematisiert wird. Vgl. die instruktiven Ausführungen von Kötz und Schäfer. Siehe: Kötz/Schäfer, Judex oeconomicus: 12 höchstrichterliche Entscheidungen kommentiert aus ökonomischer Sicht, Tübingen 2003.
[13] Vgl. BGHZ 86, 330, 334.
[14] BGHZ 115, 69, 75.
[15] Soergel/Huber (aaO), § 437 Rn. 62.
[16] BGHZ 46, 365, 371.
[17] Vgl. auch die Argumentation unter Frage 1, I. 5.

> Es ist abschließend hervorzuheben, dass eine anderweitige Argumentation auf der Ebene eines bereicherungsrechtlichen Anspruches unter dem Gesichtspunkt der Wahrung der sachlichen Einheit der Rechtsordnung nicht zu vertreten wäre[18]. Es geht immerhin um die Erhaltung einer sog. rechtlichen Systemrationalität.

C. Weiterführende Hinweise: Urhebervertragsrecht

Die §§ 32 bis 32b UrhG traten am 1. Juli 2002 in Kraft und bilden das Herzstück des neuen Urhebervertragsrechtes[19], um das im Vorfeld lang und heftig zwischen der Bundesregierung und den Urheberverbänden einerseits sowie den Verwerterverbänden andererseits gerungen wurde[20]. Die Position der Urheber wurde letztlich per saldo verbessert[21]. Die Novellierung des Urhebervertragsrechts hat im Ergebnis aber auch teilweise zu einer Einschränkung der Vertragsfreiheit geführt, die aber das Ziel hat, die gestörte Vertragsparität zwischen Verwertern und Urhebern zum Ausgleich zu bringen[22].

> Im Januar 2005 hat der Schriftsteller und Nobelpreisträger Günter Grass in einem Statement[23] mit Verve für eine angemessene Reform des Urheberrechtes geworben. Der Beitrag ist zu verstehen vor dem Hintergrund der Beratungen zum sog. „Zweiten Korb"[24]. Mehr als drei Jahrzehnte nach dem legendären Aufruf von Heinrich Böll („Ende der Bescheidenheit") weist Grass darauf hin, dass „wir Anlass haben, diesen Ruf zu erneuern". Die Verbesserung des Urhebervertragsrechtes zugunsten der Autoren soll nicht am Einspruch der Lobby scheitern.

Ausgangspunkt einer Änderung des Urhebervertragsrechtes war der Gedanke, dass dem Urheber grundsätzlich ein Anspruch auf eine angemessene Vergütung zusteht. Hierzu enthielt das alte UrhG mit § 36 a.F. UrhG eine Regelung, die für die Urheber nur in seltenen Ausnahmefällen von Nutzen war: Der Urheber hatte danach nur unter der Voraussetzung einen Anspruch auf eine nachträgliche Verbesserung des Honorars, wenn sich das Werk entgegen aller Erwartungen und

---

[18] Zur Einheit der Rechtsordnung: Baldus, Die Einheit der Rechtsordnung. Bedeutungen einer juristischen Formel in Rechtstheorie, Zivil- und Staatsrechtswissenschaft des 19. und 20. Jahrhunderts, Berlin 1995.
[19] Vgl. Rehbinder, Urheberrecht, 13. Auflage, München 2004, Rn. 321 ff.
[20] Zur Kritik: Flechsig, ZUM 2000, 484 ff.; Schack, ZUM 2001, 453 ff.; Ory, ZUM 2001, 195 ff.
[21] So: Dreier/Schulze, Kommentar zum Urheberrecht, München 2004, Vor § 31 Rn. 2.
[22] Wandtke/Bullinger, Praxiskommentar zum Urheberrecht, München 2002, Vor §§ 31 ff. Rn. 1.
[23] FAZ v. 18. Januar 2005.
[24] Der Referentenentwurf und die Stellungnahmen finden sich unter www.bmj.bund.de.

Prognosen zum Bestseller entwickelt hatte und dies von keiner der beiden Vertragsparteien vorausgesehen worden war. Der „Bestsellerparagraph" war daher nur eine besondere Ausgestaltung des Rechtsinstituts „Wegfall der Geschäftsgrundlage", die naturgemäß nur sehr selten zum Tragen kam.

Bisher enthielt das 1965 geschaffene UrhG - bis auf § 36 UrhG a.F. - keinerlei Regelungen zur Vergütung. Lediglich im VerlagsG ist in § 22 bestimmt, dass der Verlag dem Autor eine "angemessene Vergütung" schuldet, wenn die Parteien keine Vereinbarung über die Höhe der Vergütung getroffen haben. Um 1977 begann eine von *Eugen Ulmer*, dem Nestor des deutschen Urheberrechtes, angeregte Diskussion[25]. Es sollten zur Bestimmung der angemessenen Vergütung Tarife aufgestellt werden. Sofort stellte sich dabei jedoch die Frage: Was ist ein angemessenes Honorar? Die Antwort auf diese Frage hängt natürlich von dem jeweiligen Werk, dem Namen und der Reputation des Urhebers ab. Zum Beispiel wird Günter Grass eine höhere Vergütung verlangen können als ein unbekannter Erstlingsautor. Folglich ist die Bandbreite der angemessenen Vergütung gerade im Bereich der Sprachwerke immens. Bisher wurden ca. 8-15 % des Verwerterumsatzes als angemessene Vergütung des Urhebers betrachtet[26].

Im weiteren Verlauf der Diskussion über ein neues Urhebervertragsrecht gab es dann immer wieder Versuche, die angemessene Vergütung tariflich zu erfassen. Nach dem Regierungswechsel im Jahr 1998 wurde dieser Gedanke aus dem Arbeitsrecht von der neuen Bundesregierung wieder aufgegriffen[27]. Man ging davon aus, dass die meisten Urheber ohnehin in Arbeitsverhältnissen stünden und die Vergütung, die diese erhalten, arbeitsvertraglich - zumeist auch tariflich - geregelt ist. Dies sollte für den freien Urheber analog gelten.

Im Auftrag des Justizministeriums wurden dann fünf namhafte deutsche Urheberrechtsprofessoren beauftragt, einen Entwurf für ein neues Urhebervertragsrecht zu erstellen. Nach § 31 dieses Entwurfs sollte der Verwerter dem Urheber grundsätzlich eine angemessene Vergütung schulden. Angemessen sollte sein, was im Streitfall von den Gerichten festgesetzt wird oder was die Urheber- und die Verwerterverbände in Tarifverträgen vereinbart haben. Diese Regelung sollte auch rückwirkend Anwendung finden. Die Konsequenzen dieser Rückwirkung verdeutlicht man sich am besten an einem Beispiel:

Ein Urheber und ein Verlag vereinbaren im Jahr 1980, dass der Urheber als Vergütung 6 % des Verwertererlöses erhalten soll. Laut jetzigem Tarif soll jedoch für

---

[25] Es handelt sich hierbei um ein Gutachten von Ulmer zum „Recht der Sendeverträge", das schließlich Motor zur Reform des Urhebervertragsrechtes wurde.

[26] Der wirtschaftliche Wert von Nutzungsrechten hängt von zahlreichen Faktoren ab (Art und Rang des Werkes, Art und Umfang der Verwertung, Berühmtheit des Urhebers, Wirtschaftskraft des Verlegers etc. pp.) und müsste im Grunde für jeden konkreten Einzelfall neu entschieden werden. Zweckmäßigerweise wird man bei der Ermittlung der Angemessenheit der vom Gesetzgeber festgelegten Ordnung folgen und sich im Übrigen an vergleichbaren Regelungen (z. B. § 22 VerlG) sowie der Rechtsprechung zur Ermittlung angemessener Lizenzgebühren im Rahmen des Schadensersatzrechtes und des Bereicherungsrechtes orientieren.

[27] Siehe: Däubler-Gmelin, ZUM 1999, 265 ff.

vergleichbare Verträge eine Vergütung von 10 % angemessen sein.
Aufgrund dieser Regelung wären frühere vertragliche Vereinbarungen irrelevant gewesen. Eine solche Regelung hätte jedoch eklatant gegen die im Grundgesetz geschützte Vertragsfreiheit verstoßen[28]. Darüber hinaus hätte man den Verwertern jede Kalkulationsgrundlage entzogen, sie hätten nicht mehr mit der Bestandskraft eines abgeschlossenen Vertrages rechnen können, was sich z. B. bei einem kleinen Verlag verheerend hätte auswirken können. Ferner sah der Professorenentwurf die Möglichkeit für den Urheber vor, ein Nutzungsrecht nach 30 Jahren kündigen zu können[29]. Diese Kündigungsmöglichkeit hätte zur Folge gehabt, dass große Konzerne den Markt nach „kündigungsreifen", erfolgreichen Werken absuchen, den Urhebern ein generöses Angebot unterbreiten und sich selbst somit „die Rosinen aus dem Kuchen gepickt hätten". Die Urheber wandten ein, dass der Gesetzentwurf nur eine angemessene Vergütung vorsehe. Eine solche Vergütung könne ihnen doch niemand ernsthaft absprechen wollen. Dieser Standpunkt der Urheber war der interessierten Öffentlichkeit natürlich ungleich leichter zu vermitteln als die berechtigten Befürchtungen der Verwerter. In der Endphase des Gesetzeswerkes verlor dann auch der Gesetzgeber selbst etwas den Überblick: Als Beispiel sei nur § 29 II UrhG genannt, der eine Verweisung auf eine in § 39 UrhG gar nicht mehr enthaltene Regelung vornimmt (sic!)[30].

Nach „Entschärfung" des umstrittenen Gesetzentwurfs sieht der neue § 32 UrhG zunächst den Anspruch des Urhebers auf die vereinbarte Vergütung vor. Gegenüber der Regelung im Gesetzentwurf stellt diese Regelung somit eine erhebliche Verbesserung für die Verwerter dar. Sie können mit den vertraglich vereinbarten Vergütungen für die Urheber kalkulieren. Nur für den Fall, dass keine Vergütung vereinbart wurde, gilt die angemessene Vergütung als vereinbart[31]. § 32 II UrhG verweist auf § 36 UrhG, der das Verfahren zur Bestimmung von angemessenen Gesamtvergütungen normiert. Nur für den Fall, dass die früher vereinbarte Vergütung nicht angemessen ist, muss für die Zukunft vereinbart werden, was angemessen ist.

Nur der Urheber kann von seinem Vertragspartner die Änderung des Vertrages verlangen[32]. Bis zum Beweis des Gegenteils gilt die vertraglich vereinbarte Vergütung auch als die angemessene (§ 32 II UrhG). Nach § 32a UrhG kann der Urheber von seinem Vertragspartner auch dann eine Änderung des Vertrages verlan-

---

[28] Die Vertragsfreiheit gilt nun als wichtiger Pfeiler wirtschaftlicher Prosperität. Die Vertragsfreiheit entspricht dem Wirtschaftsprogramm der bürgerlichen Gesellschaft, das Adam Smith 1776 im „Wealth of Nations" formuliert hatte. Das freie Spiel der Kräfte, dem das Eingreifen des Staates nur schadet.

[29] Zum Beispiel hätten die Erben von Thomas Mann den Vertrag mit dem Fischer Verlag hinsichtlich der weiteren Verwertung der „Buddenbrooks" kündigen und die Rechte neu vergeben können.

[30] Dies ist ein Musterbeispiel für gesetzgeberische Unzulänglichkeit in Zeiten eines überhasteten Reformeifers und eines sich letztlich selbst überholenden Gesetzgebers. Im Sinne von Savigny kann man nur noch von einer „trostlosen Eilfertigkeit" sprechen, die es aber unbedingt zu vermeiden gilt.

[31] Zu den Faktoren der Angemessenheitsprüfung: vgl. Fn. 23.

[32] Wandtke/Bullinger (aaO), § 32 Rn. 13.

gen, wenn die vereinbarte Vergütung in einem auffälligen Missverhältnis zur heute angemessenen Vergütung steht. Von einem Missverhältnis spricht man dann, wenn sich die Vergütungen um mehr als 100 % unterscheiden. Der Unterschied zwischen § 32 UrhG und § 32a UrhG liegt im Zeitpunkt der Beurteilung. Die Norm des § 32 UrhG bezieht sich auf die zum Zeitpunkt des Vertragsschlusses angemessene Vergütung, § 32a UrhG auf die heute angemessene Vergütung.

Fall 6
Das blaue Haus am Meer[1]

Schranken des Urheberrechts, gewerbliche Verwertung von Fotografien, Verhältnis von Urheber-, Delikts- und Bereicherungsrecht

A. Sachverhalt

Der anerkannte und geschätzte Architekt Arno Akkurat (A) - wegen seiner diversen Bauprojekte auf der Nordseeinsel Sylt von Kollegen als „Inselarno" bezeichnet - ist Eigentümer eines an der Nordseeküste gelegenen, mit blauer Farbe gestrichenen Reetdachhauses, das sich am äußeren Rand einer Reetdachhaussiedlung befindet. Das Haus weckt wegen seiner blauen Farbgebung und dem Küstenmotiv das Interesse zahlreicher Werbefachleute, die das Haus gerne für entsprechende Werbespots „in Szene setzen" möchten.

Eines Tages schießt der Werbefachmann Lutz Listig (L) aus diversen Winkeln Fotos von dem „Blauen Haus am Meer" des A mit seiner Kamera. Die Fotos werden in der neuesten Ausgabe der Wohnzeitschrift „Savoir vivre" veröffentlicht.

A ist über dieses Vorgehen empört und beauftragt nunmehr seinen Rechtsanwalt R. Seinem Rechtsanwalt trägt A vor, dass das Vorgehen des L in unzulässiger Weise gegen sein auch grundgesetzlich geschütztes Eigentums- und Persönlichkeitsrecht verstoße. Zudem bestehe die Gefahr, dass die Leser der Zeitung in die Lage versetzt würden, von der Abbildung des einzelnen Hauses auf die Person des Eigentümers oder Bewohners zu schließen und diese so zum Objekt einer gezielten Klassifizierung durch hieran interessierte Wirtschaftsunternehmen oder gar Kriminelle zu machen.

Er möchte wissen, ob er von L eine „Entschädigung" beanspruchen kann. Gehen Sie dabei auch auf die von A vorgetragenen Argumente an der geeigneten Stelle im Gutachten ein.

---

[1] In Anlehnung an: BGH, NJW 1989, 2251 ff. („Friesenhaus"); BGH, GRUR 2003, 1035 ff. („Hundertwasser-Haus").

B. Lösung

I. Anspruch gem. § 97 I S. 1 3. Var., S. 2 UrhG

Dem A könnte auf der Basis des § 97 I S. 1 3. Var., S. 2 UrhG ein urheberrechtlicher Schadensersatzanspruch gegen L zustehen.

1. Eingrenzung des Anspruchsbegehrens des A

Es bleibt festzuhalten, dass A keine Vermögenseinbuße erlitten hat. Von der Rechtsfolge her kommt demnach nur ein Anspruch auf Zahlung einer angemessenen Lizenzgebühr oder die Herausgabe des Verletzergewinns gem. § 97 I S. 2 UrhG in Betracht.

2. Urheberrechtliche Schutzfähigkeit

Um einen urheberrechtlichen Schadensersatzanspruch geltend zu machen, muss zunächst die urheberrechtliche Schutzfähigkeit des Werkes geprüft werden. Das abgelichtete Haus müsste ein Werk der Baukunst gem. § 2 II, I Nr. 4 UrhG darstellen und A müsste Schöpfer dieses Werkes i.S.d. § 7 UrhG („droit de paternité") sein. In diesem Zusammenhang ist zu bedenken, dass die Wissens- und Informationsgesellschaft nur dann funktionieren kann, wenn die Handlungsfreiheit des Einzelnen nicht durch die Immaterialgüterrechte erdrosselt wird[2]. Diese Sichtweise meint, dass der Schutz des Urheberrechts auf die kulturell bedeutenderen Leistungen begrenzt werden muss und nicht dazu ausgenutzt werden darf, auch simplifizierende Alltagserzeugnisse kostenträchtig zu kommerzialisieren und letztlich zu monopolisieren.

Anhand der Angaben im Sachverhalt lässt sich jedoch eine urheberrechtliche Schutzfähigkeit mangels entgegenstehender Anhaltspunkte annehmen. Die Kombination zwischen klassischer Eindeckung mit Reet und dem Anstrich der Fassade mit blauer Farbe - in dieser Region ist die standardisierte Bauweise eine Backsteinfassadengestaltung -, die zugleich eine expressive Architektursprache zum Ausdruck bringt, stellt schon eine schöpferische Eigentümlichkeit dar, die einer urheberrechtlichen Schutzfähigkeit unterliegt[3].

3. Vorliegen einer Urheberrechtsschranke

Es stellt sich die Frage, ob ein Anspruch des A nicht unter Berücksichtigung einer urheberrechtlichen Schranke in Form des § 59 I UrhG ausgeschlossen sein könnte. Die Bestimmung des § 59 UrhG sieht vor, Werke, die sich bleibend an öffentlichen Wegen, Straßen oder Plätzen befinden, durch Lichtbild zu vervielfältigen

---

[2] Schmid/Wirth, Kommentar zum Urheberrechtsgesetz, Baden-Baden 2004, § 2 Rn. 2.
[3] Zur Problematik, ob neben dem Künstler der Architekt als Miturheber in Betracht kommt: ÖstOGH, Medien und Recht 2003, 41. Vgl. auch die Beiträge: Hilty/Peukert (Hrsg.), Interessenausgleich im Urheberrecht, Baden-Baden 2004.

und zu verbreiten. Ebenso sind das Vervielfältigen, Verbreiten und öffentliche Wiedergeben zulässig, wenn ein Foto gem. § 59 I S. 2 UrhG nur die äußere Ansicht eines Bauwerkes zeigt, das sich bleibend an öffentlichen Wegen, Straßen oder Plätzen befindet. Nach der amtlichen Begründung beruht diese Vorschrift ganz allgemein auf der Erwägung, „dass die Aufstellung eines Kunstwerkes an öffentlichen Orten zum Ausdruck bringt, dass damit das Werk der Allgemeinheit gewidmet wird. Aus dieser Zweckbestimmung rechtfertigt sich eine Beschränkung des Urheberrechts in der Weise, dass jedermann das Werk abbilden und die Abbildung verwerten darf"[4]. Das schließt die gezielte gewerbliche Verwertung einzelner geschützter Werke, die im Straßenbild sichtbar sind, mit ein[5]. Der Gesetzgeber hat den Tatbestand aber auch bewusst an einengende Voraussetzungen geknüpft. Hier wäre insbesondere zu nennen die Beschränkung auf die äußere Gebäudeansicht. Ausweitungen auf Kunstwerke, die in öffentlichen Museen dauernd ausgestellt sind, werden vom Anwendungsbereich dieser Vorschrift ausgeklammert. Solche Kunstwerke seien nämlich nicht in dem gleichen Maße der Allgemeinheit gewidmet wie Werke, die an öffentlichen Plätzen aufgestellt sind[6].

Nach der gefestigten Rechtsprechung[7] ist bei der Auslegung der urheberrechtlichen Schrankenbestimmungen stets zu berücksichtigen, dass die dem Urheber zustehenden Ausschließlichkeitsrechte nicht übermäßig beschränkt werden dürfen. Mit einer engen Auslegung der Schrankenregelungen wird im Allgemeinen dem Grundsatz Rechnung getragen, dass der Urheber an der wirtschaftlichen Nutzung seiner Werke tunlichst angemessen zu beteiligen ist. Auf der anderen Seite muss die Auslegung das vom Gesetz mit der Schrankenbestimmung verfolgte Ziel beachten. Daher sind neben den Interessen des Urhebers die durch die Schrankenbestimmung geschützten Interessen zu berücksichtigen und ihrem Gewicht entsprechend für die Auslegung der gesetzlichen Regelung heranzuziehen[8].

Die Beurteilung des Streitfalles in diesem Punkt ergibt folgendes Bild: Das Haus des A befindet sich am Rande einer durch eine öffentliche Straße zugänglichen Wohnsiedlung. Das Bauwerk ist auch von der Straße aus frei - quasi mit dem „unbewaffneten Auge"[9] - sichtbar und somit an einer Straße befindlich. Es handelt sich auch um einen allgemein zugänglichen Ort[10].

---

[4] Zu § 59 UrhG, BT-Drucks. IV/270, passim.
[5] Dreier/Schulze, Kommentar zum Urheberrechtsgesetz, München 2004, § 59 Rn. 1.
[6] Zu § 59 UrhG, BT-Drucks. IV/270, passim.
[7] BVerfG, GRUR 1972, 481 ff.; GRUR 1972, 487 ff.; GRUR 1980, 44 ff.; GRUR 1989, 193 ff.
[8] BGH, GRUR 2003, 956 ff.; BGH, GRUR 2003, 1035, 1037.
[9] Fromm/Nordemann, Kommentar zum Urheberrecht, 9. Auflage, Stuttgart 1998, § 59 Rn. 2.
[10] Die Panoramafreiheit des § 59 UrhG rechtfertigt es nicht, im Wege der Fotografie die Rückseite oder den Innenhof von Gebäuden zu vervielfältigen, die lediglich mit ihrer Fassade an einer öffentlichen Straße oder einem öffentlichen Platz stehen. Ebenso ist die Luftaufnahme eines solchen Gebäudes nicht privilegiert, schon weil es Teile des Gebäudes zeigt, die von dem Weg, der Straße oder dem Platz aus nicht zu sehen sind (BGH, GRUR 2003, 1035, 1037).

Die von A vorgebrachte und vertretene Auffassung liefe auf die Anerkennung eines Ausschließlichkeitsrechtes an dem in der Sache verkörperten immateriellen Gut hinaus und würde dadurch den grundsätzlichen Unterschied zwischen Eigentum an einer körperlichen Sache und dem Urheberrecht als Immaterialgüterrecht verwischen. Eine so umfassende Ausstrahlung des Sacheigentums wird aber weder von der grundgesetzlichen Eigentumsgarantie gefordert noch durch die Zivilrechtsordnung anerkannt[11]. Die Verwertung des äußeren Abbilds einer Sache ist vielmehr von der eigentumsrechtlichen Sachherrschaft getrennt und ausschließlich dem geistigen Urheber des Werkes innerhalb der durch §§ 11 ff. UrhG gezogenen Grenzen zugeordnet. Insoweit hat der Gesetzgeber in § 59 UrhG aber die fotografische Verbreitung der äußeren Ansicht eines Gebäudes selbst dem Urheberrechtsschutz entzogen, sodass A nicht einmal als geistiger Schöpfer des Bauwerks berechtigt wäre, dem L die fotografische Vervielfältigung zu untersagen. Weitergehende Ausschließlichkeitsrechte billigt die Zivilrechtsordnung aber dem Sacheigentümer nicht zu.

Auch der Hinweis auf die Verletzung des allgemeinen Persönlichkeitsrechtes seitens des A führt nicht zu einer anderen rechtlichen Bewertung. Denn insoweit hat A die Gefahr konkreter Beeinträchtigungen seines Persönlichkeitsrechtes[12] in einer für ihn nicht mehr hinnehmbaren und damit auch rechtswidrigen Weise zumindest nicht glaubhaft gemacht. Durch die Aufnahme und gewerbliche Weiterverbreitung von Abbildungen der Außenansicht des Hauses von A wird lediglich nur ein Teilbereich seines Persönlichkeitsrechtes berührt, der ohnehin der Öffentlichkeit zugewandt ist und deshalb von vornherein allenfalls einen sehr begrenzten Schutz genießen kann.

Die Öffentlichkeitssphäre als der Bereich des menschlichen Lebens, von dem jedermann Kenntnis nehmen kann, genießt aber von vornherein keinen Schutz gegen Indiskretionen[13]. Allenfalls gegen unrichtige oder ehrverletzende Darstellungen kann sich der Betroffene auch in diesem Teilbereich der Persönlichkeit zur Wehr setzen. Solche Eingriffe drohen dem A von dem völlig objektiven und wertneutralen Aufnahmeverfahren des L aber nicht. Auch die mit den technischen Möglichkeiten einer digitalen Bilderfassung und weitgehend automatischen Abrufbarkeit und Reproduzierbarkeit der Hausabbildung in der Bilddatenbank des L verbundenen erweiterten Verwertungschancen begründen insoweit keinen erweiterten Persönlichkeitsschutz. Die veröffentlichten Gebäudeansichten stellen nur einen sehr marginalen Ausschnitt aus dem Persönlichkeitsbild des A dar, dessen Aussagekraft andere öffentlich zugängliche personenbezogene Daten nicht übersteigt[14].

---

[11] LG Waldshut-Tiengen, MMR 2000, 172, 174.
[12] Das Persönlichkeitsrecht in seiner Ausprägung als Recht auf angemessenen Schutz der Privatsphäre, dem Recht am eigenen Bild und dem Recht auf informationelle Selbstbestimmung.
[13] LG Waldshut-Tiengen, MMR 2000, 172, 174.
[14] Zur Zulässigkeit der Aufnahme digitaler Abbildungen des Straßenverlaufs und der angrenzenden Gebäudeansichten von einem mit automatischen Präzisionskameras ausgerüsteten Kleintransporter aus: VG Karlsruhe, NJW 2000, 2222 ff.

Das Recht am eigenen Bild eröffnet dem A keine weiter gehenden Abwehrrechte. Die fotografische Abbildung allein des Hauses greift in diese Ausgestaltung des Persönlichkeitsrechtes gar nicht ein. Der L könnte in diesem Zusammenhang vortragen, dass sogar eine Aufnahme des A selbst vor seinem in erster Linie fotografisch erfassten Wohnhaus gem. § 23 I Nr. 2 KUG nicht verboten wäre. Die ausschließlich fotografische Erfassung der Hausfassade begründet daher auch unter diesem Aspekt keine weiter gehenden Schutzrechte.

Gleiches gilt schließlich für das Recht auf informationelle Selbstbestimmung, das seit dem Volkszählungsurteil des BVerfG ebenfalls als eine besondere Ausprägung des allgemeinen Persönlichkeitsrechts anerkannt ist[15]. Danach muss zwar im Rahmen der §§ 823, 1004 BGB die Befugnis des Einzelnen gewährleistet bleiben, grundsätzlich selbst über die Preisgabe und Verwendung seiner persönlichen Daten zu bestimmen, weshalb die Regelungen des BDSG auch als Schutzgesetze des § 823 II BGB anzusehen sind[16]. Auch das Recht auf informationelle Selbstbestimmung ist aber nicht schrankenlos gewährleistet, der Einzelne hat also nicht ein Recht i.S.e. absoluten, uneinschränkbaren Herrschaft über „seine" Daten. Er ist vielmehr als eine sich innerhalb der sozialen Gemeinschaft entfaltende, auf Kommunikation ausgerichtete Persönlichkeit verpflichtet, eine ihn nicht unangemessen stark belastende Preisgabe und Verwertung personenbezogener Daten im überwiegenden Allgemeininteresse oder auch im gleichrangigen Interesse Dritter hinzunehmen[17].

II. Anspruch gem. § 823 I BGB

Der deliktsrechtliche Anspruch auf Schadensersatz wegen Eigentumsverletzung setzt voraus, dass das Eigentum des A verletzt worden ist. Es ist zunächst umstritten, ob das Fotografieren von Sachen Rechte des Eigentümers verletzen kann[18]. Eine Streitentscheidung kann in diesem Punkt jedoch dahinstehen, wenn das Fotografieren durch das Urheberrecht in Form des § 59 UrhG ausdrücklich erlaubt ist[19]. Die urheberrechtlichen Wertungen sind dann in die deliktsrechtliche Wertung zu inkorporieren, um Wertungswidersprüche zu vermeiden und eine sachliche Wahrung der Einheit der Rechtsordnung zu gewährleisten. Die urheberrechtliche Prüfung hat eine Zulässigkeit des Fotografierens ergeben[20], sodass ein deliktischer Schutzanspruch trotz des Fotografierens und des gewerblichen Verwertens nicht gegeben ist.

---

[15] BVerfGE 65, 141 ff.
[16] OLG Hamm, NJW 1996, 131.
[17] LG Waldshut-Tiengen, MMR 2000, 172, 174.
[18] Vgl. Beater, JZ 1998, 1101 ff.
[19] BGH, NJW 1989, 2251, 2252.
[20] Vgl. Ausführungen unter B. I. 3.

III. Anspruch gem. § 812 I S. 1 2.Alt. BGB

Ein Anspruch aus Eingriffskondiktion, der auf Wertersatz gerichtet ist, scheidet aus denselben Überlegungen aus wie sie zum urheberrechtlichen Schadensersatzanspruch ausgeführt wurden. Der Kondiktionsanspruch setzt realiter einen Eingriff in den Zuweisungsgehalt eines Rechtes respektive einer Rechtsposition voraus. Als Zuweisungsrecht kommt das Eigentumsrecht in Ausgestaltung des Fotografierrechts in Betracht. Ein solcher Eingriff liegt jedoch aufgrund der Urheberrechtsschranke des § 59 I UrhG nicht vor. Das Bereicherungsrecht darf keinen weiter gehenden Schutz gewähren als das Urheberrecht.

C. Weiterführende Hinweise: Literatur

1.) Dreier, Sachfotografie, Urheberrecht und Eigentum, FS für Adolf Dietz, München 2001, S. 235 ff.

2.) Ernst, Zur Panoramafreiheit des Urheberrechts, ZUM 1998, 1101

3.) Hess, Der „Verhüllte Reichstag" und § 59 I S.1 UrhG: Was bleibt? FS für Wilhelm Nordemann, Baden-Baden 1999, S. 89 ff.

Fall 7
J´accuse[1]

Rechte und Pflichten der Verwertungsgesellschaften, kollektive Rechtewahrnehmung, "Binnenrecht" der Verwertungsgesellschaften anhand der Beziehung zwischen Verwertungsgesellschaften und Berechtigten, Urheberwahrnehmungsgesetz, Abschluss- und Inhaltskontrolle von Berechtigungsverträgen

A. Sachverhalt

Die beiden Pop-Art Künstler Tilo Tube (T) und Oliver Öl (Ö) haben mit der Verwertungsgesellschaft VG Bild-Kunst e.V. einen Wahrnehmungsvertrag geschlossen. Die Bestimmung des § 1 dieses Vertrages hat folgenden Inhalt:

§ 1 S. 1: „Der Berechtigte überträgt hiermit der Verwertungsgesellschaft VG Bild-Kunst – als Treuhänderin für alle Länder – die ihm aus seinem Urheberrecht gegenwärtig zustehenden oder zukünftig anfallenden, nachstehend aufgeführten Nutzungsrechte zur Wahrnehmung und Einziehung nach Maßgabe folgender Bestimmungen..."

Es folgt eine Auflistung der einzelnen Rechte, zu denen nach § 1 S. 2 „für Berechtigte, die der Berufsgruppe I angehören, die Ansprüche aus der Nutzung von Werken und Lichtbildern in Form der Vervielfältigung und Verbreitung (§§ 16, 17 UrhG) in Zeitungen, Zeitschriften und Sammlungen, die Werke einer größeren Anzahl von Urhebern vereinigen", gehören.

Gemäß § 2 des Wahrnehmungsvertrages kann der Berechtigte verlangen, dass ihm für die Wahrnehmung seiner Rechte im Einzelfall einige, im Einzelnen näher bezeichnete Rechte, zu denen auch das Recht aus § 1 S. 2 gehört, zurückübertragen werden.

Das Museum M bereitet eine neue Ausstellung zum Thema „Pop-Art" vor und möchte als begleitende Werbung einen Ausstellungskatalog als Buch herausgeben. Zu diesem Zweck lässt M die beiden Künstler Freistellungserklärungen unterschreiben, durch die dem Museum unentgeltlich das Recht eingeräumt wird, die ausgestellten Werke zu veröffentlichen und weltweit zu verbreiten. Die Erklärun-

---

[1] In Anlehnung an: OLG Köln, ZUM 1998, 505 („Kunstklotz"); BGH, GRUR 1993, 822 („Katalogbild"); BGH, GRUR 2002, 332 („Klausurerfordernis").

gen schickt M an die VG Bild-Kunst e.v. Der vom Museum herausgegebene Katalog umfasst 300 Seiten und 60 großformatige Farbabbildungen mit Werken der Künstler T und Ö.

Der Vorstand der VG Bild-Kunst zeigt sich über dieses Vorgehen des Museums M erzürnt und bittet seine Rechtsreferendarin R, die ihre Referendarsstage bei der VG Bild-Kunst in Bonn absolviert, um eine Begutachtung möglicher Ansprüche der VG Bild-Kunst e.v. gegen M. Der Vorstand meint, dass die Werke von T und Ö im Katalog nicht vorrangig als Bestandteil der Ausstellung gezeigt werden, sondern im Vordergrund vielmehr die Werkabbildung als solche stehe, durch die der Kunstgenuss – auch unabhängig von einem Museumsbesuch – vermittelt werden soll. Das Museum führt aus, dass man eigentlich an die rechtliche Zulässigkeit der Rückübertragung geglaubt habe.

Abwandlung:

Wie ist o. g. Fall zu beurteilen, wenn die VG Bild-Kunst e.v. ihre Geschäftsordnung für das Wertungsverfahren der bildenden Künstler dahingehend abändert, dass „Mitglieder, die ihre Werke nur mit Hilfe anderer malen, also nicht über das berufsmäßige Können verfügen, keine Wertung erhalten können. Das Mitglied kann zur Ableistung einer Klausur aufgefordert werden".

Prüfen Sie bitte, ob die durch den Beschluss der Mitgliederversammlung getroffene Regelung für die beiden Künstler individual-vertraglich wirksam werden kann.

B. Lösung

I. Anspruch der VG Bild-Kunst e.V. gem. § 97 I S. 1 3. Var. UrhG

Die VG Bild-Kunst e.V. könnte einen Schadensersatzanspruch gegen K gem. § 97 I S. 1 3. Var. UrhG geltend machen. Dieser Anspruch setzt voraus, dass M die der VG Bild-Kunst eingeräumten ausschließlichen Nutzungsrechte verletzt hat.

1. Ausschließliche Nutzungsrechte als Rechte i.S.d. § 97 I UrhG

Zunächst bleibt festzuhalten, dass ausschließliche Nutzungsrechte als geschützte Rechte i.S.d. § 97 I UrhG zu qualifizieren sind[2].

2. Einräumung eines Nutzungsrechtes

Des Weiteren müsste dem Museum seitens der beiden Künstler ein Nutzungsrecht eingeräumt werden. Der mit der Verwertungsgesellschaft abgeschlossene Wahr-

---

[2] Vgl. Schack, Urheber- und Urhebervertragsrecht, 2. Auflage, Tübingen 2001, Rn. 675.

nehmungsvertrag ist ein Nutzungsvertrag eigener Art[3]. Er ist durch Elemente des Auftrags, insbesondere bezüglich der treuhänderischen Rechtsübertragung, sowie des Gesellschafts-, des Dienst- und des Geschäftsbesorgungsvertrages bestimmt[4]. Der Urheber verpflichtet sich durch den Wahrnehmungsvertrag, der jeweiligen Verwertungsgesellschaft ein ausschließliches Nutzungsrecht gem. § 31 III UrhG einzuräumen. Die Einräumung des ausschließlichen Nutzungsrechtes erfolgt regelmäßig zeitgleich mit Abschluss des Verpflichtungsgeschäfts. In casu haben die beiden Künstler T und Ö dem Museum Verwertungsrechte in Form des Vervielfältigungs- und des Verbreitungsrechtes gem. §§ 16, 17 UrhG rechtswirksam eingeräumt.

> Trotz des Treuhandverhältnisses haben die Verwertungsgesellschaften[5] eine weitgehend selbständige Position. Sie sind nicht an Weisungen der einzelnen Vertragspartner (Urheber) gebunden, sondern unterliegen der jeweiligen gesellschaftsrechtlichen oder vereinsrechtlichen Struktur und den dort vorgesehenen Statuten. Die Verwertungsgesellschaften können einfache Nutzungsrechte ohne Zustimmung des Urhebers Dritten gem. § 35 I S. 2 UrhG einräumen. Dies entspricht auch Sinn und Zweck des Wahrnehmungsvertrages[6].

3. Rückruf durch Freistellungserklärung

Es ist zu prüfen, ob die Unterzeichnung der Freistellungserklärungen seitens der beiden Künstler ein Rückübertragungsverlangen des Wahrnehmungsvertrages darstellen könnte.

Prima facie spricht gegen eine solche Wertung die Tatsache, dass die Erklärung nicht gegenüber der VG Bild-Kunst als Wahrnehmungsverpflichtete, sondern gegenüber dem Museum M abgegeben wurde. Es entspricht jedoch gefestigter Auffassung, dass der Rückruf eines ausschließlichen Nutzungsrechtes nur gegenüber dem Inhaber eines ausschließlichen Nutzungsrechtes erfolgen kann[7]. Der Inhaber eines einfachen Nutzungsrechtes behindert den Urheber nicht; es bleibt ihm unbenommen, das Werk in gleicher Weise zu verwerten und nutzen zu lassen. Daraus ist zu folgern, dass die VG Bild-Kunst mangels wirksamer Rückübertragung weiterhin Inhaberin der ausschließlichen Nutzungsrechte ist.

---

[3] Dreier/Schulze, Kommentar zum Urheberrechtsgesetz, München 2004, Vor § 31 Rn. 125.
[4] BGH, GRUR 1968, 321, 327; BGH, GRUR 1982, 308, 309.
[5] Die Aufgabe der Verwertungsgesellschaften besteht darin, diejenigen Rechte des Urhebers wahrzunehmen, die der Urheber angesichts der Vergabehäufigkeit selbst nicht mehr wahrnehmen kann.
[6] Dreier/Schulze (aaO), Vor § 31 Rn. 126.
[7] Dreier/Schulze (aaO), § 41 Rn. 9.

4. Katalogbildfreiheit gem. § 58 UrhG

Im Streitfall stellt sich die berechtigte Frage, ob nicht die Vervielfältigung und Verbreitung der Bilder unter Zuhilfenahme des § 58 UrhG ohne Zustimmung der Verwertungsgesellschaft zulässig sein könnte. Sinn und Zweck dieser Regelung ist, dass die sog. Katalogbildfreiheit dem „bei allen Beteiligten bestehenden Bedürfnis nach einer erleichterten Herausgabe illustrierter Ausstellungs- und Versteigerungskataloge"[8] Rechnung tragen soll[9]. Die Vervielfältigung und Verbreitung ohne Zustimmung des Urhebers ist jedoch nur dann zulässig, wenn sie räumlich, zeitlich und inhaltlich der unmittelbaren Förderung des Ausstellungszwecks dient[10]. § 58 UrhG ist, wie alle gesetzlichen Schranken des Urheberrechtes in den §§ 45 ff. UrhG, eng auszulegen[11].

Wendet man diese Grundsätze auf den vorliegenden Sachverhalt an, so ergibt sich folgende rechtliche Gesamtschau: Der vom Museum herausgegebene Katalog ist lediglich anlässlich der „Pop-Art-Ausstellung" editiert worden. Die Gesamtdarstellung und der Gesamtaufbau des Kataloges sind nicht dem Ausstellungszweck untergeordnet worden. Die Wiedergabe der Bilder steht nicht im Vordergrund, sondern vielmehr geht es angesichts der großformatigen Abbildungen von Werken der beiden Künstler T und Ö um die Vermittlung des Werkgenusses. Der Katalog begnügt sich nicht damit, das Bestandsverzeichnis der wichtigsten Gemälde der Ausstellung zu illustrieren, sondern ist mit seinen großformatigen und größtenteils farbigen Abbildungen der Sache nach ein Kunstbildband. Selbst der Umstand, dass alle abgebildeten Werke im Museum auch ausgestellt sind, ändert nichts daran, dass ihre Wiedergabe – objektiv gesehen – nicht mehr der öffentlichen Ausstellung als solcher dient[12]. Daraus ist zu folgern, dass die Abbildungen der Künstler T und Ö nicht mehr unter die Bestimmung des § 58 UrhG zu subsumieren sind.

5. Verschulden

Schuldhaft handelt, wer ein fremdes Urheberrecht oder verwandtes Schutzrecht vorsätzlich oder fahrlässig verletzt. Ebenso wie im allgemeinen Deliktsrecht tritt die Rechtsfolge des Schadensersatzes bei Vorsatz und Fahrlässigkeit gleichermaßen ein. Es gibt keine abgestufte Haftung je nach dem Grad des Verschuldens; auch eine Reduktionsklausel kennt das Urheberrecht nicht (anders § 139 II S. 2 PatG)[13].

---

[8] Die Vorschrift bezieht sich nicht nur auf Kataloge vorübergehender Ausstellungen, sondern auch auf Verzeichnisse zur Durchführung ständiger öffentlicher Ausstellungen, insbesondere in öffentlich zugänglichen Museen und Kunstsammlungen (BGHZ 126, 313, 317).

[9] BGH, GRUR 1993, 822, 823; Schmid/Wirth, Kommentar zum Urheberrechtsgesetz, Baden-Baden 2004, § 58 Rn. 1.

[10] BGH, GRUR 1993, 822, 823.

[11] BGHZ 126, 313, 317.

[12] So auch: BGHZ 126, 313, 319.

[13] Dreier/Schulze (aaO), § 97 Rn. 55.

Nach der Vorsatztheorie entfällt bei einem Irrtum über die Rechtslage der Vorsatz[14]. Es bleibt dann jedoch bei einem Fahrlässigkeitsvorwurf. Dem Museum gegenüber kann in casu ein Fahrlässigkeitsvorwurf erhoben werden. Der Verletzer kann auch in rechtlichen Zweifelsfällen nicht einfach die ihm günstige Ansicht unterstellen. Vielmehr handelt bereits fahrlässig, wer sich erkennbar in einem Grenzbereich des rechtlich Zulässigen bewegt und dabei in Betracht ziehen muss, dass ein Gericht zu einem von seiner eigenen Einschätzung abweichenden Beurteilung der rechtlichen Zulässigkeit kommt[15]. So liegt die Konstellation auch im Streitfall. Das Museum hat in letzter Konsequenz das Risiko des Rechtsirrtums zu tragen. Selbst das Vertrauen auf die Auffassung eines eingeschalteten Rechtsanwalts vermag den Verletzer nicht zu entlasten[16].

6. Schadensberechnung

Die VG Bild-Kunst als Anspruchsberechtigte kann den Schaden entweder konkret berechnen, die übliche Lizenzgebühr verlangen oder gemäß § 97 I S. 2 UrhG den Verletzergewinn herausverlangen. Zwischen diesen Berechnungsarten besteht ein Wahlrecht („ius variandi")[17].

II. Anspruch der VG Bild-Wort gem. §§ 816 I S. 2, 818 II BGB

Die Verwertungsgesellschaft könnte zudem einen Anspruch gegen das Museum auf §§ 816 I S. 2, 818 II BGB stützen.

1. Unentgeltliche Verfügung eines Nichtberechtigten

Unter einer Verfügung versteht man ein Rechtsgeschäft, durch das ein bestehendes Recht unmittelbar aufgehoben, übertragen, belastet oder inhaltlich verändert wird[18]. Durch die Einräumung von Nutzungsrechten seitens der beiden Künstler gegenüber dem Museum wurde ein bestehendes Recht übertragen. Die Künstler waren durch den Abschluss des Wahrnehmungsvertrages mit der VG Bild-Kunst Nichtberechtigte. Die Verfügung erfolgte auch unentgeltlich.

2. Wirksamkeit der Verfügung gegenüber der VG als Berechtigte

Die Wirksamkeit der Verfügung dem Berechtigten gegenüber beurteilt sich nach den allgemeinen Vorschriften über die Wirksamkeit von Verfügungen eines Nichtberechtigten. Nach heute ganz herrschender Auffassung kann die Wirksamkeit auch dadurch herbeigeführt werden, dass der Berechtigte die Verfügung des

---

[14] Tröndle/Fischer, Kommentar zum Strafgesetzbuch, 52. Auflage, München 2004, § 16 Rn. 22.
[15] BGH, GRUR 2000, 699, 702.
[16] BGH, GRUR 1980, 1099.
[17] Vgl. zu diesem Problemkomplex: Fall 1 B., S. 8 ff.
[18] Loewenheim, Bereicherungsrecht, 2. Auflage, München 1997, S. 100.

Nichtberechtigten genehmigt (nachträgliche Zustimmung) gem. §§ 185 II, 184 I BGB[19].

Im Streitfall hat die VG Bild-Kunst die Verfügung noch nicht genehmigt. Eine solche Genehmigung kann man aber in einer Klageerhebung erblicken[20]. Der Anspruch aus § 816 I S. 2 BGB kann jedoch nicht neben einem urheberrechtlichen Schadensersatzanspruch gem. § 97 UrhG geltend gemacht werden. Sofern der Verfügung nachträglich zugestimmt wird, fehlt es an einer widerrechtlichen Verletzung i.S.d. § 97 UrhG. Der Nichtleistungskondiktionsanspruch ist nur dann einschlägig, wenn es an einem Verschulden des Verletzers fehlt.

3. Bereicherungsumfang gem. § 818 II BGB

Erlangt hat M das Recht zur Nutzung der Werke. Eine Herausgabe ist nicht möglich angesichts der „Beschaffenheit des Erlangten", sodass das Museum gem. § 818 II BGB den Wert zu ersetzen hat. Der Wert wird nach den für die Rechtseinräumung üblichen Tarifen der VG Bild-Kunst e.V. berechnet.

Abwandlung:

Die Aufgabenstellung zielt auf die Problematik einer Abschluss- und Inhaltskontrolle von Berechtigungsverträgen zwischen Berechtigtem (Urheber oder Verleger) und der jeweiligen Verwertungsgesellschaft ab.

Ob und inwieweit der Wahrnehmungsvertrag der Kontrolle nach dem AGBG respektive jetzt nach den §§ 305-310 BGB unterliegt, war lange Zeit unsicher[21]. Dass der Berechtigungsvertrag nach dem Willen des Gesetzgebers nicht pauschal von der AGB-Kontrolle ausgenommen sein sollte, ergibt sich allerdings ex lege aus § 23 II Nr. 6 AGBG bzw. seit dem Inkrafttreten des Schuldrechtsmodernisierungsgesetzes aus § 309 Nr. 9 c) BGB, wonach lediglich das Verbot bestimmter Klauseln über die Laufzeit von Dauerschuldverhältnissen für den Berechtigungsvertrag nicht gilt (§ 11 Nr. 2 AGBG). Im Wege eines „argumentum e contrario" bedeutet dies, dass die übrigen Vorschriften über die Kontrolle von AGB grundsätzlich auch auf den Berechtigungsvertrag Anwendung finden können. In seiner Entscheidung vom 13.12.2001 hat der I. Senat des BGH zu der Frage nunmehr klar Stellung genommen[22]. Der schuldrechtliche Berechtigungsvertrag zwischen der Verwertungsgesellschaft und dem Berechtigten, der, wie die beiden Künstler im Streitfall, nicht Mitglied der Verwertungsgesellschaft im vereinsrechtlichen Sinne ist, unterliegt der Einbeziehungs- und Inhaltskontrolle nach dem AGBG bzw. den §§ 305-310 BGB. Die Vorschriften über die Kontrolle des Wahrneh-

---

[19] Vgl. nur: Staudinger/Lorenz, Kommentar zum BGB, 13. Bearbeitung, Berlin 1997, § 816 Rn. 9; Medicus, Schuldrecht II, 12. Auflage, München 2004, Rn. 701.
[20] So: OLG Köln, ZUM 1998, 505, 506.
[21] Zum Meinungsstand: Dünnwald, FS f. Kreile, München 1994, S. 161, 165; Mauhs, Der Wahrnehmungsvertrag, Baden-Baden 1991, S. 57 ff.; Goldmann, Die kollektive Wahrnehmung musikalischer Rechte in den USA und Deutschland, München 2001, S. 300 ff.
[22] BGH, GRUR 2002, 332 ff.

mungsvertrages in §§ 6 I, 7 S. 2 UrhWG sind demnach keine abschließenden, die AGB-Kontrolle verdrängenden Sondervorschriften.

Bestimmungen in Allgemeinen Geschäftsbedingungen sind gem. § 307 I S. 1 BGB dann unwirksam, wenn sie den Vertragspartner des Verwenders entgegen den Geboten von Treu und Glauben unangemessen benachteiligen. Bei der Inhaltskontrolle kommt es nicht darauf an, ob die Bestimmung im konkreten Einzelfall, d. h. hier im Verhältnis zu den beiden Künstlern T und Ö, angemessen ist. Es ist vielmehr in einer typisierenden Betrachtungsweise zu prüfen, ob die Regelung generell unter Berücksichtigung der typischen Interessen der beteiligten Verkehrskreise den Vertragspartner unangemessen benachteiligt[23].

Die vertragliche Bestimmung, die der Verwertungsgesellschaft die Befugnis einräumt, nach freiem Ermessen die Teilnahme am Wertungsverfahren davon abhängig zu machen, dass eine Klausur abgeleistet wird, in der das Mitglied den Nachweis erbringen soll, dass es seine Werke ohne die Hilfe anderer anfertigen kann, ist unangemessen. Diese Regelung ist zudem unbestimmt. Sämtliche Bedingungen, unter denen die Klausur zu leisten ist, werden der freien Gestaltung der Verwertungsgesellschaft überlassen. Die Festlegung aller weiteren Prüfungsumstände (insbesondere des Gegenstands der Prüfung, der Person der Prüfer, des Ortes und der Dauer der Prüfung) liegt nach der getroffenen Regelung im freien Ermessen der VG Bild-Kunst e.V. Aus diesen Überlegungen ist zu folgern, dass der Beschluss gegenüber den beiden Künstlern keine individual-vertragliche Wirkung entfalten kann.

C. Weiterführende Hinweise: Literatur

1.) Plate, Die Verwertungsgesellschaftspflicht für urheberrechtliche Vergütungsansprüche und ausschließliche Verwertungsrechte, Berlin 2003

2.) Wirtz, Die Kontrolle von Verwertungsgesellschaften: Eine rechtsvergleichende Studie des deutschen, britischen und europäischen Rechts der Verwertungsgesellschaften, Frankfurt 2002

3.) Steden, Das Monopol der GEMA: Zur Frage der kollektiven Wahrnehmung von Musikverwertungsrechten im 21. Jahrhundert, München 2003

4.) Lerche, Verwertungsgesellschaften als Unternehmen sui generis, ZUM 2003, 38

5.) Schwarze, Urheberrechte und deren Verwaltung im Lichte des europäischen Wettbewerbsrechts, ZUM 2003, 15

---

[23] BGHZ 110, 241, 244.

Fall 8
Mord in den Dünen[1]

Einräumung von Nutzungsrechten, Fortfall des Tochterrechtes und Wirkung auf das Enkelrecht, Abstraktionsprinzip im Urheberrecht, Lizenzhandel, Verlagsvertragsrecht, Urheberrechtsprozess

A. Sachverhalt

Ein schwedischer Bestsellerautor räumte 2003 dem deutschen Verlag X aufgrund eines Verlagsvertrages das Verlagsrecht an seinem im südschwedischen Schonen spielenden Kriminalroman „Mord in den Dünen" ein. Dem Verlag wurde u.a. auch das Nebenrecht zur Herausgabe einer Taschenbuchausgabe und zur Vergabe von Lizenzen hierzu eingeräumt.
Anfang 2004 kam es beim Verlag X zu einem Wechsel in der Führungsposition. Die neue Führung gab als Order heraus, dass der Verlag zukünftig mehr Gewinn „abwerfen" müsse. Demzufolge seien neue strategische Wege zu erschließen. Vor diesem Hintergrund schloss der Verlag X im Jahre 2004 mit dem Verlag Z einen Taschenbuchlizenzvertrag, in dem diesem das Recht zur Herausgabe des Werkes als Taschenbuch übertragen wurde. Ende des Jahres 2004 beendeten die Witwe und Alleinerbin Lisa K. des inzwischen verstorbenen Autors und der Verlag X ihre Vertragsbeziehungen. Einige Zeit später schloss Lisa K. mit dem Verlag R einen Verlagsvertrag über dieses Werk und räumte ihm das Verlagsrecht unter Übergabe eines Manuskripts sowie das ausschließliche Rechte zur Vergabe einer Taschenbuchlizenz ein. Der Verlag R verlangt nunmehr vom Verlag Z, dass dieser die Produktion und Verbreitung seiner Taschenbücher einstellt und an ihn eine angemessene Lizenzgebühr für die nach Abschluss des Verlagsvertrages mit der Witwe Lisa K. hergestellten und verbreiteten Taschenbücher zahlt.

Bitte prüfen Sie die Erfolgsaussichten einer Klage in einem Gutachten.

---

[1] In Anlehnung an: BGH, ZUM 1986, 278 ff. („Alexis Sorbas").

B. Lösung

I. Zulässigkeit[2] der Klage

1. Zuständigkeit

Für den Gerichtsstand gelten die allgemeinen Bestimmungen der ZPO. Die örtliche Zuständigkeit richtet sich nach §§ 12 ff., 32 ZPO. Ansprüche aus unerlaubten Handlungen können nach § 32 ZPO auch bei dem Gericht des Ortes, an dem die Handlung begangen worden ist, geltend gemacht werden. Dies ist jeder Ort, an dem auch nur eines der wesentlichen Tatbestandsmerkmale der unerlaubten Handlung in Erscheinung getreten ist, also insbesondere der Ort der Vervielfältigung, des Vortrags, der Aufführung oder der Vorführung[3]. Für die Verbreitung ist nicht nur der Ort der Absendung, sondern auch der der Auslieferung an den Empfänger maßgebend[4]. Der Gerichtsstand nach § 32 ZPO ist auch dort gegeben, wo die durch die unerlaubte Handlung bewirkte Rechtsverletzung eingetreten ist[5]. Für Rechtsstreitigkeiten über Ansprüche einer Verwertungsgesellschaft sieht aber das Wahrnehmungsgesetz in § 17 als ausschließlichen Gerichtsstand das Gericht vor, in dessen Bezirk die Verletzungshandlung vorgenommen wurde oder der Verletzte seinen allgemeinen Gerichtsstand hat.

> Werden mehrere selbständige Ansprüche in objektiver Klagehäufung gem. § 260 ZPO geltend gemacht, so ist für jeden prozessual selbständigen Anspruch gesondert zu prüfen, ob der gewählte Rechtsweg zulässig ist[6]. Eine Rechtswegmanipulation durch beliebige Klagenhäufung soll verhindert werden. Soweit einzelne selbständige Ansprüche keine Urheberrechtsstreitsachen[7] sind, ist das Verfahren ggf. zu trennen[8].

§ 105 UrhG ermächtigt die Landesregierungen, in Erweiterung der örtlichen Zuständigkeit besondere Landgerichte und Amtsgerichte für Urheberrechtsstreitsachen zu bestimmen. Sinn und Zweck dieser Vorschrift manifestiert sich darin, durch die Konzentration der Urheberrechtsprozesse auf bestimmte Gerichte und auf bestimmte Urheberrechtskammern eine einheitliche und profunde Rechtsprechung auf diesem Gebiet zu erreichen. Für die sachliche Zuständigkeit gelten die

---

[2] Im Rahmen der Zulässigkeit der Klage werden aus didaktisch-pädagogischen Gründen auch unproblematische Zulässigkeitsvoraussetzungen kurz abgehandelt.
[3] Rehbinder, Urheberrecht, 13. Auflage, München 2004, Rn. 456.
[4] BGH, NJW 1997, 1590.
[5] Zöller/Vollkommer, ZPO-Kommentar, 25. Auflage, Köln 2005, § 32 Rn. 17.
[6] BGH, NJW 1998, 826, 828.
[7] Eine Urheberrechtsstreitigkeit liegt vor, wenn sich das Klagebegehren als die Folge eines Sachverhalts darstellt, der nach dem Urheberrecht zu beurteilen ist (BGH, GRUR 1988, 206, 207).
[8] BGH, NJW 1998, 826, 828.

Bestimmungen der §§ 23, 71 GVG. Über die sachliche Zuständigkeit entscheidet allein der Streitwert.

> Das Verlagsrecht ist in „diesem Gesetz" (§ 104 S. 1 UrhG) nicht geregelt. Nach den Vorstellungen des Gesetzgebers hatte sich eine entsprechende Bestimmung für verlagsrechtliche Prozesse erübrigt, da hierbei auch immer zugleich Ansprüche aus dem Urheberrechtsgesetz geltend gemacht werden[9]. Sie sind ebenfalls Urheberrechtsstreitsachen[10].

2. Aktivlegitimation

Unter der Aktivlegitimation ist die Befugnis zu verstehen, über das behauptete Recht im Prozess verfügen zu können. Grundsätzlich ist der Inhaber eines Rechts befugt, es im eigenen Namen einzuklagen. Im Urheberrechtsstreit steht die Aktivlegitimation dem Inhaber des Urheberrechtes zu. Hierbei ist an folgende Urheberrechtsinhaber zu denken: Alleinurheber, Miturheber in ihrer Gesamtheit oder ein Miturheber auf Leistung an alle (§ 8 II S. 3 UrhG), Urheber verbundener Werke in ihrer Gesamtheit als Gesellschafter bürgerlichen Rechts oder ein Urheber im Rahmen der Notverwaltung nach § 744 II BGB oder ausländischer Urheber nach §§ 120 II, 121 UrhG. Des Weiteren ist noch an den Rechtsnachfolger des Urhebers im Wege des Erbgangs nach §§ 28-30 UrhG zu denken. Der Nachweis der Erbenstellung hat durch die Vorlage des Erbscheins als amtliches Dokument über das Erbrecht zu erfolgen.

3. Passivlegitimation

Die Passivlegitimation richtet sich danach, wer Schuldner des Klageanspruchs ist[11]. Im Urheberrechtsprozess ist passivlegitimiert jeder, der die Rechtsverletzung als Täter entweder selbst adäquat kausal begeht oder daran als Teilnehmer (Anstifter, Gehilfe) beteiligt ist. Wer das im Einzelfall ist, hängt vom Tatbestand des jeweiligen Verwertungsrechtes ab. Täter ist auch derjenige, der eine unbefugte Nutzungshandlung zwar nicht selbst vorgenommen hat, dem diese jedoch als eigene zugerechnet wird, weil er sie veranlasst hat[12].

II. Begründetheit der Klage

Die Klage ist begründet, wenn der Klägerin der geltend gemachte Anspruch zusteht. Dies ist dann der Fall, wenn die tatbestandlichen Voraussetzungen des Klagebegehrens vorliegen.

---

[9] Vgl. amtl. Begr. zu § 105, Schulze, Materialien zum Urheberrechtsgesetz, 2. Auflage, Weinheim 1997, S. 572.
[10] OLG Koblenz, ZUM-RD 2001, 392, 393.
[11] Zöller/Greger (aaO), Vor § 253 Rn. 25.
[12] BGH, GRUR 1994, 363.

1. Erwerb eines Nutzungsrechtes durch den Verlag R

Zwingende Voraussetzungen für den Erwerb eines Verlagsrechtes respektive eines ausschließlichen Taschenbuchlizenzrechtes sind der Abschluss eines gültigen Verlagsvertrages gem. § 9 I VerlG, die vertragliche Einräumung des Verlagsrechts bzw. des Taschenbuchrechts gem. §§ 398, 413 BGB, Ablieferung des Manuskripts[13] und die Verfügungsbefugnis des Verfügenden.

Diese Voraussetzungen sind im Streitfall gegeben. Die Witwe Lisa K. rückte als Alleinerbin des schwedischen Krimiautors gem. § 30 UrhG in vollem Umfang in die Rechtsstellung des Urhebers ein. Sie konnte dem Verlag R auch die Rechte nach dem deutschen UrhG verschaffen. Der urheberrechtliche Schutz kommt auch schwedischen Staatsangehörigen gem. § 120 II Nr. 2 UrhG zu. Schweden ist Mitglied der EU. Seine Staatsangehörigen unterliegen dem Diskriminierungsverbot des Art. 12 EGV. Daher ist jede Diskriminierung aufgrund der Staatsangehörigkeit mit dem EG-Recht nicht vereinbar[14]. Das EU-rechtliche Diskriminierungsverbot besteht bereits ab dem Zeitpunkt, in dem der E(W)G-Vertrag zwischen Deutschland und dem Staat, dessen Angehöriger der betreffende Urheber ist, in Kraft getreten ist[15]. Im Verhältnis zu Schweden entfaltet sich die Wirkung bereits aufgrund des EWR-Vertrages zum 1.1.1994 und nicht erst 1995, dem Beitrittsjahr dieses Landes.

Die ursprüngliche Übertragung von Rechten an den Verlag X schließt die Verfügungsbefugnis der Witwe Lisa K. nicht aus. Der geschlossene Verlagsvertrag wurde Ende 2004 einvernehmlich aufgehoben[16]. Der Aufhebungsvertrag hat zur Folge, dass das Verlagsrecht und das Nebenrecht gem. § 9 I VerlG automatisch an sie zurückgefallen sind.

2. Eingriff des Verlages Z in die Rechte des Verlages R

An einem rechtswidrigen Eingriff fehlt es, wenn der Verlag Z eine Rechtsposition erlangt hat, die gegenüber den Rechten des Verlages R sog. Sukzessionsschutz gem. § 33 UrhG genießt. Der abgeleitete Erwerb eines urheberrechtlichen Nutzungsrechtes aufgrund eines Lizenzvertrages setzt voraus, dass ein gültiger Lizenzvertrag abgeschlossen wurde, das Lizenzrecht vertraglich gem. §§ 398, 413 BGB eingeräumt wurde, die Verfügungsbefugnis des Einräumenden und die Zustimmung des Urhebers gem. §§ 34, 35 UrhG vorliegen. Diese Voraussetzungen waren im Zeitpunkt des Abschlusses des Lizenzvertrages zwischen dem Verlag X und dem Verlag Z im Jahre 2004 gegeben. Die Zustimmung zur Einräumung des Lizenzrechtes hatte der Urheber bereits in Form der vorherigen Einwilligung („Recht zur Vergabe von Lizenzen") erteilt.

---

[13] Nach überwiegender Auffassung ist § 9 I VerlG auch auf die Einräumung von Nebenrechten aufgrund eines Verlagsvertrages anzuwenden.
[14] Grundlegend: EuGH, EuZW 1993, 710 ff.
[15] Dreier/Schulze, Kommentar zum Urheberrechtsgesetz, München 2004, § 120 Rn. 8.
[16] Aufhebungsverträge sind mit Blick auf die Vertragsfreiheit jederzeit zulässig.

> Der in § 33 UrhG normierte Sukzessionsschutz hat einen Bestandsschutz für den Erwerber eines Nutzungsrechtes zum Inhalt. Er soll darauf vertrauen dürfen, dass er gegenüber späteren Lizenznehmern im Umfang der von ihm erworbenen Rechte weiterhin zur Nutzung des Werkes befugt bleibt[17]. Der Sukzessionsschutz kommt überall dort in Betracht, wo Nutzungsrechte eingeräumt und die eingeräumten Rechte weitereingeräumt oder weiterübertragen werden können. Dies betrifft nicht nur urheberrechtlich geschützte Werke, sondern auch die verwandten Schutzrechte (sic!). Der Sukzessionsschutz soll grundsätzlich überall dort beachtet werden, wo Nutzungsrechte an verschiedene Personen eingeräumt oder übertragen werden können. Dogmatisch bedeutet die Neufassung des § 33 UrhG die Abkehr von der früheren Vorstellung des Gesetzgebers, bei einfachen Nutzungsrechten handele es sich um Rechte rein schuldrechtlicher Natur ohne dingliche Ausschließlichkeitswirkung[18].

3. Fortbestand des Lizenzrechtes

Das Lizenzrecht kann nur dadurch erloschen sein, dass die Witwe Lisa K. und der Verlag X Ende des Jahres 2004 den ursprünglichen Verlagsvertrag einvernehmlich auflösten.

Nach gefestigter und übereinstimmender Auffassung ist die Einräumung urheberrechtlicher Nutzungsrechte eine gebundene Übertragung, die zu der rechtlichen Konsequenz führt, dass sie nicht zum Verlust des Urheberrechtes oder der daraus fließenden Verwertungsrechte nach §§ 15 ff. UrhG führt, sondern eine Art Belastung darstellt[19]. Unter Zugrundelegung dieser Sichtweise[20] ist ein Bruch in der sog. Rechtekette wie folgt zu lösen: Das vergebene Nutzungsrecht fällt automatisch an den Urheber zurück, wenn das Nutzungsrecht endet, insbesondere wenn das zugrunde liegende Verpflichtungsgeschäft beendet wird. Das Nutzungsrecht bewegt sich – bildlich gesprochen – immer „im Bann des Urheberrechts". Ein Nutzungsrechtsinhaber kann sein Recht nur mit der o. g. Bindung weiterübertragen oder Lizenzrechte niedrigerer Stufe einräumen. Konsequenz für den Streitfall ist, dass mit der Aufhebung des Verlagsvertrages alle in dessen Vollzug vergebenen Nutzungsrechte einschließlich von Lizenzrechten zurückgefallen sind, die der Verlag X einem Dritten eingeräumt hat. Dahinter steht die Überlegung, dass niemand mehr Rechte einräumen kann als er selber besitzt („nemo plus iuris transfer-

---

[17] Dreier/Schulze (aaO), § 33 Rn. 1.
[18] Wandtke/Bullinger (Hrsg.), Praxiskommentar zum Urheberrecht, München 2002, § 33 Rn. 2.
[19] Vgl. Haberstumpf, Handbuch des Urheberrechts, 2. Auflage, Neuwied 2000, Rz. 248 ff.
[20] Hertin, Urheberrecht, München 2004, Rn. 293; Fromm/Nordemann/Hertin, Kommentar zum Urheberrechtsgesetz, 9. Auflage, Stuttgart 1998, § 34 Rn. 15; BGHZ 27, 90, 95.

re potest quam ipse habet"). Diese Sichtweise führt zu einer Durchbrechung des Abstraktionsprinzips zu Gunsten des urheberrechtlichen Zweckgedankens[21] [22], der bereits in § 9 VerlG verankert ist.

Ein solches methodisches Procedere ist jedoch nicht ganz unumstritten. Man könnte nämlich auch im Interesse der Verkehrsfähigkeit und Rechtssicherheit für den zumindest vorläufigen Fortbestand des abgeleiteten Nutzungsrechtes beim Zweiterwerber plädieren[23]. Insbesondere der Filmproduzent und auch der Lizenzhandel sind auf den Bestand der Rechtekette angewiesen, um die zur Produktion bzw. zum Lizenzerwerb erforderlichen Bankkredite durch Vertriebs- und Auswertungsverträge oder einer Sicherungsabtretung der erworbenen Rechte abzusichern[24]. Der Gesetzgeber hat in der Begründung des Regierungsentwurfs zum UrhG folgende Sentenz ausgeführt: „Andererseits erfordern die Interessen des Filmherstellers gerade die ungehinderte Verwertbarkeit, da Filmwerke in der Regel unter großem Kostenaufwand zum Zweck der gewerblichen Verwertung hergestellt werden. Das Kostenrisiko ist für den Filmhersteller nur tragbar, wenn er sicher ist, dass die Verwertung nicht durch Verbotsrechte der Mitwirkenden beeinträchtigt werden kann. Der Entwurf sieht daher besondere Bestimmungen vor, durch die dem Filmhersteller der Erwerb der Rechte und die Verfügung über diese Rechte erleichtert werden soll"[25].

Eine solche argumentative Ebene kann aber gerade bei urheberrechtlichen Lizenzverträgen nur im Wege einer „weitherzigen Analogie" beschritten und fruchtbar gemacht werden. Gegen den Ansatz, die kausale Natur der Rechtseinräumung zu betonen, spricht jedoch entscheidend folgender Aspekt: Zentrales Strukturprinzip des deutschen Privatrechtssystems ist das Trennungsprinzip, das zum Inhalt hat, dass das Verfügungsgeschäft vom Bestehen und der Wirksamkeit des zugrundeliegenden Verpflichtungsgeschäfts unabhängig ist (äußere Abstraktheit)[26]. Weiterhin ist es für die Wirksamkeit des Verfügungsgeschäfts nicht erforderlich, dass das Verfügungsgeschäft selbst die Frage nach dem „warum" der Übertragung des Rechts beantwortet (causa). Also besagt das Abstraktionsprinzip im Gegensatz zum Kausalitätsprinzip, dass das Verfügungsgeschäft keine kausale Zweckbestimmung enthalten muss (innere Abstraktheit). Damit ist eine entscheidende

---

[21] Hertin (aaO), Rn. 293.
[22] Ulmer hat die Zweckübertragungslehre wie folgt anschaulich kommentiert: „Sie (scil. Zweckübertragungslehre) hat den Grundsatz, dass der Urheber im Zweifel keine weitergehenden Rechte überträgt, als es der Zweck der Verfügung erfordert. Das Urheberrecht hat gleichsam die Tendenz, soweit wie möglich beim Urheber zurückzubleiben" (Ulmer, Urheber- und Verlagsrecht, 3. Auflage, Berlin 1980, S. 364 f.).
[23] Schwarz/Klingner, GRUR 1998, 103, 112.
[24] Denkbar ist bspw. folgende Rechtekette: Filmautor an ausländischen Filmproduzent, Filmproduzent an ausländische Vertriebsfirma, ausländische Vertriebsfirma an deutsche Vertriebsfirma, deutsche Vertriebsfirma an deutschen Verleiher, deutsche Verleihfirma an Unterverleiher, Sendeanstalt oder Videovertriebsfirma.
[25] Amtl. Begründung abgedr. in: Haertel/Schiefer, UrhG – Textausgabe und Materialien, S. 341.
[26] Jauernig, JuS 1994, 721, 728.

Weichenstellung dahingehend getroffen, dass – soweit das Urheberrecht keine besonderen Regelungen statuiert – die §§ 398 ff. BGB und § 413 BGB Anwendung finden, mit dem Ergebnis einer Abstraktheit der Verfügung über ein Nutzungsrecht gem. § 398 BGB vom schuldrechtlichen Verpflichtungsgeschäft[27][28]. Es liegt somit kein Fortbestand des Lizenzrechtes vor. Aus diesen Überlegungen ist die Schlussfolgerung zu ziehen, dass die Klage mangels Begründetheit keinen Erfolg hat.

C. Weiterführende Hinweise: Literatur

1.) Loewenheim (Hrsg.), Handbuch des Urheberrechts, München 2003

2.) Delp, Der Verlagsvertrag, 7. Auflage, München 2001

3.) Schricker, Kommentar zum Verlagsrecht, 3. Auflage, München 2001

---

[27] So überzeugend: Ulmer (aaO), S. 360.
[28] Eine weitere rechtsdogmatische Konstruktionsmöglichkeit wäre folgende: Man nimmt für den Regelfall an, dass die Einräumung eines Nutzungsrechts nur unter der stillschweigenden Bedingung erfolgt, dass das zugrunde liegende Kausalgeschäft gültig ist. Bei dessen Nichtigkeit kann der gewollte Zweck auch nicht mehr erreicht werden (vgl. Rehbinder (aaO), Rn. 322 a.E.).

Fall 9
Geschmacklosigkeiten[1]

Schockwerbung, Einfluss der Grundrechte auf die Konkretisierung wettbewerbsrechtlicher Normen, Vergrundrechtlichung des Rechts, Selbstbehauptung des Zivilrechts, Wirtschaftswerbung als Meinungsäußerung gem. Art. 5 I GG, Europäische Harmonisierung, Problematik der Aktivlegitimation, Berufung des Verbrauchers auf Normen des UWG

A. Sachverhalt

Anfang des Jahres erfolgte an der Nordseeküste ein folgenschweres Tankerunglück mit gravierenden Auswirkungen für das Ökosystem „Wattenmeer" und die Küstenbewohner. Ein Tanker war auf seiner Fahrt von einer Bohrinsel zur Raffinerie in Hamburg auf einer Sandbank gestrandet.

Der umtriebige Jeanshändler Klaas Klever (K) des Küstendorfes H startet anlässlich der Tankerkatastrophe im Wattenmeer eine Werbekampagne, die tote ölverschmutzte Seevögel des Wattenmeeres zeigt und den Namen seines Unternehmens im unteren Bildbereich der Plakate enthält. Das Plakat wird im Küstendorf H an zahlreichen Werbesäulen angepinnt. Studienrat S weilt derzeit mit seiner Familie zum Urlaub in H. Auf der allmorgendlichen Fahrt mit dem Fahrrad zum Bäcker sieht S das Plakat und ist von den Folgen des Unglücks erschüttert und wütend zugleich. Er verliert das Gleichgewicht auf dem Fahrrad und stürzt zu Boden. S findet, dass man sich eine derart geschmacklose Werbung nicht bieten lassen müsse. S möchte deswegen einen wettbewerbsrechtlichen Schadensersatzanspruch gegen K geltend machen.

Der Geschäftsmann E, ebenfalls Jeanshändler und in H ansässig, sieht in der Werbekampagne von K ein unlauteres Wettbewerbsverhalten. Er fürchtet, dass sich die Kunden aufgrund der Werbung mit K solidarisieren und vermehrt bei diesem einkaufen. Deswegen möchte E einen wettbewerbsrechtlichen Unterlassungsanspruch geltend machen. K dürfe nicht durch geschmacklose und schockierende Werbung einen Wettbewerbsvorsprung haben. K sieht der ganzen Angelegenheit

---

[1] In Anlehnung an: BGH, WRP 1995, 679 ff.; BVerfG, GRUR 2003, 442; BVerfGE 102, 347 ff.

gelassen entgegen. Er meint, man könne nicht über das Wettbewerbsrecht die Werbung mit einer Art „Geschmackszensur" belegen. Zudem stehe ihm das Grundrecht der Kunstfreiheit zu. Des Weiteren dürfe man nicht leichtfertig die Augen vor dem Elend dieser Welt verschließen.

Auch die in Hamburg ansässige Umweltschutzorganisation „Regenbogen" (R) greift das Tankerunglück auf und möchte die Öffentlichkeit für die „tickenden Zeitbomben" in Gestalt maroder Tankschiffe unter Billigflaggen, die zudem über keine doppelte Außenhülle verfügen, auf hoher See sensibilisieren. Zu diesem Zweck startet auch sie eine Werbekampagne, die auf mehreren Photos ölverschmutzte und sterbende Wattenmeerfischer zeigt. Die Plakate sind betitelt mit den Worten „Der Profit kennt keine Gnade – Tanken Sie nicht mehr bei Tankstellen des Konzerns X". Die Werbekampagne zeigt Wirkung. Die Tankstellen des Konzerns X werden empfindlich boykottiert. Der Konzern X erhebt Klage bei dem zuständigen Landgericht auf Unterlassung. R macht den Einwand fehlender Passivlegitimation geltend und verweist darauf, dass man doch über die Werbung einen Beitrag zur öffentlichen Meinungsbildung leisten dürfe. Nur auf diesem Wege könne man der politischen Forderung nach einem neuen Schutzkonzept für das Wattenmeer gewichtigen Nachdruck verleihen.

Bitte prüfen Sie aus anwaltlicher Sicht die materielle Rechtslage[2].

B. Lösung

I. Wettbewerbsrechtliche Klage des S

Aktivlegitimation[3] des S

Zunächst bleibt festzuhalten, dass die Ahndung von Wettbewerbsverstößen – von Straftaten einmal abgesehen – keiner Behörde übertragen, sondern privater Initiative überlassen ist[4]. Da angesichts der nunmehr klaren Novellierung des UWG der Schutz vor Wettbewerbsverstößen nicht nur im Interesse der Mitbewerber, sondern auch im Interesse der Verbraucher und der sonstigen Marktteilnehmer gem. § 1 S. 1 UWG sowie der Allgemeinheit an einem unverfälschten Wettbewerb gem. § 1 S. 2 UWG liegt, räumt § 8 III UWG nicht nur Mitbewerbern i.S.d. § 8 III Nr. 1 UWG, sondern auch Verbänden mit entsprechender Zielsetzung gem. § 8 III Nr. 2-4 UWG Abwehransprüche im Sinne von § 8 I UWG ein.

Es stellt sich in concreto die Frage, ob angesichts der weiten Fassung des § 1 UWG nicht auch Verbraucher wettbewerbsrechtliche Ansprüche geltend machen können. Eine unbefangene grammatikalische Auslegung des § 1 UWG könnte zu einem solchen Ergebnis gelangen.

---

[2] Die Fragestellung läuft von ihrer Zielsetzung darauf hinaus, die Begründetheit der wettbewerbsrechtlichen Klagen gutachterlich zu prüfen.
[3] Zum Inhalt der Aktivlegitimation: Vgl. auch Fall 8, B. I. 2., S. 67.
[4] Lettl, Das neue UWG, München 2004, Rn. 639.

Der Gesetzgeber hat jedoch eindeutig zu verstehen gegeben, dass den einzelnen Verbrauchern von vornherein keine Ansprüche nach dem UWG zustehen. Argumentativ abstützen lässt sich diese gesetzgeberische Zielsetzung mit Hilfe einer genetischen Interpretation[5]. Der Gesetzgeber verweist darauf, dass die Anerkennung von individuellen Ansprüchen der Verbraucher das gerade auch in ihrem Interesse bestehende hohe Schutzniveau wegen der hohen Belastungen für die Wirtschaft auf Grund einer Vielzahl von Klagen einzelner Verbraucher in Frage stellen würde[6]. Ob diese Befürchtung berechtigt ist, mag dahinstehen, da die Beschränkung des UWG auf kollektiven Verbraucherschutz jedenfalls aus rechtlicher Sicht Zustimmung verdient[7]. Es ist nämlich zu beachten, dass der Schutz des Verbrauchers[8] auf der Ebene eines konkret-individuellen Schutzes bereits ausreichend durch das Vertragsrecht und das allgemeine Deliktsrecht gewährleistet ist.

Aus der Beschränkung des Verbraucherschutzes auf Kollektivinteressen erklärt sich auch, dass mit Ausnahme der §§ 16-19 UWG selbst die in erster Linie verbraucherschützenden Regelungen des UWG nicht als Schutzgesetze im Sinne von § 823 II BGB anzuerkennen sind[9]. Aus den o.g. Überlegungen ist zu folgern, dass S mangels Aktivlegitimation keine wettbewerbsrechtlichen Ansprüche gegenüber K erheben kann.

II. Wettbewerbsrechtliche Klage des E

1. Aktivlegitimation des E

Zentraler Prüfungspunkt der Aktivlegitimation ist die Frage, ob E berechtigt ist, die geltend gemachten wettbewerbsrechtlichen Ansprüche aus eigenem Recht geltend zu machen. Wer ein zu seinen Gunsten bestehendes Recht geltend macht, ist stets aktivlegitimiert. Dafür ist zunächst Voraussetzung, dass der Schutzzweck des möglicherweise verletzten wettbewerbsrechtlichen Tatbestandes in persönlicher Hinsicht einen bestimmten Personenkreis ausschließlich oder zumindest neben der Allgemeinheit (Individualschutzrecht) und nicht lediglich als Bestandteil der All-

---

[5] Die genetische Interpretation ist neben der historischen, systematischen, teleologischen, grammatikalischen, komparativen und logischen Auslegung eines der wichtigsten Instrumentarien innerhalb der canones möglicher Gesetzesauslegungen und bezieht sich dabei auf die Entstehungsgeschichte zum jeweiligen Gesetz (Gesetzesmaterialien) als Auslegungshilfe (vgl. Ossenbühl, Grundsätze der Grundrechtsinterpretation, in: Handbuch der Grundrechte, Merten/Papier (Hrsg.), Band I – Entwicklung und Grundlagen, Heidelberg 2004, § 15 Rn. 7).

[6] Vgl. Begr. RegE UWG zu § 8, BT-Drucks. 15/1487, S. 23.

[7] Lettl (aaO), Rn. 59.

[8] Zur möglichen Hypertrophie des Verbraucherschutzes: vgl. den Beitrag mit dem polemischen Titel „Wer schützt den Verbraucher vor dem Verbraucherschutz? – Bankentgelte und „Verursacherprinzip" in juristisch-ökonomischer Betrachtung" von Bitter, in: Schäfer/Lwowski (Hrsg.), Konsequenzen wirtschaftsrechtlicher Normen. Kreditrecht – Verbraucherschutz – Allgemeines Wirtschaftsrecht, Festschrift für Claus Ott, 2002, S. 153-181.

[9] Begr. RegE UWG zu § 8, BT-Drucks. 15/1487, S. 22.

gemeinheit (Reflexwirkung) erfasst[10]. Dies bedeutet in casu, dass E zu dem durch den möglicherweise verletzten wettbewerbsrechtlichen Tatbestand geschützten bestimmten Personenkreis gehört. E hält die von K initiierte Werbekampagne für geschmacklos und schockierend. Daher kommt eine Verletzung des § 4 Nr. 1, 3. Var. UWG in Form eines „sonstigen unangemessenen unsachlichen Einflusses" in Betracht. Hierbei handelt es sich zunächst um eine abnehmerschützende wettbewerbsrechtliche Norm, die sich gegen unzumutbare Übergriffe in die verfassungsrechtlich geschützte Individualsphäre der Abnehmer und gegen erhebliche unsachliche Beeinflussungen der Kaufentscheidung der Abnehmer richtet[11]. Die teleologische Schutzrichtung der Norm ist auf die Rationalität der Nachfrageentscheidung gerichtet.

Die sich aus dem reformierten UWG ergebende Anspruchsberechtigung ist nunmehr abschließend in den §§ 8-10 UWG geregelt; die frühere Anspruchsberechtigung des „unmittelbar Verletzten" auf der Grundlage der verletzten Norm ist damit entfallen[12]. Aus dem Kreis der „Mitbewerber" sind nunmehr nur noch diejenigen anspruchsberechtigt, die – entsprechend der Bestimmung des § 2 I Nr. 3 UWG – in einem „konkreten Wettbewerbsverhältnis" zu dem Verletzer stehen; nur „abstrakt" betroffene Mitbewerber sind – abweichend vom früheren Recht (vgl. § 13 II Nr. 1 UWG a.F.) – nicht mehr anspruchsberechtigt. Der E müsste also mit K in einem konkreten Wettbewerbsverhältnis stehen. Ein solches liegt vor, wenn zwischen den Vorteilen, die jemand durch ein wettbewerbliches Verhalten für sein Unternehmen oder das eines Dritten zu erreichen sucht, und den Nachteilen, die ein anderer dadurch erleidet, eine Wechselbeziehung in dem Sinne besteht, dass der eigene Wettbewerb gefördert und der fremde Wettbewerb beeinträchtigt werden kann[13]. Voraussetzung dafür ist, dass die beteiligten Unternehmen auf demselben sachlich, räumlich und zeitlich relevanten Markt tätig sind oder tätig werden wollen (potenzieller Wettbewerb), wobei Ausgangspunkt die Tätigkeit des handelnden Unternehmens ist[14].

Im Streitfall sind sowohl K als auch E auf demselben sachlich, räumlich und zeitlich relevanten Markt tätig. Beide veräußern in ihrer Eigenschaft als Einzelhändler Jeans. Durch die Kampagne des K wird sein eigener Wettbewerb gefördert und der des E beeinträchtigt. Daraus ist zu folgern, dass die geforderte Wechselbeziehung gegeben und E aktivlegitimiert ist.

2. Wettbewerbsrechtliches Unwerturteil in Form unsachlicher Beeinflussung

In den Fokus der Diskussion einer wettbewerbsrechtlichen Unlauterkeit ist die Norm des § 4 Nr. 1, 3. Var. UWG zu stellen. Struktur und Funktion dieser Bestimmung ist, die tatsächliche Entscheidungsfreiheit der Marktteilnehmer auf der

---

[10] Vgl. Keller, in: Harte-Bavendamm/Henning-Bodewig (Hrsg.), Kommentar zum UWG, München 2004, Einl A Rn. 28.
[11] Vgl. Begr. RegE UWG zu § 4, BT-Drucks. 15/1487, S. 17.
[12] Keller (aaO), Einl A Rn. 28.
[13] Vgl. Begr. RegE UWG zu § 4, BT-Drucks. 15/1487, S. 16.
[14] BGH, GRUR 2001, 260, 261.

Marktgegenseite (sog. Vertikalverhältnis) unter Berücksichtigung des durchschnittlich informierten, angemessen aufmerksamen, angemessen verständigen und durchschnittlich empfindsamen Marktteilnehmers des maßgeblichen Personenkreises (sog. Referenzmodell) zu gewährleisten[15].

Die Werbekampagne des K ist so gestaltet, dass durch den Appell an das Gefühl der Abnehmer von den für den Kauf einer Ware wesentlichen Umständen wie Preis und Qualität abgelenkt und unter Ausnutzung seiner Gefühle bestimmt werden soll, sich aus sachfremden Gesichtspunkten und Erwägungen heraus zum Kauf zu entschließen. Der wettbewerbsrechtliche Ansatzpunkt für die Beurteilung, ob eine gefühlsbetonte Werbung wettbewerbswidrig ist, ist daher die Frage, unter welchen Voraussetzungen eine erhebliche unsachliche Beeinflussung der Kaufentscheidung und damit eine wettbewerbsrechtlich relevante Abweichung von den Grundsätzen des Leistungswettbewerbs gegeben ist[16].

Der BGH hat in seinen Judikaten[17] zur gefühlsbetonten und diskriminierenden Werbung auf den Aspekt der fehlenden sachlichen Veranlassung abgestellt, der die kommerzielle Ausbeutung der Gefühlslage als wettbewerbswidrig erscheinen lassen soll. Dies unabhängig davon, ob die solcherart gefühlsbetonte Werbung in einem konkreten Bezug zu dem Waren- oder Dienstleistungsangebot des Unternehmens steht (Produktwerbung) oder lediglich zur Steigerung des Ansehens des Unternehmens eingesetzt wird (Imagewerbung)[18]. Bei der Produktwerbung ist es nach dieser Rechtsprechung der fehlende sachliche Zusammenhang zwischen dem in der Werbung angeprangerten Missstand eines (weltlichen) Ereignisses oder angesprochenen Engagements oder der Preiswürdigkeit des (in diesen Fällen konkret beworbenen) Waren- oder Dienstleistungsangebotes des Unternehmens, der als fehlende sachliche Veranlassung der Werbung den Ansatzpunkt dafür liefert, die kommerzielle Ausbeutung der Gefühlslage als wettbewerbswidrig erscheinen zu lassen.

---

[15] Baumbach/Hefermehl/Köhler, Kommentar zum Wettbewerbsrecht, 23. Auflage, München 2004, § 4 Rn. 1.2 u. 1.5 ff.
[16] Emmerich, Unlauterer Wettbewerb, 7. Auflage, München 2004, S. 232 ff.
[17] Hierbei ist an die Verwendung aufrüttelnder Fotografien des Starfotografen Oliviero Toscani für das Unternehmen Benetton zu denken. Die Schockwerbung der Firma Benetton hat, - und dies ist wohl schon ein bemerkenswerter und einmaliger Vorgang zugleich - , gleich zweimal in derselben Sache zu gegensätzlichen Entscheidungen des BGH und des BVerfG geführt.
[18] BGH, WRP 1995, 679, 680 ff.; BGH, ZIP 1997, 1604, 1606. Bülow weist in seiner Rezension zu diesen Urteilen darauf hin, dass die Wettbewerbswidrigkeit in den derart gelagerten Fallgestaltungen darauf beruht, dass der Kunde den Kaufentschluss nicht aus dem Grund fasst, dass ihn die Leistung des Wettbewerbers überzeugt, sondern weil der Kontrahierungsentschluss unmittelbar geeignet ist, dem werblich eingespannten Gefühl zu dienen, etwa zu spenden oder zu fördern, mit der Folge, dass der Kaufentschluss aus wettbewerbsrechtlicher Sicht sachfremd ist, und dass es bei der Benettonwerbung an der Möglichkeit fehlt, durch den Kaufentschluss der Gefühlsregung zu entsprechen, weil der Kauf einer Benettonhose die Umweltverschmutzung nicht beseitigt und dies auch nicht andeutungsweise durch die Benettonwerbung suggeriert wird (vgl. Bülow, ZIP 1995, 1289, 1290).

Im Gegensatz hierzu vertritt das BVerfG in diesem Punkt eine geradezu diametrale Rechtsprechungslinie: Es fokussiert bei seinem judiziellen Vorgehen auf die schlechthin konstituierende Bedeutung des Kommunikationsgrundrechtes der Meinungsfreiheit in der freiheitlich-demokratischen Grundordnung[19]. Damit steht es in einer historischen Kontinuitätslinie, die bis zum grundlegenden Lüth-Urteil[20] aus dem Jahre 1958 zurückreicht. Einschränkungen des für eine freiheitliche demokratische Staatsordnung unverzichtbaren Rechts freier Meinungsäußerung bedürfen einer Rechtfertigung durch hinreichend gewichtige Gemeinwohlbelange oder schutzwürdige Rechte und Interessen Dritter. Das gilt für kritische Meinungsäußerungen zu gesellschaftlichen oder politischen Fragen in besonderem Maße[21]. Die Menschenwürde setzt der Meinungsfreiheit auch im Wettbewerbsrecht eine absolute Grenze. Diese ist jedoch bei der gefühlsbetonten Werbung nicht a priori tangiert und somit verletzt. Die Grundrechte sind nämlich insgesamt Konkretisierungen des Prinzips der Menschenwürde, sodass es stets einer sorgfältigen Begründung bedarf, wenn angenommen werden soll, dass der Gebrauch eines Grundrechts die unantastbare Menschenwürde verletzt[22]. Bei der Auslegung wettbewerbsrechtlicher Normen gilt das insbesondere deshalb, weil bei Annahme eines Verstoßes gegen die Menschenwürde die sonst notwendige Rechtfertigung des Eingriffs in die Meinungsfreiheit durch einen hinreichend wichtigen Belang, insbesondere durch eine Gefährdung des an der Leistung orientierten Wettbewerbs, entfällt[23]. Eine Werbung mit Informationen, die sich nicht auf Angaben zur Preiswürdigkeit und Qualität des Angebotes beschränke, sondern weitere Nachfragemotive darstelle, ist nach der Judikatur des BVerfG – sofern sie nicht irreführend ist – grundsätzlich zulässig. Dem Umworbenen stehe es auch im Hinblick auf das durch den EuGH entwickelte Modell des aufgeklärten Durchschnittsverbrauchers frei, ob er sich durch ein an das Gefühl appellierendes Motiv zum Erwerb eines Produktes anregen lasse oder nicht. Allein der Umstand, dass der Werbende von der durch die Darstellung erregten öffentlichen Aufmerksamkeit auch selbst zu profitieren versuche, sei unbeachtlich[24]. Man habe auch keinen Anspruch auf ein vom Elend dieser Welt unberührtes und unbeschwertes Gemüt. Vielmehr werde durch solche Werbeanzeigen ein wesentlicher Beitrag geleistet für die Realität der allgegenwärtigen Probleme, Gefahren und Katastrophen.

Angesichts der divergierenden Auffassungen zu der Problematik „gefühlsbetonte und diskriminierende Werbung" ist das Problem einer sachgerechten und konstruktiven Lösung zuzuführen. Für die richtige Sichtweise des BVerfG sprechen folgende Aspekte: Zwar führt die verfassungsgerichtliche Rechtsprechung zu einer „Vergrundrechtlichung des Rechts" respektive zu einer „grundrechtlichen

---

[19] BVerfG, GRUR 2003, 442.
[20] BVerfGE 7, 198 ff.
[21] BVerfGE 102, 347, 362.
[22] BVerfG, GRUR 2003, 442, 443.
[23] BVerfG, NJW 2002, 1187, 1188.
[24] BVerfG, GRUR 2003, 442, 444.

Verstrahlung"[25], jedoch ist zu beachten, dass bloße Geschmacklosigkeiten nicht gleich zum Unlauterkeitsverdikt hochstilisiert werden können und dürfen, ohne den objektiven Wertgehalt der wertsetzenden Bedeutung der jeweiligen Grundrechte differenziert in die rechtliche Bewertung eingeschlossen zu haben.

Werbung braucht sich nicht auf Informationen über die Qualität und Preiswürdigkeit des Angebots und die Leistungsfähigkeit des Werbenden zu beschränken. Sie darf auch immaterielle Bedürfnisse des Umworbenen ansprechen[26]. Vor allem aber wird durch § 1 S. 2 UWG - und dies ist ein gewichtiges Argument im Rahmen einer systematischen Auslegung für die Sichtweise des BVerfG -, der den durch das UWG gewährten Schutz auf das Allgemeininteresse an einem unverfälschten Wettbewerb beschränkt, klargestellt, dass eine Werbung nicht allein wegen ihres als anstößig empfundenen Inhalts unlauter ist[27]. Die Regelung der insoweit geltenden Anforderungen ist vielmehr die Aufgabe sonstiger, die Meinungs- und Pressefreiheit einschränkender Normen, wie etwa des Strafrechts und des Medienrechts. Das Lauterkeitsrecht hingegen hat nicht die Zielsetzung, alle möglichen „gewichtigen Allgemeininteressen" zu schützen[28].

Aus diesen Überlegungen ist letztlich die rechtliche Schlussfolgerung zu ziehen, dass der Meinungsäußerungsfreiheit des K ein so erhebliches Gewicht zukommt, dass ein aus § 4 Nr. 1 3. Var. UWG abgeleitetes Verbot, das dem Schutz der Lauterkeit des Wettbewerbs und dem ebenfalls verfassungsrechtlich geschützten Recht des einzelnen Abnehmers auf freie und unbeeinflusste Entfaltung der Persönlichkeit dienen würde, gegen dieses Grundrecht verstieße und die Werbekampagne des K keinen Wettbewerbsverstoß darstellt.

III. Wettbewerbsrechtliche Klage des Konzerns X

1. Passivlegitimation der Umweltschutzorganisation R

Im Streitfall ist ein möglicher Verstoß von R gegen die Bestimmung des § 4 Nr. 10 UWG zu prüfen. Bei einer genauen grammatikalischen Auslegung dieser Norm ergibt sich jedoch folgendes Erfordernis: Unlauter im Sinne des § 4 Nr. 10 UWG handelt, wer Mitbewerber gezielt behindert. Mitbewerber im Sinne des § 2 Nr. 3

---

[25] So die Terminologie von Ossenbühl. Vgl. Ossenbühl (aaO), § 15 Rn. 27. Ein „strahlensicheres Rechtsgebiet" ist nicht mehr denkbar (Roellecke, Prinzipien der Verfassungsinterpretation in der Rechtsprechung des Bundesverfassungsgerichtes, in: Festgabe zum 25-jährigen Bestehen des BVerfG, Bd. II, Tübingen 1976, S. 22, 36).
[26] Lettl (aaO), Rn. 229.
[27] Baumbach/Hefermehl/Köhler (aaO), § 4 Rn. 1.150.
[28] So in überzeugender Deutlichkeit: Köhler, NJW 2002, 2761, 2763, Ullmann, GRUR 2003, 817, 821. Ullmann betont, dass der Schutz der Allgemeinheit nur dann eine Rolle bei der wettbewerbsrechtlichen Beurteilung spielt, wenn das Wettbewerbsverhalten Interessen von Verbrauchern und Mitbewerbern nicht oder nicht nachhaltig berührt und das Geschäftsgebaren doch mit den Grundfesten der verfassungsgerichtlichen Ordnung kollidiert. Der Schutz der Allgemeinheit dient der wettbewerbsrechtlichen Sanktion von schlechthin unerträglichem Verhalten im geschäftlichem Verkehr (vgl. Ullmann, GRUR 2003, 817, 821).

sind nur Unternehmer, die mit einem oder mehren Unternehmern als Anbieter oder Nachfrager von Waren oder Dienstleistungen in einem konkreten Wettbewerbsverhältnis stehen. Die Umweltschutzorganisation R ist jedoch kein Mitbewerber auf dem Sektor „Tankstellen"; sie verfolgt lediglich umweltpolitische Ziele und ist nicht an Tankstellen beteiligt[29].

Es könnte jedoch sein, dass das Vorgehen der Umweltschutzorganisation R gegen die Generalklausel des § 3 UWG verstößt, wenn sich die Kampagne als unlautere Wettbewerbshandlung qualifizieren lässt, die geeignet ist, die Interessen der Verbraucher und sonstigen Marktteilnehmer nicht nur unerheblich zu beeinträchtigen (Vertikalverhältnis). R fordert mit dem Boykottaufruf die Abnehmer expressis verbis dazu auf, nicht mehr bei den Tankstellen des Konzerns X zu kaufen, sondern implizit bei den Tankstellen der mit X konkurrierenden Mineralölgesellschaften. Die Umweltschutzorganisation hat mithin die Förderung des Wettbewerbs der mit X konkurrierenden Mineralölgesellschaften nicht nur als unvermeidbare Nebenwirkung in Kauf genommen, sondern diese Nebenwirkung beabsichtigt. Mit dem Boykottaufruf wird allerdings eine umweltpolitische Zielsetzung dergestalt verfolgt, die Allgemeinheit auf die Risiken von maroden Tankschiffen, die unter Billigflagge fahren und zudem nicht mit einer doppelten Außenhülle versehen sind, und die damit einhergehenden ökologischen Katastrophen für das Ökosystem „Wattenmeer" aufmerksam zu machen und auf diese Weise ihrer umweltpolitischen Forderung nach einem neuen Schutzkonzept für das Wattenmeer im Falle ökologischer Katastrophen Nachdruck zu verleihen. Die von R verfolgte Zielsetzung ist sub signo Art. 5 I S. 1 GG eine geschützte. Der Boykottaufruf dient umweltpoltischen Zwecken und trägt zur Meinungsbildung und geistigen Auseinandersetzung in der Öffentlichkeit bei, indem er aufrüttelt und mobilisiert. Es liegt nun einmal in der Natur eines Boykottaufrufes als besonders drastisches Mittel des Meinungskampfes[30], dass die Schädigung des boykottierten Unternehmens und die Förderung seiner Wettbewerber nicht nur unvermeidbar, sondern auch beabsichtigt ist. Der Boykottaufruf der R wird auf geistige Argumente gestützt. Er beschränkt sich auf die Überzeugungskraft von Darlegungen, Erklärungen und Erwägungen. Eine Androhung oder Ankündigung schwerer Nachteile und eine Ausnutzung wirtschaftlicher oder sozialer Abhängigkeit liegen nicht vor.

Aus diesen Überlegungen ist mithin die rechtliche Essenz gegeben, dass der Boykottaufruf der R nicht als unlautere Wettbewerbshandlung zu qualifizieren ist.

---

[29] Der Boykottaufruf der R dient indes nicht dazu, den Verkauf der eigenen umweltfreundlichen Produkte und damit den begrenzten Geschäftszweck der R zu fördern, sondern die Abnehmer aus umweltpolitischen Gründen zu mobilisieren und zu sensibilisieren.

[30] BVerfGE 25, 256, 264. Das Bundesverfassungsgericht hebt hervor, dass ein Boykottaufruf, dem eine bestimmte Meinungskundgabe zu Grunde liegt, durch Art. 5 I S. 1 GG insbesondere dann geschützt ist, wenn er als „Mittel des geistigen Meinungskampfes in einer die Öffentlichkeit wesentlich berührenden Frage eingesetzt wird, wenn ihm also keine private Auseinandersetzung, sondern die Sorge um politische, wirtschaftliche, soziale oder kulturelle Belange der Allgemeinheit zu Grunde liegt" (BVerfGE 7, 198, 212).

Eine Klage des Konzerns X wäre somit mangels Vorliegens eines wettbewerbsrechtlichen Unwerturteils unbegründet.

C. Weiterführende Hinweise: Grundlinien des UWG[31]

1. Strukturelles Telos des UWG

Das Recht gegen den unlauteren Wettbewerb (auch Wettbewerbsrecht oder - präziser - Lauterkeitsrecht genannt) hat die Aufgabe, den Wettbewerb im Interesse der Wettbewerber, der Verbraucher und sonstiger Marktteilnehmer von Verfälschungen freizuhalten. Dazu stellt es Marktverhaltensregelungen gewissermaßen als „Spielregeln des Wettbewerbs" auf. Seiner Struktur nach ist es ein Sonderdeliktsrecht. Verhaltensweisen, die den Wettbewerb verfälschen, werden im Gesetz als „unlauter" bezeichnet. Was aber ist unlauter? Im Hinblick auf die unerschöpfliche Vielfalt von Wettbewerbshandlungen und die Unterschiedlichkeit der Interessen besteht das Problem für Gesetzgebung und Rechtsprechung darin, sachgerechte und praktikable Maßstäbe zur Abgrenzung von erlaubten und unlauteren Verhaltensweisen aufzustellen. Diese Aufgabe ist - entsprechend den sich wandelnden wirtschafts- und gesellschaftspolitischen Anschauungen - stets aufs Neue zu lösen. Gegenwärtig wird in Deutschland - unter dem Einfluss des Gemeinschaftsrechts und des Verfassungsrechts - die Freiheit des Wettbewerbs und die Mündigkeit des Verbrauchers stärker betont.

Die Unlauterkeit kann sich sowohl im Verhalten gegenüber den Mitbewerbern (Horizontalverhältnis) als auch im Verhalten gegenüber den potentiellen Marktpartnern (Vertikalverhältnis) äußern. Häufig sind - wie z.B. bei der irreführenden Werbung - beide betroffen. Maßstab zur Bewertung im Horizontalverhältnis ist, ob Mitbewerber in ihrer wettbewerblichen Entfaltungsfreiheit unangemessen beeinträchtigt werden und daher ihre Leistung nicht ungehindert auf dem Markt anbieten können. Maßstab zur Bewertung im Vertikalverhältnis ist, ob die potentiellen Marktpartner, insbesondere die Verbraucher, in der Freiheit ihrer Entscheidung unangemessen beeinträchtigt werden.

Zum Recht der Wettbewerbsbeschränkungen (Kartellrecht) bestehen vielfältige Berührungspunkte, insbesondere bei der Behinderung von Mitbewerbern. Das gemeinsame Schutzgut beider Rechtsbereiche ist - wenn auch unter verschiedenen Aspekten - der Wettbewerb. Freiheit und Lauterkeit des Wettbewerbs sind in einer marktwirtschaftlichen Ordnung keine Gegensätze, sondern korrelative Postulate. Gleichwohl ist die Zielsetzung des Kartellrechts eine andere. Es geht ihm um den Schutz der Freiheit des Wettbewerbs vor vertraglichen Beschränkungen und vor Machtmissbräuchen. Der Wettbewerb auf den Märkten soll offen bleiben. Im

---

[31] Weiterführende Hinweise finden sich bei: Säcker, Das UWG zwischen den Mühlsteinen europäischer Harmonisierung und grundrechtsgebotener Liberalisierung, WRP 2004, 1199 ff. und Lettl, Der lauterkeitsrechtliche Schutz vor irreführender Werbung in Europa, München 2004.

Rahmen einer gedanklichen Feinsteuerung lässt sich fixieren, dass das Lauterkeitsrecht den Wettbewerb auf der Mikroebene (Marktverhaltenskontrolle) regelt, das Kartellrecht hingegen den Wettbewerb auf der Makroebene (Marktstrukturkontrolle).

2. Reform des UWG

Der Gesetzgeber verfolgte mit dem UWG 2004 vornehmlich das Ziel der Liberalisierung und Europäisierung des Lauterkeitsrechts. Damit verbunden waren die Ziele der Kodifizierung richterrechtlicher Grundsätze und die Verbesserung des Verbraucherschutzes. Das UWG 2004 kennt, anders als das UWG 1909, keine abstrakten Gefährdungstatbestände mehr, sondern begnügt sich mit einer Generalklausel, die durch Beispielstatbestände erläutert wird. Insbesondere enthält es keine speziellen Regelungen für „Sonderveranstaltungen" (Schlussverkäufe, Jubiläumsverkäufe, Räumungsverkäufe). Es gelten für derartige Werbeaktionen der Wirtschaft die allgemeinen Vorschriften, insbesondere das Verbot, mit Preisherabsetzungen zu werben, wenn der ursprüngliche Preis nur für eine unangemessen kurze Zeit gefordert worden ist (§ 5 IV UWG).

Die weitere Annäherung an die Regelungen und Wertmaßstäbe des Gemeinschaftsrechts im UWG 2004 findet ihren sinnfälligen Ausdruck in der redaktionellen Anpassung des Irreführungstatbestands des § 5 UWG an Art. 3 der Richtlinie 84/450/EWG über irreführende Werbung. In § 7 II und III UWG wird die Datenschutzrichtlinie 2002/58/EG für elektronische Kommunikation umgesetzt. Die Regelungen in § 4 Nr. 4 und 5 UWG knüpfen an entsprechende Vorschriften in der Richtlinie 2000/31/EG über den elektronischen Geschäftsverkehr an. Das im Gemeinschaftsrecht entwickelte und vom Bundesgerichtshof übernommene Verbraucherleitbild soll auch künftig gelten[32]. Inwieweit die Vorhaben der Kommission für eine Verordnung über Verkaufsförderung im Binnenmarkt und für eine Richtlinie über unlautere Geschäftspraktiken verwirklicht werden, lässt sich derzeit nicht absehen. Sie haben jedenfalls auf den Inhalt des UWG 2004 keinen nennenswerten Einfluss genommen.

Ein weiteres Merkmal des neuen UWG ist die Kodifizierung von Rechtssätzen, die in der Rechtsprechung entwickelt wurden. Sie sollen das Gesetz transparenter machen. Dazu gehören insbesondere viele Beispielstatbestände in § 4 UWG und auch in § 7 UWG. In das Gesetz aufgenommen wurden ferner der Beseitigungsanspruch und der vorbeugende Unterlassungsanspruch (§ 8 I UWG) sowie die Rechtsinstitute der Abmahnung und Unterwerfung (§ 12 I UWG). Um die Durchsetzung des Wettbewerbsrechts auch und gerade im Interesse des Verbraucherschutzes zu intensivieren, wurde in § 10 UWG ein Gewinnabschöpfungsanspruch eingeführt. Bezweckt ist die Ahndung vorsätzlicher Wettbewerbsverstöße, bei denen zu Lasten einer Vielzahl von Abnehmern ein Gewinn erzielt wird. Zur Klage berechtigt sind nur Verbände. Sie dürfen aber nur auf Herausgabe des Gewinns an den Bundeshaushalt klagen. Weitergehende Forderungen der Verbraucherverbände, auch Individualrechte der Verbraucher zu gewähren, wurden dagegen abge-

---

[32] Vgl. BT- Drucks 15/1487, S. 19.

lehnt, da insoweit die Regelungen des Bürgerlichen Rechts einen ausdifferenzierten und angemessenen Schutz gewähren.

3. Neue Gesetzesstruktur des UWG

Das UWG 2004 gliedert sich in fünf Kapitel. Das 1. Kapitel hat „Allgemeine Bestimmungen" zum Gegenstand. Der Schutzzweckbestimmung (§ 1 UWG) folgen Definitionen zentraler Begriffe (§ 2 UWG). Die eigentlichen materiellrechtlichen Regelungen finden sich in § 3 UWG (Generalklausel) und den §§ 4 bis 7 UWG (Beispielstatbestände). Das zweite Kapitel regelt die „Rechtsfolgen", nämlich die Ansprüche auf Unterlassung und Beseitigung, Schadensersatz und Gewinnherausgabe sowie die Verjährung (§§ 8 bis 11 UWG). Das dritte Kapitel enthält „Verfahrensvorschriften" (§§ 12 bis 15 UWG). Das vierte Kapitel fasst die „Strafvorschriften" (§§ 16 bis 19 UWG) zusammen. Das fünfte Kapitel enthält „Schlussbestimmungen" (§§ 20 bis 22 UWG).

4. Gesetzliche Schutzzwecke

In § 1 UWG werden - in Anlehnung an Art. 1 der Richtlinie 84/450/EWG über irreführende Werbung - die Schutzzwecke des Wettbewerbsrechts verdeutlicht. Neben dem Schutz der Mitbewerber wird ausdrücklich auch der Schutz der „Verbraucherinnen und Verbraucher" erwähnt. Dies entspricht der früheren Rechtslage. Praktisch bedeutsamer ist die Schutzzweckpräzisierung in § 1 S. 2 UWG. Darin wird auch das Allgemeininteresse als Schutzzweck erwähnt, jedoch nur im Hinblick auf einen unverfälschten Wettbewerb. Der Schutz sonstiger Allgemeininteressen (wie z.B. Umweltschutz, Gesundheitsschutz, Schutz der Rechtspflege, Arbeitnehmerschutz) wird daher nicht als Aufgabe des Wettbewerbsrechts angesehen. Allenfalls können diese Allgemeininteressen reflexartig mitgeschützt werden, soweit ein Wettbewerbsverstoß auch derartige Interessen berührt.

5. Generalklausel[33] und Gesetzessystematik

Die neue Generalklausel in § 3 UWG verwendet nicht mehr den antiquierten und Missverständnissen ausgesetzten Begriff der „guten Sitten", sondern spricht von „unlauteren Wettbewerbshandlungen". Damit ist aber keine Änderung der bisherigen Wertmaßstäbe verbunden. Neu ist dagegen, dass unlautere Wettbewerbshandlungen nicht schlechthin verboten sind, sondern nur dann, wenn sie „geeignet sind, den Wettbewerb zum Nachteil der Mitbewerber, der Verbraucher oder der sonstigen Marktbeteiligten nicht unerheblich zu beeinträchtigen". Die Verfolgung von Bagatellverstößen ist also generell ausgeschlossen.

---

[33] Auch wenn Generalklauseln auf Grund ihrer nicht eindeutig fixierbaren Begriffsbestimmung Grenzfälle der Methodenlehre darstellen, so bedingen sie doch gerade die Fähigkeit eines Gesetzes zu immer neuer Offenheit und Modernität. So deutlich: Schmelz, DStR 2002, 1498, 1499.

Charakteristisch für das neue UWG ist die Konkretisierung der Generalklausel durch eine Reihe von Beispielstatbeständen unlauteren Handelns in den §§ 4 bis 7 UWG. Dieses Vorgehen dient der Verdeutlichung der wettbewerbsrechtlichen Anforderungen an den Unternehmer und zugleich der Entlastung der Rechtsprechung. Bei einigen Beispielstatbeständen standen die von der Rspr. zu § 1 a.F. UWG entwickelten Fallgruppen unlauteren Verhaltens Pate. Insbesondere haben die für die Praxis sehr bedeutsamen Tatbestände der Produktnachahmung und des Rechtsbruchs in § 4 Nr. 9 und 11 UWG eine angemessene Regelung erhalten. Bei der Auslegung der Beispielstatbestände lässt sich daher an die frühere Rechtsprechung anknüpfen, jedoch nur, soweit sie sich an dem Leitbild des durchschnittlich informierten, (situationsadäquat) aufmerksamen und verständigen Verbrauchers orientiert[34]. Das gilt auch für die irreführende Werbung, die nunmehr ebenfalls als Beispielstatbestand unlauteren Handelns geregelt ist (§ 5 UWG). Die Aufzählung ist nicht abschließend, so sind z.B. die bisher anerkannten Fallgruppen der allgemeinen Marktbehinderung und des Wettbewerbs der öffentlichen Hand nicht einbezogen. Einige Beispielstatbestände haben ihrerseits den Charakter von kleinen Generalklauseln (z.B. das Verbot der unangemessenen unsachlichen Beeinflussung der Entscheidungsfreiheit von Verbrauchern, § 4 Nr. 1 UWG, und das Verbot der gezielten Behinderung von Mitbewerbern, § 4 Nr. 10 UWG).

Das bewährte System der Durchsetzung des Lauterkeitsrechts mit Hilfe von zivilrechtlichen Ansprüchen ist auch im neuen UWG beibehalten. Als klassische Ansprüche sind der Unterlassungsanspruch (§ 8 I UWG), der Beseitigungsanspruch (§ 8 I UWG) und der Schadensersatzanspruch (§ 9 UWG) vorgesehen. Hinzu tritt der bereits erwähnte Gewinnabschöpfungsanspruch (§ 10 UWG). Die Verjährung wurde in § 11 UWG unter Anpassung an das neue Verjährungsrecht des BGB (§§ 195, 199 BGB) geregelt. Zur Geltendmachung von lauterkeitsrechtlichen Abwehransprüchen sind neben den durch unlauteren Wettbewerb beeinträchtigten Mitbewerbern (§ 8 III Nr. 1 UWG) auch Verbände der Wirtschaft und der Verbraucher berechtigt (§ 8 III Nr. 2-4 UWG). Damit wird dem Interesse der Allgemeinheit an einem unverfälschten Wettbewerb Rechnung getragen. Um zeitraubende und kostspielige Gerichtsverfahren zu vermeiden, hat sich in der Praxis die außergerichtliche Streitbeilegung mittels Abmahnung und Unterwerfung eingebürgert. Diese, auch dem Schuldnerinteresse dienenden, Rechtsinstitute wurden in § 12 I S. 1 UWG kodifiziert. Auch der Anspruch auf Aufwendungsersatz bei berechtigter Abmahnung wurde gesetzlich geregelt (§ 12 I S. 2 UWG). Ein Rückgriff auf die Grundsätze der Geschäftsführung ohne Auftrag ist daher nicht mehr erforderlich. Die Durchsetzung lauterkeitsrechtlicher Ansprüche erfolgt durch gerichtliche Geltendmachung vor den ordentlichen Gerichten, sei es durch Erhebung einer Klage, sei es durch Antrag auf Erlass einer einstweiligen Verfügung. Eingangsgericht ist nach § 13 I UWG, unabhängig vom Streitwert, stets das Landgericht (LG). Im Instanzenzug folgen das Oberlandesgericht (OLG) als Berufungs-

---

[34] Die deutsche Rechtsprechung orientierte sich – in zugespitzter Form ausgedrückt – am Leitbild eines „absolut unmündigen, ja fast schon pathologisch dummen und fahrlässig unaufmerksamen Verbrauchers".

gericht und der Bundesgerichtshof (BGH) als Revisionsgericht. Berufung gegen Urteile des Landgerichts ist nach § 511 ZPO möglich, wenn der Streitwert € 600,- übersteigt oder das Landgericht die Berufung zugelassen hat[35]. Revision gegen Urteile des Oberlandesgerichts ist nach § 543 I ZPO möglich, wenn sie das Oberlandesgericht oder das Revisionsgericht sie auf Beschwerde gegen die Nichtzulassung zugelassen hat. Gegen Entscheidungen der ordentlichen Gerichte kann unter dem Gesichtspunkt der Verletzung von Grundrechten Verfassungsbeschwerde zum Bundesverfassungsgericht (BVerfG) erhoben werden. Beibehalten wurde die zivilrechtliche Streitschlichtung durch die Einigungsstellen bei den Industrie- und Handelskammern (§ 15 UWG). In der Praxis spielt ferner die freiwillige Selbstkontrolle der Wirtschaft eine nicht unbedeutende Rolle.

6. Europarechtliche Implikationen[36]

Das Gemeinschaftsrecht gilt in den Mitgliedstaaten unmittelbar und vorrangig vor widerstreitendem innerstaatlichem Recht. Für den Bereich des Rechts des unlauteren Wettbewerbs ist die Gemeinschaft zur Rechtssetzung befugt (Art. 2, Art. 3 lit. g und Art. 5 EGV). Sie hat diese Befugnis bisher nur für Teilbereiche genutzt, eine umfassende Regelung des Lauterkeitsrechts steht noch aus. Das nationale Lauterkeitsrecht unterliegt jedoch vielfältigen Einwirkungen des Gemeinschaftsrechts, und zwar sowohl auf der Ebene des primären Gemeinschaftsrechts als auch auf der Ebene des sekundären Gemeinschaftsrechts.

Das primäre Gemeinschaftsrecht wirkt vornehmlich über die Zielbestimmung des Art. 3 lit. g EGV und über Vorschriften zum Schutze des freien Warenverkehrs (Art. 28 ff. EGV) und des freien Dienstleistungsverkehrs (Art. 49 ff. EGV), darüber hinaus auch über das Diskriminierungsverbot (Art. 12 EGV) auf das nationale Lauterkeitsrecht ein. Die Anwendung des nationalen Rechts auf den grenzüberschreitenden Handel muss sich an diesen Regelungen messen lassen. Allerdings sind nationale Regelungen in einem Bereich, der auf Gemeinschaftsebene abschließend harmonisiert wurde, anhand der betreffenden Harmonisierungsmaßnahmen und nicht des primären Gemeinschaftsrechts zu beurteilen. Die Nichtanwendung von Wettbewerbsnormen auf Ausländer aufgrund des primären Gemeinschaftsrechts kann zu einer Wettbewerbsverzerrung im Inland führen, soweit diese Normen für Inländer weiterhin gelten. Diese sog. Inländerdiskriminierung verstößt aber weder gegen das gemeinschaftsrechtliche Diskriminierungsverbot des Art. 12 EGV noch gegen Art. 3 GG. Vielmehr ist es Sache des nationalen Gesetzgebers, die Ungleichbehandlung zu beseitigen. Nach Art. 28 EGV sind mengenmäßige Einfuhrbeschränkungen sowie Maßnahmen gleicher Wirkung zwischen den Mit-

---

[35] Vgl. den instruktiven und zielführenden Aufsatz von: Lechner, Die Rechtsprechung des BGH zum neuen Berufungsrecht im Lichte der Intentionen des Gesetzgebers, NJW 2004, 3593 ff.
[36] Man beachte die plastische Formulierung von Großfeld, JuS 1993, 710, 711: „Das europäische Recht (...) hat eine wissenschaftliche Strahlkraft, die nationale Sonnen zu Monden werden lässt."

gliedstaaten verboten[37]. Dieses grundsätzliche Verbot wird durch Art. 30 EGV eingeschränkt. Darauf aufbauend hat der EuGH Leitlinien zur Beurteilung solcher nationaler Vorschriften des Wettbewerbsrechts entwickelt, die sich im Handel zwischen den Mitgliedstaaten als Hemmnis erweisen können. Als „Maßnahme mit gleicher Wirkung" i.S.d. Art. 28 EGV ist jede Regelung der Mitgliedstaaten anzusehen, die geeignet ist, den innergemeinschaftlichen Handel zwischen den Mitgliedstaaten unmittelbar oder mittelbar, tatsächlich oder potenziell zu behindern (sog. *Dassonville*-Formel). Dazu gehören auch solche Regelungen, die sich nicht auf eingeführte Waren beziehen, sondern unterschiedslos für ausländische und inländische Waren gelten, sofern sie die Einfuhr solcher ausländischer Waren behindern, die nach ausländischem Recht rechtmäßig hergestellt und in den Verkehr gebracht werden. Jedoch können solche Regelungen nicht nur nach Art. 30. EGV, sondern auch dann zulässig sein, wenn sie notwendig sind, um zwingenden Erfordernissen des Allgemeininteresses, insbesondere des Verbraucherschutzes, des Schutzes der Gesundheit von Menschen, der Lauterkeit des Handelsverkehrs, gerecht zu werden (sog. *Cassis-de-Dijon*-Formel). Allerdings sind Regelungen, welche nicht die Merkmale der Ware selbst, sondern lediglich Modalitäten des Verkaufs der Ware betreffen (z.B. Werbebeschränkungen und -verbote), privilegiert (sog. *Keck*-Formel)[38]. Sie fallen von vornherein nicht unter Art. 28 EGV, wenn sie für alle betroffenen Wirtschaftsteilnehmer gelten, die ihre Tätigkeit im Inland ausüben, und wenn sie den Absatz der inländischen Erzeugnisse und der Erzeugnisse aus anderen Mitgliedstaaten rechtlich wie tatsächlich in gleicher Weise berühren.

Wettbewerbsrechtliche Regelungen können auch in den freien Dienstleistungsverkehr (Art. 49 ff. EGV) eingreifen. Beschränkungen der Dienstleistungsfreiheit sind nach der Rechtsprechung des EuGH zulässig, wenn sie aus zwingenden Gründen des Allgemeininteresses oder zur Erreichung eines der Ziele des Art. 46 EGV erforderlich sind, hierzu in einem angemessenen Verhältnis stehen und diese zwingenden Gründe oder Ziele nicht durch weniger einschneidende Maßnahmen hätten erreicht werden können. Stets müssen die Beschränkungen in nicht diskriminierender Weise angewandt werden. Zu den „zwingenden Gründen des Allgemeininteresses" zählen, wie bei Art. 28 EGV, insbesondere die Lauterkeit des Handelsverkehrs und der Schutz der Verbraucher. Mit Rücksicht auf die sittlichen, religiösen oder kulturellen Besonderheiten steht den Mitgliedstaaten ein Ermessensspielraum zu, um festzulegen, welche Erfordernisse sich aus dem Schutz der Verbraucher ergeben.

---

[37] In diesem Zusammenhang sind der Dassonville-, Keck- und Cassis-de-Dijon-Rspr. des EuGH besondere Beachtung zu schenken. Vgl. Herdegen, Europarecht, 6. Auflage, München 2004, Rn. 288-294. Siehe auch die nachfolgenden Ausführungen.

[38] Hier ist zu beachten, dass die Verkaufsmodalitäten unterschiedslos gelten müssen und rechtlich wie tatsächlich in gleicher Weise die innerstaatlichen Erzeugnisse und die Erzeugnisse der Mitgliedstaaten berühren.

Fall 10
Das Saxophon[1]

Ausbeutung eines fremden Leistungsergebnisses nach dem neuen UWG (ergänzender wettbewerbsrechtlicher Leistungsschutz), Verhältnis Markenrecht, Urheberrecht und Geschmacksmusterrecht, Internationales Privatrecht, dreifache Schadensberechnung, Konkurrenz mit bürgerlich-rechtlichen Anspruchsgrundlagen

A. Sachverhalt

Das französische Unternehmen „Saxophon supérieur" (S) baut und vertreibt weltweit, unter anderem auch in Deutschland, Saxophone. Die Firma ist bereits seit 1950 tätig. Die Saxophone zeichnen sich durch eine besondere Materialfertigung aus, die eine exzellente Bespielbarkeit ermöglicht. Den relevanten Verkehrskreisen sind diese Besonderheiten bekannt. Die brillante Bespielbarkeit wird sofort mit dem Unternehmen „Saxophon supérieur" assoziiert. In Deutschland hat das französische Unternehmen nie ein gewerbliches Schutzrecht innegehabt.

M stellt für den deutschen Markt ebenfalls Saxophone her, ohne dass er einen bekannten Ruf in den einschlägigen Verkehrskreisen hat. Er stellt unter anderem Nachbauten von Saxophonen des französischen Unternehmens her. Nachbauten der berühmten französischen Saxophone existieren zu einem geringen Prozentsatz bereits seit Anfang der 70er Jahre. Jedoch halten alle Nachbauten einen bestimmten Abstand zu dem Original, indem sie äußerliche Unterscheidungsmerkmale anbringen.

Um auf dem Markt mehr Erfolgt zu haben, beginnt M nunmehr, die Saxophone des französischen Unternehmens exakt nachzuahmen. Das Original ist gegenüber dem Nachbau des M um ein Dreifaches teurer. Gehen Sie davon aus, dass M durch den Nachbau einen Gewinn von € 40.000,- erzielt und der Schaden von S mit € 20.000,- beziffert werden kann.

Welche Ansprüche kann S gegenüber M geltend machen?

---

[1] In Anlehnung an: BGHZ 138, 143 ff.; BGH, NJW-RR 2003, 1482.

B. Lösung

I. Ansprüche nach §§ 7 I, 9 GeschmMG

Innehabung eines Geschmacksmusters

Um Ansprüche nach dem GeschmMG konstituieren zu können, müsste S an der äußeren Gestalt des Saxophons ein Geschmacksmuster innehaben. Die äußere Form des Saxophons und seine konkrete Gestaltung kann durchaus geschmacksmusterfähig sein. Nach §§ 11, 27 I GeschmMG entsteht der Geschmacksmusterschutz, wenn der Urheber eines Musters dieses beim Deutschen Patent- und Markenamt zur Eintragung in das Musterregister angemeldet und hat und das Muster eingetragen wurde[2] [3]. Das französische Unternehmen hat für die spezielle Bauart des Saxophons in Deutschland jedoch kein Geschmacksmuster angemeldet. Somit stehen ihm keine geschmacksmusterrechtlichen Ansprüche zu.

II. Urheberrechtliche Ansprüche nach §§ 97 I S. 1, 15 Nr. 2, 17 I UrhG

Urheberrechtliche Schutzfähigkeit

Im Falle einer urheberrechtlichen Schutzfähigkeit der Saxophone könnte S gegenüber M eine Verletzung des Urheberrechtes geltend machen. Dann müsste die äußere Gestaltung der Saxophone ein urheberrechtlich geschütztes Werk sein. Nach § 2 II UrhG ist ein Werk eine persönliche geistige Schöpfung[4]. Die Form des Saxophons beruht auf einer Schöpfung. Da jedoch diese Ausprägung der Gestaltung auch als Geschmacksmuster hätte angemeldet werden können, ist fraglich, ob ohne weitere dogmatische Anforderungen dem Saxophon urheberrechtlicher Schutz zugesprochen werden kann. Nach gefestigter höchstrichterlicher Rechtsprechung ist zu beachten, dass zwischen Urheber- und Geschmacksmusterschutz ein gradueller Unterschied dahingehend besteht, dass der Geschmacksmusterschutz den Unterbau des Urheberschutzes darstellt[5]. Steht Schutzgegenständen des Urheberrechts zugleich der Geschmacksmusterschutz offen, so setzt der BGH für den Schutz durch das Urheberrecht daher einen höheren Grad von Schöpfungshöhe voraus. Diese zwischen Urheber- und Geschmacksmusterschutz bestehende Grenze setzt die Rechtsprechung nicht zu niedrig an. Der Geschmacksmusterschutz

---

[2] Kräßer, Patentrecht, 5. Auflage, München 2004, § 2 I S. 15.

[3] Die Anmeldung begründet für den Urheber des Musters nach §§ 7 I, 9 GeschmMG oder seinen Rechtsnachfolger nach § 29 GeschmMG das ausschließliche Recht, das Muster oder Modell ganz oder teilweise nachzubilden. Eine Sperrwirkung, wie sie im Patent- und Gebrauchsmuster verbunden ist, kommt dem Recht am Geschmacksmuster nicht zu (vgl. Ulmer, Urheber- und Verlagsrecht, 3. Auflage, Berlin 1980, S. 21).

[4] Zu den genauen definitorischen Merkmalen des § 2 II UrhG: vgl. Fall 1 „Die Großstadt als Ort der Apokalypse" I. 2. a) –c).

[5] Vgl. nur: BGH, GRUR 1995, 581, 582; GRUR 1979, 332, 336; GRUR 1967, 315, 316.

würde überflüssig, wenn sämtliche Leistungen bereits ur-heberrechtlich geschützt wären[6]. Demzufolge dürfen bei der urheberrechtlichen Schutzfähigkeit keine zu geringen Anforderungen gestellt werden. Die Form des Saxophons ist zwar ästhetisch, hält sich jedoch im Rahmen einer vorgegebenen Form. Eine besondere Gestaltungshöhe[7] [8] bzw. ein höherer Grad von Schöpfungshöhe besteht nicht. Mithin stehen der S keine urheberrechtlichen Ansprüche zu.

III. Unterlassungsanspruch nach dem UWG

1. Kollisionsrechtliche Anwendbarkeit des UWG/Statut des Art. 40 EGBGB[9]

S hat seinen Sitz in Frankreich und da M in Deutschland unternehmerisch tätig wurde, weist der Sachverhalt eine Auslandsberührung auf. Der Anwendungsbereich des IPR ist somit eröffnet, das keine Sachnormen (sic!), sondern lediglich Kollisionsnormen enthält. Das Statut richtet sich gemäß Art. 40 EGBGB nach dem Tatort der wettbewerblichen Verletzungshandlung. Als Handlungsort hat die Rechtsprechung den Marktort angesehen, wo die wettbewerblichen Interessen der Konkurrenten aufeinander treffen[10]. Die Anknüpfung an den Ort der wettbewerblichen Interessenkollision ist auch mit der Warenverkehrsfreiheit gem. Art. 28, 30 EGV vereinbar[11]. Unterstellt man eine unlautere Wettbewerbshandlung des M, so würde eine solche die Interessen der S auf dem deutschen Markt beeinträchtigen. Dies vor dem Hintergrund, dass die S auch in Deutschland die Saxophone absetzt. Dort kollidieren realiter die Interessen, sodass deutsches Wettbewerbsrecht in Gestalt des reformierten UWG Anwendung findet.

---

[6] Dreier/Schulze, Kommentar zum Urheberrechtsgesetz, München 2004, § 2 Rn. 29.
[7] Im wissenschaftlichen Schrifttum wird das Kriterium „besondere Gestaltungshöhe" als Abgrenzungskriterium verwendet. Vgl. nur: Rehbinder, Urheberrecht, 13. Auflage, München 2004, Rn. 136.
[8] Schon Eugen Ulmer hatte, obwohl auch er für eine höhere Schutzuntergrenze bei Werken der angewandten Kunst eintrat, die unterschiedlich hohen Anforderungen an die Schutzfähigkeit bei den einzelnen Werkarten als für den Dogmatiker peinlich bezeichnet (Ulmer, in: „Homo creator", Festschrift für Alois Troller, 1976, S. 189, 195). Dieser Ansatz wird von Loewenheim jüngst wieder angeführt, wenn er dafür plädiert, dass § 2 II UrhG die persönliche geistige Schöpfung ohne Einschränkung schützt und sich auf diesem Sektor die europäische Urheberrechtsentwicklung, die zu einer einheitlichen und nicht zu hoch anzusetzenden Schutzuntergrenze tendiert, als zukunftsweisend erweist (Loewenheim, GRUR Int. 2004, 765, 767).
[9] Das IPR ist vielmehr als nationales Rechtsanwendungsrecht zu begreifen (sic!).
[10] BGH, NJW 1998, 1228; NJW 1998, 2553.
[11] Palandt/Heldrich, Kommentar zum Bürgerlichen Gesetzbuch, 64. Auflage, München 2005, EGBGB 40 Rn. 11; a.A. Dethloff, Europäisierung des Wettbewerbsrechts, München 2001, S. 215; Schaub, RabelsZ 2002, 52.

2. Ergänzender wettbewerbsrechtlicher Leistungsschutz

Die S könnte auf der Grundlage eines ergänzenden wettbewerbsrechtlichen Leistungsschutzes gem. § 4 Nr. 9 UWG von M verlangen, dass er die Herstellung und den Verkauf der Saxophone unterlässt.

Die Bestimmung des § 4 Nr. 9 UWG regelt die Fallgruppe des lauterkeitsrechtlichen Leistungsschutzes[12] eines Mitbewerbers gem. § 2 I Nr. 3 UWG vor unlauterer Ausbeutung von ihm geschaffener, also für den Nachahmenden fremden Leistungen, nicht aber den Leistungsschutz sonstiger Marktteilnehmer gem. § 2 I Nr. 2 UWG[13]. Diese Regelung begründet aber kein Ausschließlichkeitsrecht zum Zwecke des absoluten Schutzes des Schöpfers vor Nachahmung[14].

Die von M praktizierte Nachahmung könnte den Tatbestand des § 4 Nr. 9 b) UWG erfüllen, der der Kategorie bzw. richterrechtlichen Fallgruppe[15] der „Rufausbeutung" im Rahmen des § 1 UWG a.F. entspricht. Es bleibt jedoch zu beachten, dass die grundsätzlich geltende Nachahmungsfreiheit nicht durch § 4 Nr. 9 UWG in Frage gestellt wird[16]. Andernfalls käme der wirtschaftliche, technische und kulturelle Fortschritt zum Erliegen[17]. Wegen des Verweises von § 4 Nr. 9 UWG auf § 3 UWG besteht zusätzlich das Erfordernis einer Wettbewerbshandlung, die zur nicht nur unerheblichen Beeinträchtigung des Wettbewerbs zum Nachteil der Mitbewerber, der Verbraucher oder der sonstigen Marktteilnehmer geeignet ist. M hat sich durch sein Verhalten möglicherweise an die gute Wertschätzung der von S gebauten Saxophone angehängt und sie dadurch unangemessen ausgenutzt. Nach § 4 Nr. 9 b) UWG handelt insbesondere unlauter im Sinne des § 3 UWG, wer Waren oder Dienstleistungen anbietet, die eine Nachahmung der Waren oder Dienstleistungen eines Mitbewerbers sind, wenn er die Wertschätzung der nachgeahmten Ware oder Dienstleistung unangemessen ausnutzt oder beeinträchtigt[18]. Damit werden die beiden Tatbestände der Rufausbeutung und der Rufbeeinträchtigung erfasst[19].

Qualitativ setzt eine unangemessene Ausnutzung der Wertschätzung der nachgeahmten Leistung voraus, dass die maßgebliche Durchschnittsperson die Wertschätzung, d. h. den guten Ruf („Image") der Leistung eines Mitbewerbers auf die Nachahmung überträgt („Imagetransfer")[20]. Die nachgeahmte Leistung muss also bei dieser Person mit positiven Vorstellungen besetzt sein, die insbesondere auf ihre Qualität oder ihren Prestigewert gerichtet sein können. Voraussetzung für ei-

---

[12] Vgl. Begr. RegE UWG zu § 4 Nr.9, BT-Drucks. 15/1487, S. 18.
[13] Baumbach/Hefermehl/Köhler, Kommentar zum Wettbewerbsrecht, 23. Auflage, München 2004, § 4 Rn. 9.2.
[14] Lettl, Das neue UWG, München 2004, Rn. 321.
[15] Nota bene: Fallgruppen dienen lediglich der gedanklichen Ordnung, entfalten aber per se keine normative Kraft.
[16] Vgl. Begr. RegE UWG zu § 4 Nr. 9, BT-Drucks. 15/1487, S. 18.
[17] BGH, GRUR 2000, 521, 526.
[18] Lettl (aaO), Rn. 340.
[19] Vgl. Begr. RegE UWG zu § 4 Nr.9 b), BT-Drucks. 15/1487, S. 18.
[20] Baumbach/Hefermehl/Köhler (aaO), § 4 Rn. 9.52.

ne solche Sichtweise ist eine gewisse Bekanntheit der nachgeahmten Leistung[21] [22]. Die beiden Saxophone als Marktprodukte für die Musiker sind Produkte, die untereinander mindestens substituierbar sind. Die Eigenart der beiden Produkte spricht dafür, dass sich der Ruf übertragen kann. Dies gerade vor dem Hintergrund, dass die Saxophone des französischen Unternehmens einen besonderen Stellenwert in puncto „Qualität" und „Prestigewert" haben. Diese beiden Faktoren sind ein so allgemeiner Umstand, dass sie ohne weiteres auf das Nachahmungsprodukt von M übertragbar sind.

Zudem ist noch zu beachten, dass zwischen dem Grad der wettbewerblichen Eigenart, der Art und Weise der Nachahmung und den besonderen wettbewerblichen Umständen eine Wechselwirkung besteht, da die Anforderungen an ein Merkmal davon abhängen, in welchem Maße die anderen Tatbestandsmerkmale verwirklicht sind[23]. Je größer die wettbewerbliche Eigenart und/oder je höher der Grad der Nachahmung, desto geringer sind die Anforderungen an die besonderen Umstände, die die Unlauterkeit begründen[24]. Nach den Angaben im Sachverhalt hat M seine Saxophone geradezu identisch nachgebaut. Die wettbewerbliche Eigenart der Produkte von „Saxophone supérieur" ist partout nicht gering, da die Verkehrskreise um die Besonderheit wissen und mit den Saxophonen von S einen besonderen Ruf verbinden. Hinzu kommt das Faktum, dass M die Saxophone bis zu einem Drittel billiger offeriert als S und dadurch gute Umsatzergebnisse erzielt. Daraus lässt sich nach den Grundsätzen eines Beweises des ersten Anscheins schließen, dass M sich mit seinen Produkten bewusst an die Ware von S anlehnte, um deren Ruf für seinen Absatz zu okkupieren. Deswegen ist das Verhalten des M nach den objektiven Grundsätzen eines ergänzenden wettbewerbsrechtlichen Leistungsschutzes als unlauter im Sinne des § 4 Nr. 9 b) UWG i.V.m. § 3 UWG zu klassifizieren.

Die erforderliche Kenntnis von M als Nachahmer kann im Allgemeinen vermutet werden. Der Zeitpunkt des Marktzutritts der Nachahmung liegt später als der der Leistung von S. Der Nachahmende hat in diesem Fall zu beweisen, dass er die von ihm angebotene Leistung in Unkenntnis der Existenz des Originals geschaffen hat[25]. Dem Sachverhalt sind zu diesem Problemkreis keine konkreten Hinweise zu entnehmen. Der M ist vielmehr beweisfällig geblieben und erfüllt durch sein Verhalten auch den subjektiven Tatbestand des ergänzenden wettbewerbsrechtlichen Leistungsschutzes.

3. Wiederholungsgefahr

Der Unterlassungsanspruch setzt weiterhin voraus, dass die Besorgnis besteht, der Verletzer werde auch in Zukunft den gerügten Wettbewerbsverstoß oder einen

---

[21] Baumbach/Hefermehl/Köhler (aaO), § 4 Rn. 9.52.
[22] Rohnke, GRUR 1991, 284, 291.
[23] Ständige Rspr.: Vgl. nur BGH, GRUR 2003, 973, 974.
[24] BGH, GRUR 2001, 251, 253; BGH, GRUR 2002, 629, 631.
[25] BGH, GRUR 2002, 629, 633.

doch im Kern gleichartigen begehen[26]. Die Wiederholungsgefahr ist materielle Anspruchsvoraussetzung. Fehlt sie, ist die Klage daher unbegründet und nicht etwa als unzulässig abzuweisen[27]. Die Beweislast für das Vorliegen trägt nach den Grundsätzen der subjektiven Beweislast der Kläger. Es handelt sich nämlich um einen anspruchsbegründenden Umstand. Da M bereits eine unlautere Wettbewerbshandlung begangen hat, kann die Wiederholungsgefahr vermutet werden. Der Verstoß indiziert die ernsthafte und greifbare Besorgnis, dass der Verletzer erneut in dieser Weise handelt[28].

4. Rechtswidrigkeit

Das Verhalten des M ist mangels Erfüllung eines Erlaubnissatzes rechtswidrig. Dies wird durch den erfüllten Unlauterkeitstatbestand auch indiziert. Es bleibt daher abschließend festzuhalten, dass S von M verlangen kann, dass dieser es unterlässt, die Saxophone der S nachzubauen.

IV. Wettbewerbsrechtlicher Schadensersatzanspruch nach § 9 UWG

Dreifache Schadensberechnung

Erörterungsbedürftig im vorliegenden Kontext ist die Schadensberechnung. Im Rahmen des § 9 UWG sind nämlich unterschiedliche Arten der Schadensberechnung anerkannt[29]. Die dreifache Schadensberechnung ist heute teils gesetzlich vorgesehen, teils gewohnheitsrechtlich anerkannt u. a. bei der Verletzung von nach § 4 Nr. 9 UWG geschützten Leistungen[30] [31]. Der Mitbewerber kann demnach vom Verletzer wahlweise den konkreten Schaden nach § 249 S. 1 BGB, die übliche Lizenzgebühr oder den vom Verletzer erzielten Gewinn als Schadensersatz verlangen. Der Verletzte kann die Berechnungsarten nicht häufen oder vermengen (Vermengungsverbot)[32]. Im Streitfall böte sich als „ius variandi" an, dass S von M den erlangten Gewinn herausverlangt. Die dogmatisch-konstruktive Lösung zur Problematik der dreifachen Schadensberechnung ergibt unter Heranziehung der nachfolgenden Standpunkte folgendes Tableau:

Die dreifache Schadensberechnung wird im Schrifttum kritisiert. Weder die angemessene Lizenzgebühr noch der Verletzergewinn ließen sich in das schadensrechtliche System der §§ 249 ff. BGB, welches sich durch eine Restitutions-, Kom-

---

[26] BGH, GRUR 2003, 446, 447.
[27] BGH, GRUR 1992, 318, 319.
[28] BGH, GRUR 1992, 318, 319.
[29] Lettl (aaO), Rn. 655.
[30] Baumbach/Hefermehl/Köhler (aaO), § 4 Rn. 1.36.
[31] Ausweislich der Bundestagsdrucksachen ist eine Änderung der bisherigen Rechtslage mit der UWG-Reform im Bereich des Schadensersatzrechtes nicht verbunden (vgl. Begr. RegE UWG zu § 9, BT-Drucks. 15/1487, S. 23).
[32] BGH, GRUR 1993, 757, 758.

pensations- und Genugtuungsfunktion auszeichnen, integrieren[33]. Für diese Beträge müsste S dann eine andere Anspruchsgrundlage bemühen. Damit stellt sich das Problem, wie die Streitfrage zu entscheiden ist. Für die Ansicht des Schrifttums spricht zunächst ein klares systematisches Argument: Eine dreifache Schadensberechnung ist nur schwerlich mit der im Schadensrecht herrschenden Differenzhypothese in Einklang zu bringen. Der Gewinn des Verletzers läßt sich schon begrifflich nicht als Vermögenseinbuße auf Seiten des Geschädigten auffassen. Wenn der Geschädigte zudem auch keine Lizenz erteilt hätte, ist es außerdem kaum begründbar, die angemessene Lizenzgebühr als Schaden zu verstehen[34].

Auf der anderen Seite ist zu beachten, dass die dreifache Schadensberechnung für den gesamten gewerblichen Rechtsschutz und das Urheberrecht Gültigkeit beansprucht[35]. Die Rechtsprechung begründet dies weitergehend mit der Erwägung, dass „niemand durch den unerlaubten Eingriff bessergestellt werden soll, als er im Fall einer ordnungsgemäß nachgesuchten und erteilten Erlaubnis durch den Rechtsinhaber gestanden hätte"[36]. Insbesondere basiert dieses Vorgehen auf Praktikabilitätserwägungen. Zwar bietet sich für den Geschädigten noch die Option, auf der bereicherungsrechtlichen Ebene gegen den Schädiger vorzugehen. Das Bereicherungsrecht ist jedoch ein Spiegelbild gegenüber dem Deliktsrecht, da es nicht darauf abzielt, eine Einbuße des Gläubigers zu sanktionieren, sondern einen Ausgleich für eine ungerechtfertigte Vermögensverschiebung zu schaffen – also eine vorhandene Bereicherung rückabzuwickeln. Insbesondere erfährt durch das Vorgehen der Rechtsprechung die von Georg Jellinek geprägte Formel von der „normativen Kraft des Faktischen" ihre Berechtigung, sodass S nach den Angaben im Sachverhalt als günstigste Variante den erlangten Verletzergewinn herausverlangen kann.

V. Bereicherungsrechtlicher Anspruch nach § 812 I S. 1 2. Alt. BGB

Möglicherweise hat S gegenüber M noch einen Bereicherungsanspruch nach den Bestimmungen des § 812 I S. 1 2. Alt. BGB.

1. Eingriff in den Zuweisungsgehalt eines Rechtes/einer Rechtsposition

Dann müsste M im bereicherungsrechtlichen Sinne „etwas erlangt haben in sonstiger Weise". Fraglich ist, wie bei der Nichtleistungskondiktion das Erlangte inhaltlich zu konturieren ist. Vor dem Hintergrund, dass die Nichtleistungskondikti-

---

[33] Den Verletzergewinn sehen nicht als Schaden an: Beuthien/Wasmann, GRUR 1997, 255, 256 f.; Lange, Schadensersatzrecht, 2. Auflage, Tübingen 1990, § 6 XII 5 c; Staudinger/Medicus, Kommentar zum Bürgerlichen Gesetzbuch, 12. Auflage, Berlin 1983, § 249 Rn. 180.
[34] In diesem Sinne: Beuthien/Wasmann, (aaO), S. 257 Fn. 37.
[35] Vgl. nur BGHZ 20, 345, 353; BGH, GRUR 1897, 37, 39. In der Entscheidung GRUR 1993, 897, 898 hält der BGH die Grundsätze der dreifachen Schadensberechung expressis verbis für Gewohnheitsrecht.
[36] BGHZ 57, 116, 119.

on dem Rechtsgüterschutz dient, kommt es bereits bei der Bestimmung des Erlangten darauf an, welcher Gegenstand oder welches Recht taugliches Kondiktionsobjekt ist. Mit dem Nachbau der Saxophone hat M auf der Grundlage der Lehre vom Zuweisungsgehalt[37] in den Zuweisungsgehalt eines absoluten Rechtes eingegriffen, nämlich in das Interesse der S an ungestörter wettbewerblicher Betätigung und in den Schutz ihrer Leistungsergebnisse. Der Eingriff in den Zuweisungsgehalt erfolgte auch ohne Rechtsgrund.

2. Erlangtes i.S.d. § 818 II BGB

Fraglich ist auf der Rechtsfolgenseite, wie der durch M erlangte Vorteil im Sinne des § 818 II BGB zu bemessen ist. Die Antwort auf diese Frage hängt davon ab, ob der Wertbegriff in § 818 II BGB subjektiv oder objektiv auszulegen ist. Überwiegend wird der Wertersatzanspruch objektiv ausgelegt[38]. S kann von M bereicherungsrechtlich die marktübliche Lizenzgebühr beanspruchen. Im Vordringen ist eine Gegenansicht, die den Wertbegriff des § 818 II BGB subjektivierend auslegt und auf die Vermögensverhältnisse des Bereicherungsschuldners abstellt. Nach dieser Ansicht kann S als Bereicherungsgläubiger bei M mindestens die Lizenzgebühr, aber auch den Gewinn kondizieren. Gegen die These der Gewinnhaftung spricht jedoch überzeugend das bereicherungsrechtliche Anspruchssystem. Einer Gewinnhaftung unterliegt nur der bösgläubige oder verklagte Bereicherungsschuldner nach §§ 819 I, 818 IV BGB. Aus Gründen der Vermeidung einer Systemwidrigkeit sprechen die überzeugungskräftigeren Gründe für eine objektive Wertermittlung im Rahmen des § 818 II BGB.

VI. Anspruch gem. §§ 687 II S. 1, 681, 667 BGB

Es stellt sich weiterhin die Frage, ob S gegen M einen Ersatzanspruch nach den Grundsätzen einer angemaßten Eigengeschäftsführung gem. § 687 II S. 1, 681, 667 BGB beanspruchen kann. Ein solcher Anspruch in Form der Geschäftsanmaßung ist gegeben. M hat ohne Berechtigung ein objektiv fremdes Geschäft geführt. Es fiel nämlich dem äußeren Anschein nach in den Rechtskreis der S. Von der Rechtsfolge her hat M der S den erzielten Gewinn nach §§ 687 II S. 1, 681 S. 2, 667 BGB herauszugeben.

C. Weiterführende Hinweise: Literatur

1.) Bopp, Sklavischer Nachbau technischer Erzeugnisse, GRUR 1997, 34

2.) Fezer, Leistungsschutz, in: Baudenbacher/Simon, Neueste Entwicklungen im Europäischen und Internationalen Immaterialgüterrecht, Basel 2000, 167

---

[37] Vgl. nur : Wieling, Bereicherungsrecht, 3. Auflage, Heidelberg 2003, passim.
[38] Wieling, (aaO), passim.

3.) Keller, Der wettbewerbsrechtliche Leistungsschutz, FS für Willi Erdmann, Köln 2002, 595

4.) Spätgens, Gedanken zur Klageberechtigung und zum Herstellbegriff beim ergänzenden wettbewerbsrechtlichen Leistungsschutz, FS für Willi Erdmann, Köln 2002, 727

5.) Wiltschreck, Händlerhaftung beim Vertrieb nachgeahmter Produkte, FS für Hans-Georg Koppensteiner, Wien 2001, 507

6.) Loewenheim, Höhere Schutzuntergrenze des Urheberrechts bei Werken der angewandten Kunst?, GRUR Int. 2004, 765

Fall 11
Der Scheiß des Monats[1]

System und Struktur vergleichender Werbung, Behinderungswettbewerb, Besonderheiten des einstweiligen Rechtsschutzes im Wettbewerbsrecht, Gerichtsstand in presserechtlichen Angelegenheiten

A. Sachverhalt

Die beiden Heilpraktiker Tilo Tablette (T) und Werner Watte (W) liefern sich in einer mittelgroßen Kreisstadt irgendwo in Deutschland schon seit längerem einen harten Kampf um neue Kunden. Die beiden haben den Markt in der Kleinstadt quasi unter sich „aufgeteilt". Angesichts der immer weiter zunehmenden Gesetzesnovellen im Gesundheitswesen und einer damit verbundenen Kostenreduzierung ist die Eröffnung neuer Absatzmöglichkeiten eine überlebenswichtige Strategie.

Eines Tages entdeckt T für sich und seine Kunden die Vorzüge von Haifischknorpel, der in Pulverform zum Auflösen in warmem Wasser angeboten wird. Das Haifischknorpelpulver soll zu einer Stabilisierung der körperlichen Grundkonstitution beitragen. Insbesondere soll es die Stressresistenz fördern und bei vegetativer Dystonie helfen.

W sieht dieses Geschäftsgebaren des T argwöhnisch und ist der Ansicht, dass T mehr oder weniger mit Scharlatanerie seinen Kunden irgendwelche neuartigen Produkte anbietet, die zum Wohl des Patienten beitragen und es letztlich fördern sollen. W verfasst einen Werbebrief, der an alle Haushaltungen verteilt wird. In diesem, der mit den Worten „Der Scheiß des Monats" betitelt ist, ist u. a. folgender Text enthalten:

„Im Gegensatz zu manch anderem Heilpraktiker auf dem Markt stellen wir uns den tatsächlichen Herausforderungen für die Gesundheit unserer Mitbürgerinnen und Mitbürger. Die von uns vertriebenen Präparate bieten Ihnen den umfassenden gesundheitlichen Schutz. Sie haben nichts mit Scharlatanerie zu tun. Fallen Sie nicht auf Produkte wie z. B. Haifischknorpelpulver rein, die nur einen Placebo-

---

[1] In Anlehnung an: BGH, GRUR 1970, 422 ff.; OLG Schleswig, MMR 2003, 750 ff.; OLG Düsseldorf, GRUR-RR 2003, 161 ff.

Effekt haben und nur die Privatkasse des Heilpraktikers füllen. Gehen Sie deshalb nur zu uns, dem Heilpraktiker Ihres Vertrauens. Mit unserem Akupunkturprogramm liefern wir Ihnen den besten gesundheitlichen Schutz".

T ist über den Werbebrief von W erbost und beschließt dagegen vorzugehen. Er beauftragt seinen langjährigen Anwalt Bogart mit der Geltendmachung eines Unterlassungsanspruchs gegen W. W gibt dem T gegenüber zu verstehen, dass er solange gegen die aus seiner Sicht „unseriösen Praktiken" vorgehen werde, bis T wieder zur „Vernunft gekommen ist". Zudem könne T ihm solche Werbebriefe nicht verbieten, da T früher selber unlautere Werbung praktiziert habe. T habe in einem Werbebrief vor einem Jahr die Behandlungsmethode des W mit sog. Bach-Blüten diskreditiert.

Prüfen Sie die Erfolgsaussichten von Anwalt Bogart gegen W!

Abwandlung:

Wie ist o. g. Fall zu beurteilen, wenn eine Tageszeitung auf der Grundlage von Recherchen in einem journalistischen Beitrag über den „Scheiß des Monats" berichten möchte?

Wie ist in solchen Fällen die örtliche Zuständigkeit zu ermitteln?

B. Lösung

I. Anspruch aus §§ 3, 6, 8 UWG

Dem T könnte auf der Basis der §§ 3, 6, 8 UWG ein wettbewerbsrechtlicher Unterlassungsanspruch gegen W zustehen.

> Anhand der Angaben im Sachverhalt ist das einstweilige Verfügungsverfahren prozessstrategisch gesehen die dringlichste Vorgehensweise. Dies ergibt sich aus der „Drohung" des W gegenüber T. Deswegen ist aus anwaltlicher Beratungsperspektive dem T so schnell wie möglich effektiver Rechtsschutz zu besorgen.

1. Antrag auf Erlass einer einstweiligen Verfügung nach § 12 II UWG

Ausweislich der gesetzlichen Bestimmung des § 12 II UWG, der weitgehend § 25 UWG a.F. entspricht, können zur Sicherung der im UWG bezeichneten Ansprüche auf Unterlassung (§ 8 I S. 1 2. Alt., S. 2 UWG) einstweilige Verfügungen auch ohne Darlegung und Glaubhaftmachung der in den §§ 935 und 940 ZPO bezeichneten Voraussetzungen erlassen werden. Der einstweilige Rechtsschutz dient jedoch nur zur vorläufigen Sicherung eines rechtlichen Anspruchs; er darf prinzipaliter nicht zur rechtlichen Befriedigung führen[2]. In casu müsste W angesichts der Modifikationen des einstweiligen Rechtsschutzes in Wettbewerbssachen lediglich den Verfügungsanspruch darlegen und glaubhaft machen. Angesichts der Regelung des § 12 II UWG wird in seinem Anwendungsbereich eine widerlegbare Vermutung für die Eilbedürftigkeit (Verfügungsgrund) begründet.

> Die Vermutung des § 12 II UWG ist insbesondere dann widerlegt, wenn der Antragsteller zeigt, dass ihm nicht an einer eiligen Verfahrensabwicklung gelegen ist. So etwa, wenn er trotz Kenntnis des Wettbewerbsverstoßes eine unangemessen lange Zeit bis zur Stellung des Antrages auf Erlass einer einstweiligen Verfügung verstreichen lässt oder er das Verfahren nicht zügig betreibt oder gar verzögert[3].

Die sachliche Zuständigkeit richtet sich nach § 13 UWG. Nach dieser Regelung sind für alle bürgerlichen Rechtsstreitigkeiten, mit denen ein Anspruch aufgrund des UWG geltend gemacht wird, die Landgerichte ausschließlich zuständig. Damit soll der bei diesen für lauterkeitsrechtliche Streitigkeiten vorhandene besondere Sachverstand genutzt werden[4]. § 13 I S. 2 UWG ordnet die Geltung von § 95 I Nr. 5 GVG an. Somit wird klargestellt, dass die Zuständigkeit der Kammer für Handelssachen entsprechend der Regelung in den §§ 95 ff. GVG einen Antrag voraussetzt[5]. Bei der Frage der örtlichen Zuständigkeit gem. § 14 UWG steht dem Kläger ein Wahlrecht zwischen den Gerichtsständen des § 14 I UWG und des § 14 II UWG zu. Beide Gerichtsstände sind ausschließliche[6]. Mangels gegenteiliger Angaben im Sachverhalt ist davon auszugehen, dass den Erfordernissen der §§ 13, 14 UWG in vollem Umfang Rechnung getragen ist. Sachlich-rechtliche Voraussetzung für ein erfolgreiches einstweiliges Rechtsschutzbegehren ist die Glaubhaftmachung des Verfügungsanspruchs. Unter einem solchen versteht man Ansprüche, die auf Individualleistungen gerichtet und der Durchsetzung in einem Hauptsacheprozess fähig sind[7].

Das Begehren des W ist in concreto auf ein Unterlassen des weiteren Verbreitens von diskreditierenden Blättern gerichtet und mithin als Individualanspruch der Durchsetzung in einem Hauptsacheprozess fähig. Die Anforderungen an die Glaubhaftmachung lassen sich mit den Stichpunkten „widerspruchsfreier Vortrag", „der Vortrag muss sich auf dem Weg zu einem Beweis befinden" und „ohne

---

[2] In diesem Kontext ist jedoch an die Besonderheit im familiengerichtlichen Verfahren mit der Konstruktion der „einstweiligen Verfügung mit Befriedigungstendenz" (Leistungsverfügung) zu denken. Vgl. hierzu: Zöller/Vollkommer, Kommentar zur Zivilprozessordnung, 25. Auflage, Köln 2005, § 935 Rn. 2.
[3] Teplitzky, Wettbewerbsrechtliche Ansprüche und Verfahren, 8. Auflage, Köln 2002, Kapitel 54, Rn. 17.
[4] Lettl, Das neue UWG, München 2004, Rn. 740.
[5] Vgl. Begr. RegE zu § 13, BT-Drucks. 15/1487, S. 25.
[6] Vgl. Begr. RegE zu § 14, BT-Drucks. 15/1487, S. 26.
[7] Zöller (aaO), § 935 Rn. 6.

ernsthafte Zweifel" umreißen. Regelmäßiges Beweismaß ist die sog. überwiegende Wahrscheinlichkeit[8].

2. Wettbewerbsrechtliche Unlauterkeit

Das Rundschreiben des W könnte gegen die wettbewerbsrechtlichen Normen der §§ 3, 6 UWG verstoßen, die als Rechtsfolge ein Unterlassen gem. § 8 UWG vorsehen.

a) Werbung

Der Begriff der bezugnehmenden Werbung umfasst im Wesentlichen drei verschiedene Werbeformen: Die (sachlich) kritisierende vergleichende Werbung sowie die persönliche und unternehmensbezogene Werbung[9]. Somit ist vorrangig zu untersuchen, welche dieser Formen bezugnehmender Werbung in casu in Betracht kommt. In § 6 I UWG wird die vergleichende Werbung als „jede Werbung, die unmittelbar oder mittelbar einen Mitbewerber oder die von einem Mitbewerber angebotenen Waren oder Dienstleistungen erkennbar macht" umschrieben. Das Gesetz regelt in § 6 UWG eine bestimmte Form der „Werbung". Was darunter zu verstehen ist, ergibt sich aus Art. 2 Nr. 1 der Richtlinie über irreführende und vergleichende Werbung von 1984 in der Fassung der Änderungsrichtlinie aus dem Jahre 1997[10]. Werbung ist danach jede Äußerung bei der Ausübung eines Handels oder Gewerbes mit dem Ziel, den Absatz von Waren oder die Erbringung von Dienstleistungen zu fördern[11].

b) Erkennbare Mitbewerber

Die Anwendung des Gesetzes setzt weiter voraus, dass sich die vergleichende Werbung gerade auf als solche erkennbare „Mitbewerber" bezieht. Es ist also erforderlich, dass die Beteiligten, der Werbende und der erkennbar in Bezug genommene Unternehmer aktuelle oder potentielle Konkurrenten sind[12].

c) Vergleich

Vergleichende Werbung ist nach dem Wortlaut des § 6 I UWG und des Art. 2 Nr. 2a der Richtlinie bereits jede Werbung, die die o. g. Voraussetzungen erfüllt, wozu insbesondere nicht auch ein Vergleich mit den eigenen Leistungen oder denen

---

[8] Zöller (aaO), § 935 Rn. 8.
[9] Emmerich, Unlauterer Wettbewerb, 7. Auflage, München 2004, § 7, S. 131.
[10] ABl. 1984 Nr. L 250/17 = GRUR Int. 1984, 688; ABl. 1997 Nr. L 290/18 = GRUR 1998, 117.
[11] Keine Wettbewerbshandlung sind bspw. im Regelfall Warenvergleiche durch neutrale Testinstitute und ähnliche Einrichtungen. Insoweit findet § 6 UWG keine Anwendung (vgl. Beater, Unlauterer Wettbewerb, München 2002, § 15 Rn. 50-52).
[12] Emmerich (aaO), § 7, S. 129.

Dritter gehört[13]. Bei einer semantischen Auslegung würde dies bedeuten, dass für die Annahme einer „vergleichenden" Werbung schon die bloße Kritik an einem Mitbewerber oder seiner Leistungen genüge. Dies ist auch realiter die Tendenz in der neuesten europarechtlichen Judikatur[14], der sich jüngst auch der BGH[15] angeschlossen hat.

Unter Zugrundelegung der entwickelten Begriffsverständnisse zum Komplex „vergleichende Werbung" ergibt sich für den Streitfall folgendes Tableau: Der W beschränkt sich in seinem Werbebrief an seine Patienten nicht lediglich auf eine bloße Anpreisung der eigenen heilpraktischen Dienstleistungen, sondern er vergleicht die von ihm angebotene Behandlungsmethode für Fälle vegetativer Dystonie mit der konkurrierenden Behandlungsmethode des T in Form von Verabreichung von Haifischknorpelpulver. Angesichts der Tatsache, dass W und T sich den Heilpraktikermarkt untereinander „aufgeteilt" haben und nur T Haifischknorpelpulver vertreibt, ist für den angesprochenen Verkehrskreis auch ohne explizite Nennung des Namens von T genau ersichtlich und erkennbar, wen W in seinem Werbebrief als Mitbewerber „anprangert". Aus alldem ist zu folgern, dass es sich zunächst um eine vergleichende Werbung handelt.

In einem weiteren Argumentationsschritt stellt sich nunmehr die Frage nach der rechtlichen Bewertung respektive Zulässigkeit kritisierender vergleichender Werbung. Jeder kritisierenden vergleichenden Werbung ist sachlogisch immanent, dass die Dienstleistung oder Ware des Mitbewerbers hinsichtlich bestimmter Eigenschaften negativer beurteilt wird als das eigene Produkt. Würde man die Begriffe „Herabsetzung" und „Verunglimpfung" in diesem weiten Sinne verstehen, so würde damit die gesetzgeberische Intention, nämlich die grundsätzliche rechtliche Zulässigkeit vergleichender Werbung, weitestgehend entwertet und in letzter Konsequenz ad absurdum geführt. Vergleichende kritisierende Werbung wäre somit per definitionem unzulässig.

Der neuralgische Punkt, ab dem eine vergleichende Werbung als herabsetzend oder verunglimpfend i.S.d. § 6 II Nr. 5 UWG anzusehen ist, muss daher jenseits der sachbezogenen Kritik an den gegenübergestellten Waren liegen[16]. Weiter ist zu berücksichtigen, dass Werbung auch von Humor und Ironie lebt und begleitet wird[17]. Wo genau die Grenze zwischen leiser Ironie und nicht hinnehmbarer Herabsetzung verläuft, bedarf stets einer sorgfältigen Prüfung im Einzelfall[18]. Solange der Werbende mit ironischen Anklängen nur Aufmerksamkeit und Schmunzeln erzielt, mit ihnen aber keine Abwertung des Angebotes eines Mitbewerbers

---

[13] Vgl. die deutliche Hervorhebung bei: Emmerich (aaO), § 7, S. 130.
[14] Jüngst: EuGH, Urt. v. 8.4.2003 – Rs. C-44/01, GRUR 2003, 533. Vgl. auch die Rezension von: Ohly, GRUR 2003, 641 ff.
[15] BGH, NJW 2004, 1951, 1952. Der BGH betont, dass „der Begriff der vergleichenden Werbung in einem weiten Sinn zu verstehen ist, da er alle Arten der vergleichenden Werbung abdecken soll".
[16] Lettl (aaO), Rn. 512.
[17] BGH, GRUR 2002, 72, 74.
[18] Tilmann, GRUR 1997, 790, 791.

verbunden ist, liegt darin noch keine unzulässige Herabsetzung oder Verunglimpfung[19].

Im vorliegenden Fall beschränkt sich W nicht auf nur rein sachliche Kritik an den heilpraktischen Fähigkeiten des T. Durch die Begriffe „Scharlatanerie" und „lediglich Placebo-Effekt" und die Wendung „Fallen Sie nicht darauf rein (...) Wir stellen uns den tatsächlichen Herausforderungen für die Gesundheit unserer Patienten" wird T unterstellt, dass er unseriös und nur unter monetären Gesichtspunkten seine heilpraktische Dienstleistung anbietet. Die Leistungsfähigkeit des T und seines Produktes wird schlagwortartig und pauschal abgewertet. Durch dieses aggressive Procedere werden die Dienstleistungen des T als minderwertig herausgestellt. Diese Ausdrucksformen[20] lassen sich nicht mehr mit einer notwendigen kritischen Abgrenzung gegenüber dem Angebot der Mitbewerber rechtfertigen, sondern führen dazu, dass das heilpraktische Dienstleistungsprogramm des T in toto herabgesetzt und verunglimpft wird. Die Äußerungen des W wären für den berechtigten Zweck des Vergleichs, nämlich die Unterrichtung der durchschnittlich informierten, angemessen aufmerksamen und angemessen verständigen Durchschnittsperson des maßgeblichen Personenkreises durch die objektive Herausstellung der Vorteile des eigenen Angebots, nicht erforderlich und auch durch eine mildere Äußerung möglich gewesen. Zusammenfassend bleibt daher festzuhalten, dass es sich um eine unzulässige vergleichende Werbung des W gem. § 6 II Nr. 5 UWG handelt.

3. Zulässigkeit des Abwehrvergleichs

In der wettbewerbsrechtlichen Praxis kann die persönliche und vergleichende Werbung zur Abwehr eines rechtswidrigen Angriffs erlaubt sein, wenn zu erwarten ist, dass sich dadurch der durch eine Behauptung des Mitbewerbers etwa drohende Schaden abwenden oder mildern ließe[21]. Der allein auf dem individuellen Abwehrinteresse beruhende Vergleich ist jedoch nur in engen Grenzen zulässig. Insbesondere setzt ein Abwehrvergleich einen gegenwärtigen rechtswidrigen Angriff voraus. Insoweit zeigt sich eine sehr starke rechtliche Bewertungsparallele zum strafrechtlichen Notwehrrecht.

Im Streitfall sind die Voraussetzungen insgesamt zu verneinen. Die Tatsache, dass T die Behandlungsmethode des W mit sog. Bach-Blüten vor einem Jahr in einem Flyer diskeditiert hat, rechtfertigt angesichts des mittlerweile erheblichen Zeitabstandes nicht die von W gewählte Form der vergleichenden Werbung. Der Angriff wirkt nicht mehr fort, sodass es einer weiteren Aufklärung in puncto „rechtswidriger Angriff" nicht mehr bedarf. Mangels eines unmittelbaren zeitlichen Zusammenhanges zum Vergleich des T ist die Werbung des W als Abwehr-

---

[19] BGH, GRUR 2002, 72, 74.
[20] Eine Herabsetzung liegt regelmäßig dann vor, wenn das Produkt des Mitbewerbers im Qualitätsvergleich zum eigenen Produkt als minderwertig bezeichnet wird (vgl. Baumbach/Hefermehl/Köhler, Kommentar zum Wettbewerbsrecht, 23. Auflage, München 2004, § 6 Rn. 79.
[21] Grundlegend: BGH, GRUR 1962, 45, 48.

vergleich nicht gerechtfertigt. Aufgrund der besonders abwertenden Ausdrucksformen des Vergleichs scheidet auch die Möglichkeit eines zulässigen Auskunfts- oder Aufklärungsvergleichs von vornherein aus[22] [23].

4. Glaubhaftmachung

Die Schilderung des T gegenüber seinem Rechtsanwalt erweist sich als widerspruchsfreier Vortrag, der sich wiederum auf dem Weg zum Beweis befindet und frei von ernsthaften Zweifeln ist. In diesem Umfang hat die Glaubhaftmachung gegenüber dem Gericht zu erfolgen. Dies geschieht in der Regel und am effektivsten durch die Vorlage einer Versicherung an Eides Statt.

5. Nicht nur unerhebliche Beeinträchtigung

Da § 6 II UWG an § 3 UWG anknüpft, müssen zusätzlich die weiteren in § 3 UWG genannten Voraussetzungen vorliegen. Vergleichende Werbung im Sinne von § 6 I UWG muss eine Wettbewerbshandlung darstellen, die geeignet ist, den Wettbewerb nicht nur unerheblich zum Nachteil der Mitbewerber, der Verbraucher oder der sonstigen Marktteilnehmer zu beeinträchtigen[24]. Das aggressive und abwertende Vorgehen des W gegenüber T gerade in einer gesundheitlichen Angelegenheit beeinträchtigt den Wettbewerb nicht nur unerheblich. Die Patienten werden erheblich verunsichert und T in seiner Kompetenz diskreditiert, so dass die inkriminierte Wettbewerbshandlung von einem gewissen Gewicht für das Wettbewerbsgeschehen und die Interessen der geschützten Personenkreise ist.

6. Wiederholungsgefahr

Nach § 8 I S. 1 UWG kann, wer dem § 3 UWG und damit auch den §§ 4 bis 7 UWG zuwiderhandelt, bei Wiederholungsgefahr auf Unterlassung in Anspruch genommen werden. Angesichts der Äußerung des W, dass er solange gegen die „unseriösen Praktiken" des T vorgehen werde, bis dieser wieder „zur Vernunft" gekommen ist, ist die mehr als nur ernstliche Möglichkeit einer Wiederholung des Wettbewerbsverstoßes gegeben. Damit bleibt als zusammenfassende Ergebnisanalyse festzuhalten, dass aufgrund des Vorliegens einer wettbewerbsrechtlichen Unlauterkeit das einstweilige Verfügungsverfahren Erfolg hat.

---

[22] Aufklärungsvergleiche können unter dem Gesichtspunkt der Wahrnehmung berechtigter Interessen zulässig sein.
[23] Es ist insbesondere zu beachten, dass die auf der EU-Richtlinie beruhende Regelung des § 6 UWG zur vergleichenden Werbung als abschließende zu bewerten ist und aus § 3 UWG weder strengere noch mildere Maßstäbe hergeleitet werden dürfen (Baumbach/Hefermehl/Köhler (aaO), § 6 Rn. 13.).
[24] Die Schwelle ist nicht zu hoch anzusetzen. Vgl. Begr. RegE UWG zu § 3, BT-Drucks. 15/1487, S. 17.

Abwandlung:

Im Bereich der Presse[25] ist bei der Ermittlung der örtlichen Zuständigkeit Folgendes zu beachten: Es gilt ein sog. fliegender Gerichtsstand, d. h. Begehungsort ist jeder Ort der bestimmungsgemäßen[26] und wettbewerblich relevanten Verbreitung[27] [28]. Dies ist das Gebiet, das der Verleger bzw. Herausgeber mit der Druckschrift erreichen will oder in dem er mit der Verbreitung rechnen muss und in dem wettbewerbliche Interessen von Mitbewerbern tatsächlich aufeinander stoßen. Die materiell-rechtliche Bewertung läuft synchron mit den o. g. Ausführungen.

C. Weiterführende Hinweise: Literatur

1.) Ohly, Irreführende vergleichende Werbung, GRUR 2003, 641

2.) Sack, Personen- und unternehmensbezogene Werbehinweise auf Mitbewerber, WRP 2004, 817

3.) Berneke, Die einstweilige Verfügung in Wettbewerbssachen, 2. Auflage, München 2003

4.) Berlit, Vergleichende Werbung, München 2002

---

[25] Unter diesem Begriff werden Druckschriften (periodische Druckwerke, Zeitschriften, Kataloge, Prospekte usw.) und sonstige Medien (Brief, Rundfunk, Internet) verstanden.
[26] Verletzungen via Internet sind überall dort begangen, wo das Medium bestimmungsgemäß abrufbar ist. Vgl. Zöller (aaO), § 32 Rn. 17.
[27] BGHZ 131, 335; OLG München, OLGZ 87, 217.
[28] Beachte: Beim presserechtlichen Gegendarstellungsanspruch richtet sich der Gerichtsstand einzig und allein nach dem Sitz des Medienunternehmens. Dies kann gerade bei grenzüberschreitenden Sachverhalten nachteilig sein. Insofern gilt es, die gesamte Bandbreite der rechtlichen Instrumentarien bei Rechtsverletzungen durch die Medien prozesstaktisch sinnvoll auszuschöpfen. Zu nennen sind: Unterlassungs- und Widerrufsansprüche, Schadensersatzansprüche in materieller und immaterieller Form, bereicherungsrechtliche Abschöpfungsansprüche und Ansprüche aus § 687 II BGB unter dem Blickwinkel der Verletzung von Persönlichkeitsrechten als „Persönlichkeitsgüterrechte". Vgl. die instruktiven Ausführungen bei: Beuthien/Schmölz, Persönlichkeitsschutz durch Persönlichkeitsgüterrechte, München 1999.

Fall 12
Drilling gegen Dreibrüder[1]

Markenschutz, Voraussetzungen eines Schutzanspruchs in Form eines Unterlassungsanspruchs nach §§ 14, 15 MarkenG, Klageentwurf

A. Sachverhalt

Die Drilling Schneidwaren GmbH (D) ist ein Unternehmen mit Sitz in Solingen, das insbesondere hochwertige und entsprechend teure Messer herstellt und vertreibt. Sie ist Inhaberin der Wortmarke „Drilling", die mit Priorität vom 28.10.1968 unter anderem für „Messerschmiedewaren" beim Deutschen Patent- und Markenamt (DPMA) eingetragen ist. Im Jahr 2004 hatte die Marke „Drilling" bei den beteiligten Verkehrskreisen einen Bekanntheitsgrad von 86 %.

Mit Schrecken musste die Unternehmensleitung - bestehend aus Clemens und August Drilling als geschäftsführende Gesellschafter - beim Besuch einer Fachmesse in Frankfurt feststellen, dass ein Unternehmen aus Venlo/NL über seine Tochtergesellschaft mit Sitz in Emmerich/D Messer unter der Marke „DREIBRÜDER" anbietet und vertreibt. Das Unternehmen firmiert unter „Dreibrüder Schneidwaren GmbH" (B) und ist Inhaber der Wortmarke „DREIBRÜDER", die mit Priorität vom 20.05.2003 unter anderem für „Messerschmiedewaren" beim DPMA eingetragen ist. B versieht sowohl die Messer als auch die entsprechenden Verpackungen mit dem Aufdruck „DREIBRÜDER".

1. Clemens und August Drilling sind empört und konsultieren den hauseigenen Syndikus Dr. A. N. Walt. Hat D aus dem Markengesetz Unterlassungsansprüche gegen B?

2. Wie könnte ein Antrag von Dr. Walt an das zuständige Gericht aussehen?

---

[1] In Anlehnung an: BGH, GRUR 2004, 779 ff.

B. Lösung

Frage 1

I. Unterlassungsanspruch aus § 14 V i.V.m. § 14 II Nr. 2 MarkenG

D könnte von B nach § 14 V i.V.m. § 14 II Nr. 2 MarkenG verlangen, es zu unterlassen, die Bezeichnung „DREIBRÜDER" für Messer im geschäftlichen Verkehr zu benutzen.

1. Aktivlegitimation

Um einen Unterlassungsanspruch durchsetzen zu können, müsste D zunächst Inhaberin einer gegenüber B prioritätsälteren Marke sein[2]. Fälle der Markenkollision finden ihre abschließende Regelung dabei in § 6 MarkenG. So ist unter anderem nach § 6 II MarkenG entscheidend, wann eine Marke angemeldet worden ist. Da D ihre Marke bereits im Jahr 1968 beim DPMA hat eintragen lassen und B erst im Jahr 2003, ist die Marke „Drilling" somit prioritätsälter.

> Das Deutsche Patent- und Markenamt (nicht – wie oft fälschlich genannt – Bundespatentamt) ist zuständig für die Anmeldung und Eintragung von Marken und die entsprechenden Widerspruchs- und Löschungsverfahren. Es hat seinen Sitz, wie auch das Bundespatentgericht, in München. Das Bundespatentgericht ist als Rechtsmittelinstanz für Beschwerdeverfahren gegen die Entscheidungen des DPMA zuständig. Im Wege der Rechtsbeschwerde entscheidet gem. § 83 MarkenG letztinstanzlich der BGH.

Nach § 28 I MarkenG wird vermutet, dass das durch die Eintragung einer Marke begründete Recht auch dem im Register Eingetragenen zusteht. Diese Vermutung gilt auch für die Fälle des § 14 MarkenG[3]. Da B die sich daraus ergebende Vermutung, dass D Inhaberin des Markenrechts an „Drilling" ist, nicht widerlegt hat, gilt D als Inhaberin dieser Marke.

> Neben dem Inhaber einer Marke können auch dessen Rechtsnachfolger klageberechtigt sein. Zudem kann ein Lizenznehmer nach § 30 MarkenG mit Zustimmung des Markeninhabers Unterlassungsansprüche geltend machen oder einer bereits erhobenen Klage beitreten[4].

---

[2] Zu den verschiedenen Markenformen knapp und präzise: Ensthaler, Gewerblicher Rechtsschutz und Urheberrecht, 2. Auflage, Berlin/Heidelberg 2003, G 1.1. ff.
[3] Vgl. Ströbele/Hacker, Kommentar zum Markengesetz, 7. Auflage, Köln 2003, § 14 Rn. 221.
[4] Vgl. hierzu: Fezer, Kommentar zum Markengesetz, 3. Auflage, München 2001, § 14 Rn. 507.

2. Anwendungsbereich

a) Benutzung im geschäftlichen Verkehr

B muss ihre Marke auch im geschäftlichen Verkehr benutzt haben. Der Begriff wird weit ausgelegt und umfasst jede wirtschaftliche Betätigung, mit der in Wahrnehmung oder Förderung eigener oder fremder Geschäftsinteressen am Erwerbsleben teilgenommen wird. Dabei sind weder Gewinnerzielungsabsicht noch das Bestehen eines Wettbewerbsverhältnisses erforderlich. Zudem wird ein Handeln im geschäftlichen Verkehr bei Gewerbetreibenden stets vermutet[5]. Eine – allerdings lediglich beispielhafte[6] – Aufzählung von möglichen Benutzungshandlungen findet sich schließlich in § 14 III MarkenG. Die B ist Gewerbetreibende, hat ihre Waren und deren Verpackung mit der Aufschrift „DREIBRÜDER" versehen und sie somit unter diesem Zeichen in den Verkehr gebracht. Durch das Versehen ihrer Messer mit dem Aufdruck wollte sie zudem ihren Erwerbszweck fördern. Somit hat B die Marke im geschäftlichen Verkehr benutzt.

> In unserem Fall steht aufgrund der Eintragung in das Markenregister fest, dass es sich um eine Marke handelt. In anderen Fällen wäre dies u. U. genauer zu untersuchen, da zur Geltendmachung von Ansprüchen nach § 14 MarkenG zunächst Markenschutz nach § 4 MarkenG bestehen muss. Damit dieser entstehen kann, bedarf es der Eintragung (§ 4 Nr. 1 MarkenG), einer durch Benutzung erlangten Verkehrsgeltung (§ 4 Nr. 2 MarkenG) oder der notorischen Bekanntheit (§ 4 Nr. 3 MarkenG). Hier kommt es immer wieder zu Schwierigkeiten, wenn zu entscheiden ist, ob ein Zeichen überhaupt gem. § 3 MarkenG Markenfähigkeit besitzt bzw. ob einer Eintragung absolute Schutzhindernisse nach § 8 MarkenG entgegenstehen.

b) Zeichenmäßiger Gebrauch

Nach dem Wortlaut des § 14 MarkenG unterfällt jede Art der Benutzung von kollidierenden Zeichen dem Anwendungsbereich. Dennoch ist umstritten, ob eine Marke – insofern dann als ungeschriebene Tatbestandsvoraussetzung – nicht auch kennzeichenmäßig und/oder als Herkunftsbezeichnung benutzt werden muss. Kennzeichenmäßige Benutzung ist dabei jede Verwendung der Marke, bei der ein nicht ganz unerheblicher Teil der beteiligten Verkehrskreise annehmen kann, dass das Zeichen als Hinweis auf die Herkunft des gekennzeichneten Produktes dient[7].

> Der Begriff der beteiligten Verkehrskreise bzw. des Publikums ist für Streitigkeiten nach dem MarkenG von zentraler Bedeutung und taucht immer

---

[5] Statt vieler: Ströbele/Hacker (aaO), § 14 Rn. 29.
[6] Ströbele/Hacker (aaO), § 14 Rn. 79.
[7] Vgl. Ingerl/Rohnke, Kommentar zum Markengesetz, 2. Auflage, München 2003, § 14 Rn. 92.

> wieder auf. Beteiligte Verkehrskreise sind in erster Linie die Abnehmer einer Ware, also die Kreise, in denen das Zeichen Verwendung finden soll[8]. Diese können sich je nach Produkt unterscheiden und entsprechend alle Verbraucher (z. B. bei Grundnahrungsmitteln) oder nur einen kleinen Teil der Verbraucher (z. B. Verwender eines speziellen Medikamentes) umfassen.

Die Marke kann also auch eine Herkunftsfunktion haben, indem sie auf den Hersteller des Produktes hinweist. Daher wird zum Teil gefordert, dass der Verletzer das angegriffene Zeichen – jedenfalls in den Fällen des § 14 II Nr. 1 und 2 MarkenG – selbst als eine Marke und somit kennzeichenmäßig verwenden müsse[9]. Da dem MarkenG nicht zu entnehmen sei, inwieweit es auf einen kennzeichenmäßigen Gebrauch ankommen soll, verzichtet ein Teil der Literatur auf diese Voraussetzung und erachtet *jede* Benutzung als rechtsverletzend[10].

Nach der Rechtsprechung des EuGH soll es darauf ankommen, dass eine Marke nicht bloß zur Unterscheidung von Waren oder Dienstleistungen verwendet wird, sondern dabei – insofern dann als Herkunftsfunktion – auf ein bestimmtes Unternehmen hinweist[11]. Auch wenn wir hier keine konkreten Angaben über die Vorstellungen der beteiligten Verkehrskreise haben, so verwendet B das Zeichen doch als Markierung ihrer Produkte und der entsprechenden Verpackung und somit kennzeichenmäßig. Entschieden werden muss die Streitfrage nicht, da die Benutzungshandlungen der B nach allen Ansichten vom Anwendungsbereich des § 14 II Nr. 2 MarkenG umfasst werden.

> Unter Beachtung der Rechtsprechung des EuGH und bei entsprechender Auslegung der Markenrichtlinie und der amtlichen Begründung des MarkenG wird man mit guten Gründen zu dem Schluss kommen, dass es *keiner* bestimmten Benutzungshandlung bedarf bzw. eine sehr extensive Auslegung des Begriffes erfolgen muss. Wie immer kommt es aber auf den jeweiligen Einzelfall an. In der weit überwiegenden Zahl der in der Praxis aufkommenden Streitigkeiten wird die Frage ohnehin schnell und eindeutig zu beantworten sein[12].

3. Kollision

Für die Durchsetzbarkeit eines Unterlassungsanspruches nach § 14 II Nr. 2 MarkenG müsste zwischen „Drilling" und „DREIBRÜDER" eine markenrechtliche Kollision in Form einer Verwechslungsgefahr gegeben sein.

---

[8] Vgl. Nordemann, Wettbewerbsrecht, Markenrecht, 10. Auflage, Baden-Baden 2004, Rn. 2102; BGH, GRUR 1993, 488, 490; GRUR 1986, 894, 895; BPatG, GRUR 1994, 627, 628.
[9] Ströbele/Hacker (aaO), § 14 Rn. 60 ff.
[10] Ingerl/Rohnke (aaO), § 14 Rn. 63 ff.; Fezer (aaO), § 14 Rn. 39.
[11] Vgl. hierzu: Ströbele/Hacker (aaO), § 14 Rn. 56 ff.
[12] Zur Streitfrage sehr ausführlich: Fezer (aaO), § 14 Rn. 21 ff.

a) Kennzeichnungskraft

Für die Beurteilung einer Verwechslungsgefahr im eigentlichen Sinne ist zunächst zu untersuchen, wie groß die Kennzeichnungskraft der betroffenen Marke ist. Unter Kennzeichnungskraft versteht man die Eignung eines Zeichens, sich aufgrund seiner Eigenart und ggf. seines durch Benutzung erlangten Bekanntheitsgrades dem Publikum als Marke einzuprägen, d. h. in Erinnerung behalten und wiedererkannt zu werden[13]. Je größer nun diese Kennzeichnungskraft ist, desto größer ist auch der Schutzumfang gegen Verwechslungsgefahr. Dies folgt aus der Überlegung, dass eine originelle oder durch intensive Benutzung besonders bekannte Marke einen erweiterten Schutzumfang genießen muss, da sie ihre Aufgabe als Unterscheidungsmittel besser erfüllt[14].

> Bei der Kennzeichnungskraft wird zwischen schwachen, normalen und starken Marken unterschieden, die dementsprechend eine geringe, durchschnittliche oder gesteigerte Kennzeichnungskraft aufweisen. Danach ist dann der jeweilige Schutzumfang gering, normal oder erweitert. Mit Hilfe dieser Kriterien wird der im Grundsatz für alle Marken gleiche gesetzliche Schutzumfang entsprechend der Marktstärke der jeweiligen Marke relativiert[15].

Die Marke „Drilling" hat bei den beteiligten Verkehrskreisen einen Bekanntheitsgrad von 86 %. Es handelt sich somit um eine starke Marke mit gesteigerter Kennzeichnungskraft und einem erweiterten Schutzumfang.

b) Verwechslungsgefahr

Es muss nun die Gefahr einer Verwechslung der beiden Marken in der Art vorliegen, dass die beiden Marken gedanklich miteinander in Verbindung gebracht werden. Dabei muss die Ursache dieser Gefahr die Ähnlichkeit oder Identität der Marken und der markierten Waren oder Dienstleistungen sein[16].

> Über die genaue Definition des Begriffes „Verwechslungsgefahr" wird bisweilen sehr ausgiebig diskutiert. Aufgrund der zentralen Bedeutung dieses Begriffes ist dies nachvollziehbar und mitunter unausweichlich. In der praktischen Fallbearbeitung genügen allerdings regelmäßig die hier im Folgenden zugrunde gelegten Definitionen[17].
>
> Bei der Frage nach dem Vorliegen einer Verwechslungsgefahr handelt es sich um eine Rechtsfrage, über die kein Beweis erhoben werden kann. Auch die Einholung von Gutachten ist eher unpraktikabel und wird bisweilen sogar abgelehnt. Zur Beantwortung der Frage ist es also stets notwendig

---

[13] Ingerl/Rohnke (aaO), § 14 Rn. 320.
[14] Vgl. Ingerl/Rohnke (aaO), § 14 Rn. 323 ff.
[15] Ausführlich: Fezer (aaO), § 14 Rn. 271 ff.
[16] Fezer (aaO), § 14 Rn. 86 u. Rn. 103.
[17] Vertiefend hierzu: Fezer (aaO), § 14 Rn. 79 ff.

und unumgänglich, sorgfältig alle Umstände des Einzelfalles zu untersuchen.

Bislang ist der Begriff der „Ähnlichkeit" nicht eindeutig definiert. Es haben sich jedoch Grundsätze für die nähere Begriffsbestimmung herausgebildet. So sprechen die Identität von Produktionsort und Vertriebsweg für die Ähnlichkeit von Waren, wobei der Verkaufsort nicht maßgebend sein soll[18]. Letztlich kommt es auf den Gesamteindruck an. In unserem Fall handelt es sich in beiden Fällen bei den Waren um Messer. Insofern sind die Waren sich nicht nur ähnlich, sondern sogar identisch.

> Bei Ansprüchen aus einer eingetragenen Marke ist für die Frage der Warenähnlichkeit das jeweilige Warenverzeichnis maßgebend[19]. Die Art und Weise, wie die Marke für die eingetragenen Waren benutzt wird, ist hingegen für den Schutzumfang ohne Bedeutung[20].

Neben der Identität der Waren müsste das benutzte Zeichen mit der Marke identisch oder dieser ähnlich sein. Identisch sind die Zeichen „Drilling" und „DREIBRÜDER" nicht. Sie könnten sich jedoch i.S.d. Vorschrift ähnlich sein. Die Ähnlichkeit von Wortzeichen ist dabei anhand des klanglichen und des schriftbildlichen Eindrucks sowie des Sinngehaltes zu ermitteln[21]. Dabei genügt in der Regel bereits die Übereinstimmung in einem dieser Punkte, um eine Verwechslungsgefahr annehmen zu können[22]. Wie bereits bei der Untersuchung von Waren und Dienstleistungen kommt es auch hier auf den sich bietenden Gesamteindruck an[23]. Bei einem Vergleich der Zeichen „Drilling" und „DREIBRÜDER" wird deutlich, dass sowohl vom Schriftbild als auch klanglich keine Ähnlichkeiten bestehen und insofern aus dem Gesichtspunkt der Übereinstimmung keine Verwechslungsgefahr begründet ist.

Jedoch kann sich auch aus dem Sinngehalt der sich gegenüberstehenden Zeichen eine Verwechslungsgefahr ergeben. Dazu müssten dann hier die Zeichen „Drilling" und „DREIBRÜDER" in ihrem Sinngehalt mehr Übereinstimmungen als Unterschiede aufweisen. Die Bezeichnung „DREIBRÜDER" ist im Gegensatz zur Bezeichnung „Drilling" ein nur namensähnliches Kunstwort. Während man bei „Drilling" durchaus an durch Drillingsgeburt verbundene Brüder bzw. Geschwister denken kann, ist dies bei dem Begriff „DREIBRÜDER" aufgrund der besonderen Schreibweise eher unwahrscheinlich. Selbst wenn man den Begriff im Sinne von „drei Brüder" verstehen wollte, so würde gerade dies *nicht* auf eine Drillingsgeburt hinweisen. Für diese wäre nämlich die insofern genauere Bezeichnung „Drillinge" bzw. „Drillingsbrüder" geläufig. Auch handelt es sich bei „Dril-

---

[18] Vgl. Enstahler (aaO), G 2.8.2.; Berlit, Das neue Markenrecht, 5. Auflage, München 2003, Rn. 128 ff.
[19] BGH, GRUR 2002, 65, 67.
[20] BGH, GRUR 1998, 1034, 1036; GRUR 1999, 164, 166.
[21] BGH, GRUR 2004, 779, 782.
[22] BGH, GRUR 2004, 779, 782.
[23] Vgl. BGH, GRUR 2003, 1044, 1046.

ling" und „DREIBRÜDER" nicht um komplementäre Begriffe. Gemeinsam ist den Begriffen nur, dass sie Personen in ihrem Geschwisterverhältnis bezeichnen, wobei „Drilling" – im Gegensatz zu „drei Brüder" – lediglich einen von drei Geschwistern bezeichnet. Zudem besagt das Wort „Drilling" nichts über das Geschlecht der so bezeichneten Person[24].

Im Ergebnis stehen den sicherlich vorhandenen Ähnlichkeiten im Sinngehalt daher so viele begriffliche Unterschiede gegenüber, dass die Ähnlichkeit im Sinne des Kennzeichnungsrechts als sehr gering anzusehen ist. Dies reicht zur Durchsetzung eines Unterlassungsanspruchs aus § 14 V i.V.m. § 14 II Nr. 2 MarkenG nicht aus. Eine unmittelbare Gefahr, dass das Zeichen „DREIBRÜDER" für die Marke „Drilling" gehalten wird, scheidet daher aus.

Eine Verwechslungsgefahr kann allerdings gegeben sein, wenn infolge einer teilweisen Übereinstimmung in einem wesensgleichen Kern die Gefahr besteht, dass das angegriffene Zeichen dem Inhaber der Klangmarke zugeordnet wird. In besonders gelagerten Fällen kann sich diese Gefahr aus einer Übereinstimmung der Zeichen in ihrem Sinngehalt ergeben. Der Verkehr analysiert in der Regel ein als Marke verwendetes Zeichen nicht, sondern nimmt es so auf, wie er es wahrnimmt. Daher setzt eine Verwechslungsgefahr in diesem Sinne voraus, dass es sich für einen maßgeblichen Teil des Verkehrs *aufdrängen* muss, dass die Zeichen wegen ihres Sinngehaltes und ihrer Zeichenbildung aufeinander bezogen sind[25]. Aufgrund der sehr geringen Übereinstimmungen im begrifflichen Zeicheninhalt von „Drilling" und „DREIBRÜDER" beschränkt sich die Wirkung für den Verkehr jedoch auf den Bereich einer lediglich allgemeinen, nicht herkunftshinweisenden Assoziation. Dies folgt nicht zuletzt aus der bereits sehr unterschiedlichen Bildung der Zeichen und reicht im Ergebnis für die Annahme einer Verwechslungsgefahr nicht aus.

> Wenn nun allerdings eine starke Marke wegen ihrer besonderen Einprägsamkeit und der großen Bekanntheit in ihren Einzelheiten in der Erinnerung der Verkehrsteilnehmer haftet, kann sich dies „nachteilig" auf die Verwechslungsgefahr im engeren Sinne auswirken. In diesen Fällen wird man nämlich wohl – eben aufgrund der Stärke und Bekanntheit – nicht mehr vom Bestehen einer *direkten* Verwechslungsgefahr ausgehen können[26].

Es könnte jedoch eine Verwechslungsgefahr im weiteren Sinne bestehen. Hierbei erkennt der Verkehr zwar die Unterschiede zwischen den Zeichen, geht aber aufgrund der teilweisen Übereinstimmung von einer organisatorischen oder wirtschaftlichen Verbindung zwischen den Zeicheninhabern aus[27]. Um dies annehmen zu können, bedarf es des Vorliegens besonderer Umstände. Dies könnte hier die Tatsache sein, dass die Marke „Drilling" auch als schlagwortartige Bezeichnung

---

[24] Vgl. BGH, GRUR 2004, 779, 782.
[25] Vgl. BGH, GRUR 2004, 779, 782.
[26] Vgl. Fezer (aaO), § 14 Rn. 287.
[27] BGH, GRUR 2004, 779, 783; GRUR 2002, 171, 175.

der D bekannt ist. Zusätzlich müsste aber ein solch übereinstimmender Gesamteindruck bei Betrachtung der sich gegenüberstehenden Zeichen bestehen, dass sich bei einem Durchschnittsverbraucher der Eindruck wiederum geradezu *aufdrängt*, die Zeichen seien zur Kennzeichnung einer bestehenden Verbindung zwischen den Unternehmen aufeinander bezogen[28]. Aufgrund der unterschiedlichen Zeichenbildung und der offensichtlichen Unterschiede im Sinngehalt ist dies hier jedoch nicht der Fall. An dieser Feststellung kann auch die Tatsache, dass es sich bei „Drilling" um eine starke Marke handelt, nichts ändern. Auch wenn B und D identische Waren herstellen und vertreiben, sind doch die Unterschiede in ihren jeweiligen Marken „Drilling" und „DREIBRÜDER" so groß, dass letztlich keine Verwechslungsgefahr zwischen ihnen angenommen werden kann.

> Als weitere Voraussetzung für einen Unterlassungsanspruch wäre noch die Wiederholungsgefahr zu prüfen. Wenn eine Verletzung noch nicht stattgefunden hat, aber konkret zu besorgen ist (sog. Erstbegehungsgefahr), könnte ein Markeninhaber auch einen vorbeugenden Unterlassungsanspruch geltend machen. Ein Verschulden ist in beiden Fällen nicht notwendig.

D hat gegen B keinen Unterlassungsanspruch aus § 14 V i.V.m. § 14 II Nr. 2 MarkenG.

II. Unterlassungsanspruch aus § 14 V i.V.m. § 14 II Nr. 3 MarkenG

D könnte gegen B aus § 14 V i.V.m. § 14 II Nr. 3 MarkenG einen Anspruch darauf haben, dass diese es unterlässt, die Bezeichnung „DREIBRÜDER" im geschäftlichen Verkehr zu verwenden.

1. Bekanntheit

Um überhaupt unter den Schutzbereich des § 14 II Nr. 3 MarkenG fallen zu können, müsste es sich bei der Bezeichnung „Drilling" um eine bekannte Marke handeln.

Bekannt ist eine Marke dann, wenn sie innerhalb der von ihr angesprochenen Abnehmerkreise eine hinreichende Bekanntheit aufweist. Dabei kommt es nicht darauf an, dass die aktuellen oder potentiellen Kunden der *beanstandeten* Marke die Marke kennen. Auch muss die Marke nicht bei der Gesamtbevölkerung bekannt sein[29]. Über den Grad der Verkehrsgeltung einer Marke, der für die Annahme einer Bekanntheit vorliegen muss, herrscht bisweilen Uneinigkeit. Jedenfalls eindeutig ist aber, dass die Kriterien für die Bestimmung einer Berühmtheit nach der Rechtsprechung zu den §§ 823 I, 1004 BGB ebenso wenig erfüllt sein müssen wie die Anforderungen an eine notorische Bekanntheit i.S.d § 4 Nr. 3 MarkenG[30]. Auch auf qualitative Eigenschaften der Marke kommt es an dieser Stelle (noch) nicht in besonderem Maße an. Abzustellen ist hier also einzig auf die Abnehmer-

---

[28] BGH, GRUR 2004, 779, 783.
[29] Vgl. hierzu: Ingerl/Rohnke (aaO), § 14 Rn. 784 ff.
[30] Siehe hierzu ausführlich: Ingerl/Rohnke (aaO), § 14 Rn. 787 ff.

kreise der Marke „Drilling". Diese verfügt bei den beteiligten Verkehrskreisen über einen Bekanntheitsgrad von 86 % und kann somit als bekannte Marke i.S.d. § 14 II Nr. 3 MarkenG gelten.

> Bei dem Begriff der „Bekanntheit" handelt es sich wiederum um einen zentralen Rechtsbegriff des Kennzeichenrechts. Auch er ist stets einzelfallbezogen zu ermitteln. Zu berücksichtigen sind bei der Bestimmung der Bekanntheit sowohl quantitative als auch qualitative Elemente[31]. Als grobe Faustregel darf man allerdings annehmen, dass bei einer Verkehrsbekanntheit von 50 % von einer bekannten Marke gesprochen werden kann[32].

2. Ungleichartigkeit

Nach dem Wortlaut der Vorschrift dürfen die jeweiligen Waren einander nicht ähnlich sein. Da es sich allerdings hier in beiden Fällen um Messer bzw. Schneidwaren handelt, sind sich die Waren nicht nur ähnlich, sondern sogar identisch. Ein Unterlassungsanspruch kann somit *direkt* nicht hergeleitet werden.

> In Klausuren wird sich regelmäßig die Konstellation finden, dass die Waren tatsächlich *nicht* identisch sind. Hier ist allerdings bewusst diese Variante zur Problemdarstellung und -sensibilisierung gewählt worden. Um nämlich einen lückenlosen Rechtsschutz zu gewährleisten, wird vereinzelt davon ausgegangen, dass es sich bei der Formulierung des § 14 II Nr. 3 MarkenG nicht um ein negatives Tatbestandsmerkmal handele. Vielmehr sei der Anwendungsbereich extensiv zu bestimmen und auch auf Fälle der Produktähnlichkeit anzuwenden[33]. Andererseits wird die Vorschrift in bestimmten Fällen – bei allen möglichen Bedenken – analog auf Fälle der Produktähnlichkeit angewendet[34]. Für welche Lösung man sich entscheidet hängt stark vom Einzelfall ab und ist in jedem Fall gesondert zu begründen.

3. Markenähnlichkeit

Ein auf § 14 V i.V.m. § 14 II Nr. 3 MarkenG gestützter Anspruch könnte also unter entsprechender Anwendung der Vorschrift auch dann gegeben sein, wenn ein mit der bekannten Marke identisches oder ähnliches Zeichen benutzt wird. Dabei muss sich diese Benutzung im Rahmen des Ähnlichkeitsbereiches dieser Waren oder Dienstleistungen abspielen. In solchen Fällen ist der Markeninhaber nämlich noch schutzbedürftiger als in den vom Wortlaut der Vorschrift erfassten Fällen[35]. Voraussetzung hierfür ist aber, dass das angegriffene Zeichen überhaupt in einem relevanten Umfang gedanklich mit der bekannten Marke in Verbindung gebracht

---

[31] Ensthaler (aaO), G 1.2.
[32] Vgl. ausführlich: Fezer (aaO), § 14 Rn. 415 ff.
[33] Fezer (aaO), § 14 Rn. 431 f.
[34] BGH, GRUR 2004, 779, 783.
[35] Vgl. BGH, GRUR 2004, 235, 238.

wird. Konkret bedeutet dies, dass die beteiligten Verkehrskreise bei der Marke „DREIBRÜDER" verstärkt an die Marke „Drilling" denken müssten. Es genügt dabei nicht, dass das Zeichen *geeignet* ist, durch bloße Assoziation an ein fremdes Kennzeichen Aufmerksamkeit zu erwecken. Ebenso wenig würde es genügen, dass die Wahl des Zeichens nicht zufällig erscheint[36]. Die Frage nach der Ähnlichkeit von Marken beurteilt sich danach, inwieweit der auf die menschliche Sinneswahrnehmung wirkende Gesamteindruck die Unterschiede und Gemeinsamkeiten der Marken hervortreten lässt[37].

> An dieser Stelle werden regelmäßig detaillierte Ausführungen zu den Elementen Klang, (Schrift-)Bild und Sinn erwartet und gemacht. Wie umfangreich ein Vergleich ausfallen muss, hängt stark vom jeweiligen Einzelfall ab. Gerade bei zusammengesetzten Zeichen ist darauf zu achten, dass nicht nur die Gesamtheit – also das Wort / das Zeichen / die Marke – an sich, sondern ggf. auch die einzelnen Bestandteile miteinander verglichen werden. Auch ein Markenbestandteil kann nämlich für sich betrachtet „Stammcharakter" haben und so die Gesamtmarke prägen!

In unserem Fall sind sich die Marken, wie oben ausführlich dargestellt, nicht hinreichend ähnlich[38].

4. Verletzung

Durch die Verwendung der Bezeichnung „DREIBRÜDER" müsste B die Wertschätzung oder Unterscheidungskraft der Marke „Drilling" ohne rechtfertigenden Grund in unlauterer Weise beeinträchtigt oder ausgenutzt haben.

a) Wertschätzung

Indem B die Marke „DREIBRÜDER" als Bezeichnung für ihre Waren benutzt hat, könnte sie die Wertschätzung der Marke „Drilling" ausgenutzt oder beeinträchtigt haben.

Die Wertschätzung einer Marke kann dadurch ausgenutzt werden, dass der Ruf einer fremden Kennzeichnung missbräuchlich und anstößig als Vorspann für das eigene Angebot eingesetzt wird. Es muss also ein sog. Imagetransfer stattfinden, bei dem das positive Image der bekannten Marke auf die eigenen Produkte übertragen werden soll[39]. Dabei ist zu untersuchen, welchen Ruf die Marke hat, ob dieser Ruf überhaupt übertragbar ist und letztlich auch, ob in unlauterer Art und Wei-

---

[36] BGH, GRUR 2004, 779, 783.
[37] Vgl. Fezer (aaO), § 14 Rn. 148, 157.
[38] An dieser Stelle wäre die Prüfung nun bereits beendet. Um allerdings die bei der Prüfung des § 14 II Nr. 3 MarkenG stets auftretenden Fragen noch behandeln zu können, soll im Folgenden – insofern in Übereinstimmung mit einigen Untergerichten in ähnlichen Fällen – unterstellt werden, es bestünde eine hinreichende Ähnlichkeit zwischen den Marken „Drilling" und „DREIBRÜDER".
[39] Berlit (aaO), Rn. 185 ff.

se gehandelt wird. Unter Ruf bzw. Wertschätzung einer Marke versteht man jede positive Assoziation, die der Verkehr mit einer Marke verbindet. Dabei können die Güte und Qualität der Produkte und ähnliche Faktoren eine Rolle spielen. Zu berücksichtigen sind in gleichem Maße und insoweit untrennbar die positiven und negativen Vorstellungen, die mit der Marke verbunden werden[40]. Die D stellt in langer Tradition Messer und ähnliche Waren her. Dafür ist sie bei den Verbrauchern bekannt und geschätzt. Sie hat mithin einen bestimmten („guten") Ruf, der in der Tradition und der Werthaltigkeit besteht. Der Ruf muss auch übertragbar sein, wobei hierfür keine eindeutige Definition besteht. Es ist auf den Inhalt und auf die jeweiligen Produkte abzustellen. Die jeweiligen Produkte müssen also miteinander verglichen werden. Allerdings sind Tradition und Werthaltigkeit allein zu allgemeine Rufinhalte, was eine Übertragung auf völlig andere Produkte unmöglich machen würde. D und B produzieren Messer und vertreiben diese. Ihre Produkte sind folglich in identischen Marktsegmenten vertreten und sprechen die gleichen Verkehrskreise an. B kann demnach grundsätzlich die Wertschätzung der Marke „Drilling" ausnutzen.

B müsste des Weiteren unlauter gehandelt haben. Bei Verwendung von identischen Zeichen wird eine Unlauterkeit regelmäßig unterstellt. Es muss dabei kein Element der Anstößigkeit, wie im Anwendungsbereich des UWG häufig gefordert, vorhanden sein[41]. Letztlich ergibt es sich aus dem Gesamteindruck, ob eine unlautere Handlung vorliegt. Wenn neben der Zeichenähnlichkeit weitere Merkmale vorliegen, die ohne nachvollziehbaren Grund mit denen der älteren Marke ähnlich bzw. identisch sind (Schriftbild, Aufmachung usw.), spricht vieles für ein unlauteres Vorgehen[42]. Da allerdings hier bereits keine besondere Ähnlichkeit zwischen den benutzten Zeichen besteht und wir über weitere Details keine Angaben haben, kann für die B keine Unlauterkeit angenommen werden. Beeinträchtigt wird die Wertschätzung einer bekannten Marke, wenn der Verletzer eine Ursache dafür setzt, dass die angesprochenen Verkehrskreise negative Vorstellungen auf die Marke des Anspruchstellers übertragen[43]. Paradebeispiel hierfür ist die Rufschädigung. Es sind keine Anhaltspunkte dafür ersichtlich, dass B durch die Nutzung ihrer Marke „DREIBRÜDER" der Marke „Drilling" ein negatives Image verschafft hätte, das zu einer Rufschädigung führt.

b) Unterscheidungskraft

B könnte jedoch durch die Benutzung der Marke „DREIBRÜDER" die Unterscheidungskraft der Marke „Drilling" ausgenutzt oder beeinträchtigt haben. Die Unterscheidungskraft einer Marke wird beeinträchtigt, wenn ihr Werbewert durch die Benutzung seitens einer anderen Marke in Mitleidenschaft gezogen und so „verwässert" wird[44]. Dazu müsste sich der Werbewert der einen Marke auf den für

---

[40] Ingerl/Rohnke (aaO), § 14 Rn. 847.
[41] Ingerl/Rohnke (aaO), § 14 Rn. 852 f.
[42] Ingerl/Rohnke (aaO), § 14 Rn. 852.
[43] Vgl. Ingerl/Rohnke (aaO), § 14 Rn. 856 ff.
[44] Ingerl/Rohnke (aaO), § 14 Rn. 866.

die andere Marke relevanten Marktbereich übertragen lassen. Es muss also eine gewisse Branchennähe bestehen. Um in einen entfernten Marktbereich ausstrahlen zu können, müsste die prioritätsältere Marke besonders bekannt sein, eine starke Verkehrsdurchsetzung oder eine starke Kennzeichnungskraft aufweisen[45]. Zudem ist erforderlich, dass sich die Zeichen in hohem Grade ähneln und mindestens nahezu identisch verwendet werden.

Da beide Markeninhaber in derselben Branche tätig sind, ist eine Beeinträchtigung der Marke „Drilling" durch die Marke „DREIBRÜDER" grundsätzlich denkbar, scheitert aber im Ergebnis an der mangelnden Ähnlichkeit. Die unlautere Ausnutzung der Unterscheidungskraft einer Marke ist eine erweiterte Form der Rufausbeutung. Sie ist immer dann anzunehmen, wenn dadurch ein Kommunikationsvorsprung gegenüber anderen Wettbewerbern erreicht wird, dass man eine Assoziation zu der bekannten Marke erweckt[46]. Um dies beurteilen zu können, ergeben sich aus dem Sachverhalt nicht genügend Hinweise zum Auftreten der B. Allein durch Verwendung der Marke „DREIBRÜDER" wird die Unterscheidungskraft der Marke „Drilling" jedenfalls nicht in unlauterer Weise ausgenutzt. Auch aus § 14 II Nr. 3 MarkenG kann D keinen Anspruch auf Unterlassung begründen.

III. § 15 IV i.V.m. § 15 II MarkenG[47]

D könnte aufgrund ihrer Rechte an der Firma „Drilling Schneidwaren GmbH" und deren Bestandteil „Drilling" einen Anspruch auf Unterlassung gegen B haben. B benutzt die Bezeichnung „Drilling" selbst nicht. Wie oben bereits festgestellt, weist allerdings die benutzte Bezeichnung „DREIBRÜDER" auch keine hinreichende Ähnlichkeit mit „Drilling" auf. Da insofern keine Verwechslungsgefahr besteht, hat D folglich keinen Anspruch auf Unterlassung aus § 15 IV MarkenG gegen B.

IV. § 15 IV i.V.m. § 15 III MarkenG

D könnte gegen B jedoch einen Unterlassungsanspruch aus § 15 IV i.V.m. § 15 III MarkenG haben. Hier kommt es nämlich nicht darauf an, dass zwischen dem benutzten Zeichen und der geschäftlichen Bezeichnung eine Verwechslungsgefahr besteht. Vielmehr muss in solchen Fällen die Gefahr bestehen, dass der Ruf einer bekannten Bezeichnung ohne rechtfertigenden Grund ausgenutzt oder beeinträchtigt wird. Allerdings muss auch hier eine gewisse Ähnlichkeit zwischen dem benutzten Zeichen und der bekannten Bezeichnung bestehen. Wie festgestellt, besteht zwischen den Bezeichnungen diese Ähnlichkeit aber gerade nicht, sodass auch dieser Anspruch ausscheidet.

---

[45] Vgl. Ingerl/Rohnke (aaO), § 14 Rn. 866 f.
[46] Vgl. Ingerl/Rohnke (aaO), § 14 Rn. 861.
[47] Siehe zur ausführlichen Prüfung Fall 13.

Damit bleibt festzuhalten, dass D von B aus markenrechtlichen Vorschriften nicht verlangen kann, es zu unterlassen, die Bezeichnung „DREIBRÜDER" im geschäftlichen Verkehr zu benutzen.

Frage 2

Die sachliche Zuständigkeit für marken- und kennzeichnungsrechtliche Streitigkeiten liegt gem. § 140 I MarkenG ausschließlich bei den Landgerichten. Hier sind dann die Kammern für Handelssachen funktionell mit den Angelegenheiten gem. § 95 I Nr. 4 c) GVG betraut. Die örtliche Zuständigkeit ergibt sich aus den §§ 12 ff., 32 ZPO und § 140 II MarkenG.

> In der aktuellen Praxis werden sich auch Fragen zum Internetauftritt eines Konkurrenten stellen, die in diesem Fall nicht behandelt worden sind. Dazu wird auf die Ausführungen in Fall 14 verwiesen. Dennoch findet sich der Vollständigkeit halber in dem unten musterhaft dargestellten Antrag auch ein Bezug zu eben dieser Nutzung von Domains.

Wenn sich der Syndikus Dr. Walt nach eingehender Prüfung der Sach- und Rechtslage dennoch entscheiden sollte, eine Unterlassungsklage gegen die Dreibrüder Schneidwaren GmbH zu erheben, würde der entsprechende Antrag in etwa wie folgt auszusehen haben:

Die Klägerin beantragt,

I. die Beklagte zu verurteilen,

1. es bei Meidung eines für jeden Fall der Zuwiderhandlung festzusetzenden Ordnungsgeldes bis zu 250.000 EURO, ersatzweise Ordnungshaft, oder Ordnungshaft bis zu sechs Monaten, zu vollstrecken an den Geschäftsführern, zu unterlassen, im geschäftlichen Verkehr mit Schneidwaren

a) die Angabe „DREIBRÜDER"/„Dreibrüder" entweder in Alleinstellung oder wie nachfolgend wiedergegeben als Bestandteil einer Firma firmenmäßig zu gebrauchen:
   Muster der benutzten Schriftzüge

b) den Domainnamen „dreibrueder.de" zu benutzen und/oder benutzen zu lassen und/oder zu veräußern oder veräußern zu lassen, zu übertragen oder übertragen zu lassen oder in sonstiger Weise darüber zu verfügen, sofern nicht die Veräußerung, Übertragung oder sonstige Verfügung an die Klägerin oder mit deren Zustimmung erfolgt;

c) die Bezeichnung „DREIBRÜDER" oder „Dreibrüder" für die mit der Markeneintragung *entsprechende Registernummer(n) der DPMA* aufgeführten Waren markenmäßig – *ggf. Musterverzeichnis hinzufügen* – zu verwenden und solchermaßen gekennzeichnete Waren anzubieten, zu bewerben und/oder in den Verkehr zu bringen und/oder anbieten, bewerben oder in den Verkehr bringen zu lassen;

2. in die Löschung der Marken

– es folgt die genaue Bezeichnung der Marke mit der entsprechenden Registernummer des DPMA

einzuwilligen;

3. den Domain-Namen „dreibrueder.de" löschen zu lassen;

4. in die Löschung des Firmenbestandteils „Dreibrüder" durch Erklärung gegenüber dem zuständigen Handelsregisters einzuwilligen;

5. der Klägerin Auskunft zu geben,

a) seit wann, in welcher Art und in welchem Umfang sie im geschäftlichen Verkehr mit Schneidwaren

- Handlungen gemäß Ziffer I.1. vorgenommen und/oder
- Marken gemäß Ziffer I.2. verwendet hat und/oder
- den Domain-Namen „dreibrueder.de" verwendet hat, und zwar auch unter Angabe des Umgangs der über die Internet-Domain erfolgten Internet-Anfragen unter Vorlage von logfiles, und

b) mit welchen Werbeaufwendungen sie die Kennzeichnung „DREIBRÜDER" oder „Dreibrüder" in Alleinstellung oder als Bestandteil einer Kombinations-Kennzeichnung für Schneidwaren verwendet oder so gekennzeichnete Produkte beworben hat, und

c) welche Umsätze sie mit Schneidwaren erzielt hat, die mit „DREIBRÜDER" oder „Dreibrüder" – gleichgültig ob in Alleinstellung oder als Teil einer Kombinations-Kennzeichnung – gekennzeichnet waren oder beworben wurden, und zwar unter Angabe der einzelnen Lieferungen unter Nennung
- der Liefermengen, Lieferzeiten, Lieferpreise sowie der Namen und Anschriften der Abnehmer,
- der Gestehungskosten unter detaillierter Angabe der einzelnen Kostenfaktoren sowie
- des erzielten Gewinns,

wobei der Beklagten nach ihrer Wahl vorbehalten bleibt, die Namen und Anschriften der Empfänger ihrer Angebote statt der Klägerin einem von dieser zu bezeichnenden, der Klägerin gegenüber zu Verschwiegenheit verpflichteten, in der Bundesrepublik Deutschland vereidigten und ansässigen Wirtschaftsprüfer mitzuteilen, sofern die Beklagte die durch dessen Einschaltung entstehenden Kosten trägt und diesen ermächtigt, der Klägerin Auskunft zu geben, ob ein bestimmtes Angebot oder ein bestimmter Empfänger eines Angebotes in den Rechnungen enthalten ist.

II. festzustellen,
dass die Beklagte verpflichtet ist, der Klägerin allen Schaden zu ersetzen, der der Klägerin durch die unter Ziffer I.1. bezeichneten Handlungen und/oder die Verwendung der in Ziffer I.2. bezeichneten Marken und/oder die Verwendung des in Ziffer I.3. bezeichneten Domain-Namens entstanden ist oder noch entstehen wird.

C. Weiterführende Hinweise: Markenrecht

Das aktuelle MarkenG ist 1994 aus dem Warenzeichengesetz von 1936 hervorgegangen, welches wiederum seine Wurzeln in Vorschriften aus dem 19. Jahrhundert hatte. Aufgrund der notwendigen Angleichungen und Vereinheitlichungen der Rechtsvorschriften im europäischen Wirtschaftsraum hat der Bundesgesetzgeber eine in nationales Recht umzusetzende Markenrechtsrichtlinie[48] zum Anlass genommen, das bis dahin uneinheitliche Kennzeichnungsrecht in einem Gesetz zusammen zu fassen. Der Schutz des MarkenG erstreckt sich nun auf eingetragene und nicht eingetragene Marken, geschäftliche Bezeichnungen und geographische Herkunftsangaben. Es umfasst also das gesamte Kennzeichenrecht. Im Zuge der Europäisierung und Globalisierung sind aber auch die internationalen Bezüge im Kennzeichenrecht immer wichtiger geworden. Es ist daher jedem Markenrechtsinhaber dringend anzuraten, für seine in Deutschland eingetragene Marke auch Schutzmaßnahmen über das Inland hinaus zu treffen.

Durch das Madrider Markenabkommen[49] ist es möglich, eine international registrierte Marke anzumelden und so in den Mitgliedsländern des Abkommens den gleichen Schutz wie in seinem Heimatland zu genießen. Der genaue Ablauf des Verfahrens und die Auswirkungen einer Eintragung ist in den §§ 107-125h MarkenG normiert. In Ergänzung hierzu bestehen in der Europäischen Union seit Inkrafttreten der Verordnung Nr. 40/94 des Rates vom 20.12.1993 (Gemeinschaftsmarkenverordnung – GMV) die Voraussetzungen für ein einheitliches Markenrecht[50]. Nach Anmeldung und Eintragung einer Gemeinschaftsmarke beim zuständigen Harmonisierungsamt für den Binnenmarkt in Alicante entsteht für den Inhaber ein europaweiter Schutz seiner Marke. In den Einzelheiten ist die GMV dabei

---
[48] Erste Richtlinie des Rates der EG 89/104 zur Angleichung der Rechtsvorschriften der Mitgliedstaaten über die Marken vom 21.12.1988.
[49] Vgl. hierzu auch: Ensthaler (aaO), G 7.
[50] Vgl. hierzu auch: Ensthaler (aaO), G 8.

weitgehend mit den Regelungen des MarkenG vergleichbar. Berücksichtigung im nationalen Markenrecht hat die GMV in den §§ 125a ff. MarkenG gefunden[51].

---

[51] Ein praxisorientierter Überblick (auch) zu markenrechtlichen Streitigkeiten findet sich bei: Hasselblatt (Hrsg.), Münchener Anwaltshandbuch zum Gewerblichen Rechtsschutz, 2. Auflage, München 2005. Wer einen Einstieg in das Markenrecht aus unternehmerischer Sicht sucht, wird fündig bei: Nave, Markenrecht in der Unternehmenspraxis, Wiesbaden 2004.

Fall 13
Drilling gegen Drilling[1]

Firmenschutz nach dem Markengesetz, BGB und HGB, geschäftliche Bezeichnung, Verwechslungsgefahr

A. Sachverhalt

Die Geschwister Berta, Clemens und August Drilling hatten einst die Drilling Schneidwaren GmbH von ihrem Vater zu gleichen Teilen geerbt und gemeinsam die Geschäftsführung inne.

Das 1885 vom Urgroßvater der Geschwister gegründete Unternehmen „Drilling Schneidwaren" sollte in Familienhand bleiben und in Harmonie weitergeführt werden. Seit der Neuordnung des Handelsregisters im Jahr 1937 ist das Unternehmen unter der Bezeichnung „Drilling Schneidwaren GmbH" (D) bei dem zuständigen Amtsgericht Solingen nach entsprechenden Antrag des Vaters von Berta, Clemens und August Drilling eingetragen. Aufgrund diverser Streitigkeiten haben Clemens und August ihrer Schwester im Jahr 1999 eine angemessene Abfindungssumme für ihren Gesellschafteranteil gezahlt. Fortan waren nur noch die Brüder Gesellschafter und Geschäftsführer der D.

Anfang 2004 entschloss Berta Drilling sich allerdings zusammen mit ihrem aus der Schweiz stammenden Ehemann Hubert Meyer-Drilling, unter der Firmierung „Drilling Taschenmesserwerke KG" (M) in Solingen mit der Herstellung und dem Vertrieb von Taschenmessern zu beginnen. Unter dieser Bezeichnung wurde das Unternehmen im März 2004 auch in das Handelsregister des Amtsgerichts Solingen eingetragen. D stellt keine Taschenmesser her. Dennoch ist es nun wieder die Aufgabe von Syndikus Walt, gegen die „schamlosen" Trittbrettfahrer vorzugehen.

1. Kann D von M verlangen, nicht mehr unter der Bezeichnung „Drilling" aufzutreten?

2. Was ist eigentlich ein „Syndikus"?

---

[1] In Anlehnung an: BGH, GRUR 2004, 779 ff.; GRUR 2002, 898 ff.; GRUR 2001, 1161 ff.

B. Lösung

Frage 1

I. Unterlassungsanspruch aus § 15 IV i.V.m. § 15 II MarkenG

D könnte aus § 15 IV i.V.m. § 15 II MarkenG einen Anspruch darauf haben, dass M es unterlässt, die Bezeichnung „Drilling" im geschäftlichen Verkehr zu verwenden.

1. Aktivlegitimation

Ein solcher Unterlassungsanspruch setzt zunächst voraus, dass D Inhaber einer wirksam entstandenen geschäftlichen Bezeichnung ist. Diese müsste dann zudem gegenüber der geschäftlichen Bezeichnung der M prioritätsälter sein.

a) Geschäftliche Bezeichnung und ihre Schutzfähigkeit

Bei der Bezeichnung „Drilling" müsste es sich zunächst um eine geschäftliche Bezeichnung handeln, die nach markenrechtlichen Grundsätzen schutzfähig ist. Die Bezeichnung „Drilling Schneidwaren GmbH" hat bereits der Vater der Drilling-Geschwister als Firma in das Handelsregister eintragen lassen. Hier geht es jedoch lediglich um einen Teil des Firmennamens, nämlich um die Bezeichnung „Drilling". Firmenbestandteile als solche genießen nur dann kennzeichenrechtlichen Schutz, wenn sie prägendes Element der Gesamtfirma sind oder als Schlagwort anerkannt werden können[2]. Dafür genügt es, dass der Bestandteil der Gesamtfirma hinreichende Unterscheidungskraft aufweist und seiner Art nach geeignet erscheint, sich im Verkehr als schlagwortartiger Hinweis auf das Unternehmen durchzusetzen[3] [4]. Unterscheidungskraft besitzt eine Bezeichnung, wenn sie geeignet ist, den Verkehr die Kennzeichnung als einen Hinweis auf ein bestimmtes Unternehmen verstehen zu lassen[5].

> Die Anforderungen sind nicht besonders streng. Alles, was nicht lediglich den unternehmerischen Sinngehalt beschreibt, reicht aus. Allerdings ist auch hier auf den Einzelfall abzustellen, da sich branchenabhängige Unterschiede ergeben können. Was in dem einen Bereich ausschließlich be-

---

[2] Ströbele/Hacker, Kommentar zum Markengesetz, 7. Auflage, Köln 2003, § 5 Rn. 29 ff.
[3] Siehe hierzu Nachweise bei: Ströbele/Hacker (aaO), § 5 Rn. 35.
[4] Handelt es sich nicht um Firmenschlagworte, leitet sich der Schutz folglich auch nicht aus der Gesamtfirma ab. Hier kann aber ein Schutz als besondere Geschäftsbezeichnung in Betracht kommen, wobei es dann auf eine Benutzung in Alleinstellung und den Erwerb von Verkehrsgeltung ankommt.
[5] Ströbele/Hacker (aaO), § 5 Rn. 49.

> schreibend ist, kann in einem anderen Bereich bereits unterscheidungskräftig sein[6].

Aufgrund der Tatsache, dass es sich bei dem Schlagwort um den Namen einer natürlichen Person handelt, bestehen bezüglich der Unterscheidungsfähigkeit keine Bedenken. Da die geschäftliche Bezeichnung auch bereits seit Gründung des Unternehmens im geschäftlichen Verkehr benutzt wird, ist der Schutz auch entstanden[7] [8].

b) Priorität

Zu untersuchen ist nun, ob D gegenüber M an der Bezeichnung „Drilling" das prioritätsältere Recht innehat.

Gemäß § 6 III MarkenG richtet sich die Priorität an einer geschäftlichen Bezeichnung nach dem Zeitpunkt, zu dem das Recht erworben wurde. Hierbei ist allerdings nicht nur auf das Datum der Eintragung in das Handelsregister abzustellen. Es kann vielmehr auch allein durch die tatsächliche Benutzung eines Kennzeichens ein Recht an diesem entstehen[9]. D firmiert seit 1885 unter der Bezeichnung „Drilling Schneidwaren" und produziert und vertreibt Messer und andere Schneidwaren. Seit 1937 ist das Unternehmen unter der Firma „Drilling Schneidwaren GmbH" in das Handelsregister eingetragen. Da sowohl die Aufnahme der Geschäftstätigkeit als auch die Eintragung seitens der M erst 2004 erfolgten, liegt die Priorität eindeutig bei D.

> Aufgrund internationaler Vereinbarungen (z.B. TRIPS[10]), ausländischer Registrierungen, der Teilnahme an Ausstellungen u.ä. (§§ 33 ff. MarkenG) kann es zu Abweichungen vom Grundsatz der Priorität kommen. Im Einzelfall sind diese Aspekte also stets zu berücksichtigen und ggf. genau zu untersuchen[11].

c) Befugnis

§ 15 II MarkenG setzt als weiteres ungeschriebenes Tatbestandsmerkmal voraus, dass die geschäftliche Bezeichnung in befugter Art und Weise gebraucht wird. Dabei ist zu untersuchen, ob die Eintragung der Firma „Drilling Schneidwaren

---

[6] Zu den Firmengrundsätzen: Ensthaler, Gewerblicher Rechtsschutz und Urheberrecht, 2. Auflage, Berlin/Heidelberg 2003, F 2. ff.
[7] Fezer, Kommentar zum Markengesetz, 3. Auflage, München 2001, § 5 Rn. 3.
[8] Obwohl es in unserem Fall nur um den Schutz des Schlagwortes „Drilling" geht, kann sich dessen Schutzfähigkeit doch nur aus der Gesamtfirma ableiten lassen. Daher ist weitergehend zu prüfen, ob die allgemeinen Firmenschutzvoraussetzungen erfüllt sind.
[9] Vgl. hierzu: Fezer (aaO), § 6 Rn. 6 u. Rn. 8 ff.
[10] Übereinkommen über handelsbezogene Aspekte der Rechte des geistigen Eigentums (TRIPS) vom 15. April 1994, BGBl. II, S. 1730.
[11] Vgl. hierzu ausführlich: Fezer (aaO), § 6 Rn. 14 ff.

GmbH" im Sinne des § 17 I HGB registerrechtlich zulässig ist[12]. Nach § 18 I HGB muss eine Firma zur Kennzeichnung eines Kaufmannes geeignet sein und Unterscheidungskraft besitzen. Da keine Anzeichen dafür erkennbar sind, dass die Firma geeignet wäre, die angesprochenen Verkehrskreise im Sinne des § 18 II 1 HGB irrezuführen, gebraucht D die geschäftliche Bezeichnung befugtermaßen. D ist somit zur Geltendmachung von Unterlassungsansprüchen nach § 15 MarkenG aktivlegitimiert.

2. Anwendungsbereich

Nun müsste auch M die Bezeichnung „Drilling Taschenmesserwerke KG" im geschäftlichen Verkehr benutzt haben. Der Begriff wird weit ausgelegt und umfasst jede wirtschaftliche Betätigung, mit der in Wahrnehmung oder Förderung eigener oder fremder Geschäftsinteressen am Erwerbsleben teilgenommen wird. Dabei sind weder Gewinnerzielungsabsicht noch das Bestehen eines Wettbewerbsverhältnisses erforderlich. Zudem wird ein Handeln im geschäftlichen Verkehr bei Gewerbetreibenden stets vermutet[13]. Indem M unter dieser Bezeichnung im Geschäftsverkehr aufgetreten ist, setzte sie sie zu Erwerbszwecken ein und benutzte die Bezeichnung daher im geschäftlichen Verkehr[14].

Streitig ist indes die Frage, inwieweit der jeweilige Anspruchsgegner – also hier M – die Bezeichnung auch namens- oder firmenmäßig gebraucht haben muss. Einerseits wird verlangt, dass ein fremder Firmenname als Firma, deren Teil oder als Zusatz verwendet wird[15]. Andererseits soll es bereits ausreichen, wenn der Verletzer die geschäftliche Bezeichnung im geschäftlichen Verkehr in *irgendeiner* Art und Weise benutzt[16]. M verwendet die Bezeichnung „Drilling" hier nicht lediglich im geschäftlichen Verkehr sondern auch als Bestandteil ihrer Firma. Es kommt in unserem Fall folglich auf eine Streitentscheidung nicht an.

3. Kollisionstatbestand

Nun muss zwischen den geschäftlichen Bezeichnungen der D und der M eine Verwechslungsgefahr im Sinne des § 15 II MarkenG bestehen. Die Verwechslungsgefahr wird bestimmt durch die Ähnlichkeit der verwendeten geschäftlichen Bezeichnungen *und* der Branchennähe beider Unternehmen. Dabei kann besonders kennzeichnungskräftigen Unternehmensbezeichnungen ein größerer Schutz gegen Verwechslungsgefahren zukommen[17].

> Hierbei genügt es, wenn die benutzte Bezeichnung *geeignet* ist, eine solche Verwechslungsgefahr hervorzurufen. Ob es tatsächlich zu Verwechslungen

---

[12] Vgl. Ströbele/Hacker (aaO), § 5 Rn. 66 ff.
[13] Statt vieler Ströbele/Hacker (aaO), § 14 Rn. 29.
[14] Zum Merkmal „geschäftlicher Verkehr": Siehe auch Fall 12, I. 2. a).
[15] Ströbele/Hacker (aaO), § 15 Rn. 26 f.
[16] Fezer (aaO), § 15 Rn. 20.
[17] Vgl. Ströbele/Hacker (aaO), § 15 Rn. 44.

> kommt, ist unerheblich. Allerdings muss diese *Gefahr* selbst bei der Verwendung *identischer* Zeichen tatsächlich bestehen.

Fraglich ist in unserem Fall, ob die beiden Firmen tatsächlich hinreichend ähnlich sind und deswegen eine Verwechslungsgefahr besteht. Klanglich und schriftbildlich weichen sie zunächst voneinander ab. D verwendet die Firma „Drilling Schneidwaren GmbH". M hat sich die Firma „Drilling Taschenmesserwerke KG" eintragen lassen. Identisch ist hier lediglich der Firmenkern, der den (Familien-) Namen „Drilling" beinhaltet. Die Zusätze „Schneidwaren GmbH" und „Taschenmesserwerke KG" unterscheiden sich hingegen sowohl im Schriftbild als auch im Klang. Für einen Teil der Firmenbezeichnung kann jedoch ein selbständiger Schutz bestehen, sofern er unterscheidungskräftig ist und im Vergleich zu den übrigen Firmenbestandteilen als geeignet erscheint, sich als schlagwortartiger Hinweis auf das Unternehmen durchzusetzen[18]. Bei der Bezeichnung „Drilling" handelt es sich sowohl für die D als auch für M um ein solches Firmenschlagwort, sodass bei der Prüfung einer Verwechslungsgefahr in erster Linie hierauf abzustellen ist. Hier besteht nun nicht nur eine Ähnlichkeit. Es liegt vielmehr eine Identität vor. Hier könnte es sich somit um eine Verwechslungsgefahr im engeren Sinne handeln. Diese liegt vor, wenn der Verkehr die konkurrierenden Bezeichnungen demselben Unternehmen zurechnet[19].

> Die Verwechslungsgefahr im engeren Sinne kann sogar noch weiter in eine mittelbare und unmittelbare Verwechslungsgefahr unterteilt werden. Wenn die beteiligten Verkehrskreise die Bezeichnungen beide ein und demselben Unternehmen zuordnen, liegt eine unmittelbare Verwechslungsgefahr vor[20]. Wenn hingegen Unterschiede erkannt werden, aber aufgrund der vorhandenen Übereinstimmungen von nur einem Unternehmen ausgegangen wird, handelt es sich um eine mittelbare Verwechslungsgefahr[21].

Nun müssten allerdings auch die Tätigkeitsbereiche von D und M branchennah sein. Branchennähe besteht dann, wenn zwischen den verschiedenen Tätigkeitsbereichen der beteiligten Unternehmen Berührungspunkte vorhanden sind[22]. Da sowohl D als auch M Messer im weiteren Sinne herstellen und vertreiben, sind ihre Tätigkeitsbereiche zumindest teilweise identisch. Über die Ansichten der beteiligten Verkehrskreise haben wir keine Informationen. Wer sich allerdings mit dem Kauf von Messern beschäftigt, stößt aufgrund der langen Tradition und der Präsenz im Fachhandel nahezu zwangsläufig auf Produkte der D und damit auf das Zeichen „Drilling". Tritt nun ein neues Unternehmen unter der (Teil-)Bezeichnung „Drilling" auf den Markt und vertreibt in Form von Taschenmessern eine besondere Form von Messern, liegt die Vermutung nahe, dass man die Unternehmen für identisch hält. Es besteht demnach eine Verwechslungsgefahr.

---

[18] Siehe Ausführungen zu I. 1. a).
[19] Ströbele/Hacker (aaO), § 15 Rn. 47.
[20] BGH, GRUR 1957, 281, 283.
[21] BGH, GRUR 1992, 329, 332; GRUR 1989, 856, 857.
[22] Vgl. hierzu Ströbele/Hacker (aaO), § 15 Rn.. 71.

> Selbst wenn aufgrund der Bezeichnung oder wegen fehlender Branchennähe keine Verwirrung bezüglich der Unternehmensidentität aufkommt, könnte zumindest noch eine Verwechslungsgefahr im weiteren Sinne gegeben sein. Eine solche ist immer dann anzunehmen, wenn die Gefahr besteht, dass es irrtümlich zur Annahme von vertraglichen, organisatorischen oder sonstigen wirtschaftlichen Beziehungen zwischen den beteiligten Unternehmen kommt[23].

4. Unbefugte Benutzung

M müsste die Bezeichnung nun auch unbefugt benutzt haben. Aufgrund der Tatsache, dass es sich bei August, Berta und Clemens um Geschwister und somit bei Drilling um den (Mädchen-)Namen von Berta handelt, ist fraglich, ob eine unbefugte Benutzung überhaupt vorliegen kann.

a) Gleichnamigkeit

Nach den Grundsätzen der Gleichnamigkeit darf der prioritätsältere Inhaber einer geschäftlichen Bezeichnung in Ausnahme vom Prioritätsgrundsatz dem Prioritätsjüngeren nicht den Gebrauch und die Führung des in lauterer Weise erworbenen Namens untersagen. Voraussetzung für die Berufung auf das Gleichnamigenrecht ist allerdings, dass eine redliche Namensführung vorliegt[24]. Berta hat den Namen Drilling durch Geburt und somit in lauterer Weise erworben.

> Hier kann sich in der Praxis das Problem der sog. Strohmanngründung stellen. Von einer solchen spricht man, wenn ein Gesellschafter nur aufgrund seines Namens aufgenommen wird, um aufgrund dessen Ähnlichkeit mit einem prioritätsälteren Kennzeichen den Ruf dieses Kennzeichens auszunutzen[25]. Auch wenn ein Gesellschafter nur sehr kurz im Unternehmen ist, dort keine Aufgaben wahrnimmt, vorher branchenfremd tätig war oder unter vielen anderen Möglichkeiten gerade *sein* verwechslungsfähiger Name benutzt wird, spricht vieles für eine Strohmanngründung[26].

Die Tatsache, dass Berta ihren Namen auch nach der Eheschließung mit Hubert Meyer behalten hat und Drilling nun als Familienname geführt wird, ändert an der Lauterkeit der Namensführung nichts. Dass Hubert zuvor bereits Taschenmesser unter anderer Firmierung hergestellt hätte und die Änderung des Ehenamens nur deshalb vorgenommen wurde, um den Ruf der Bezeichnung „Drilling" zu nutzen, ist aus dem Sachverhalt ebenfalls nicht ersichtlich.

---

[23] BGH, GRUR 2002, 898, 900; GRUR 2001, 344, 345; GRUR 1995, 754, 756; GRUR 1992, 329, 332; GRUR 1991, 863, 864; GRUR 1988, 635, 636; GRUR 1986, 253, 255.
[24] Ströbele/Hacker (aaO), § 15 Rn. 96.
[25] Vgl. BGH, GRUR 1966, 623, 625; OLG Frankfurt, WRP 1992, 718, 720.
[26] Vgl. Ströbele/Hacker (aaO), § 15 Rn. 96 f.

b) Kollision

Die Grundsätze der Gleichnamigkeit greifen nur ein, wenn Namensbezeichnungen kollidieren. Bei der Kollision einer Marke mit einer Firma wäre eine Ausnahme vom Prioritätsgrundsatz hingegen nicht angezeigt[27]. Da es sich hier um zwei Firmen mit einem Namen als identischem Bestandteil handelt, liegt eine Kollision vor.

c) Pflichtgemäße Benutzung

Eine Verwechslungsgefahr muss nur hingenommen werden, wenn beide Parteien pflichtgemäß handeln. Hier besteht zum einen die Pflicht, die Bezeichnungen wechselseitig zu dulden. Zum anderen aber hat der Prioritätsjüngere u. U. die Pflicht zur Aufnahme klarstellender Zusätze[28]. Solch eine Pflicht besteht insbesondere dann, wenn die Unterscheidungskraft oder Wertschätzung der prioritätsälteren Bezeichnung ausgenutzt werden sollen. Ob M tatsächlich Unterscheidungskraft oder Wertschätzung der Bezeichnung „Drilling" ausnutzen will, lässt sich nur schwer beurteilen. Es sind keine Hinweise dahingehend vorhanden, dass M bei ihrer Firma die gleiche Art der Gestaltung – sei es in Form, Farbe oder Schriftbild – gewählt hätte. Im Ergebnis kann eine sittenwidrige Verwendung der Bezeichnung „Drilling" durch die M nicht angenommen werden.

Es stellt sich dabei nun zudem die Frage, ob die Vorschriften des § 23 MarkenG auf den vorliegenden Fall anwendbar sind und welche Folgen sich daraus ergeben können. Nach dem Wortlaut des § 23 Nr. 1 MarkenG darf der Inhaber einer Marke oder einer geschäftlichen Bezeichnung einem Dritten nur dann untersagen, dessen Namen oder Anschrift im geschäftlichen Verkehr zu benutzen, wenn diese Benutzung gegen die guten Sitten verstößt. Genau betrachtet handelt es sich nun bei der von M benutzten Bezeichnung „Drilling Taschenmesserwerke KG" um eine Firma und nicht um einen Namen im eigentlichen Sinne. Durch die Einbeziehung des Namens „Drilling" in die Firma wird der Name allerdings im geschäftlichen Verkehr benutzt. Somit kann § 23 MarkenG grundsätzlich zur Anwendung gelangen[29]. Danach könnte D der M nicht untersagen, den Namen „Drilling" zu benutzen.

5. Interessensabwägung

Nun stehen sich die Interessen der D als traditionsreichem Unternehmen der Schneidwarenindustrie mit großer Bekanntheit und das der M auf Nutzung des Namens der Gesellschafterin in der Firma gegenüber und müssen unter Berücksichtigung der oben herausgearbeiteten Ergebnisse gegeneinander abgewogen werden. Grundsätzlich kann es Berta Drilling nicht verwehrt werden, unter ihrem

---

[27] Vgl. hierzu Ströbele/Hacker (aaO), § 15 Rn. 91 f.
[28] Ströbele/Hacker (aaO), § 15 Rn. 102.
[29] Sehr ausführlich zu dieser Problematik: Wolf, Die Schutzschranke des § 23 MarkenG, Köln 2003, Rn. 543 ff.

Namen geschäftlich tätig zu werden. Dies ergibt sich bereits aus § 23 Nr. 1 MarkenG. Allerdings hat sie sich bei Art ihres Tätigwerdens für ein Gebiet entschieden, auf dem das von ihren Brüdern geführte Unternehmen seit mehr als 100 Jahren erfolgreich tätig ist und eine große Bekanntheit genießt. Durch die Bezeichnung „Taschenmesserwerke" wird deutlich, dass M sich in ihrer unternehmerischen Tätigkeit nur mit einem speziellen Teilbereich der Schneidwarenproduktion beschäftigt. Regelmäßig wird beim Publikum auch eher die Marke als das hinter der Marke stehende Unternehmen wahrgenommen. In vielen Fällen sind Marke und Unternehmensbezeichnung zwar ähnlich bzw. identisch, was eine Unterscheidung seitens des Publikums erschwert; ob dies auch für den Fall der M gilt, ist jedoch nicht bekannt. Insgesamt kann daher festgestellt werden, dass sich D und M trotz vorhandener Branchennähe aufgrund der von M benutzten Bezeichnung „Taschenmesserwerke" im Vergleich zu der durch D benutzten Bezeichnung „Schneidwaren" hinreichend unterscheiden. D kann von M nach § 15 IV i.V.m. § 15 II MarkenG nicht verlangen, im geschäftlichen Verkehr nicht mehr unter „Drilling Taschenmesserwerke KG" aufzutreten.

> Hier wäre mit den entsprechenden Argumenten auch das gegenteilige Ergebnis gut vertretbar. Seit der Reform des Handelsgesetzbuches im Jahre 1998 ist es z. B. für Personengesellschaften nicht mehr notwendig, den eigenen Namen zu verwenden. Insoweit ergäben sich hier vielfältige Möglichkeiten zur kollisionsfreien Firmierung. Es würde sich u. U. auch eine andere Bewertung ergeben, wenn D selbst Taschenmesser herstellen und vertreiben würde.

II. Unterlassungsanspruch aus § 15 IV i.V.m. § 15 III MarkenG

Im Gegensatz zu § 14 II Nr. 3 MarkenG ist der Anwendungsbereich des § 15 III MarkenG auf die Fälle beschränkt, in denen *keine* Verwechslungsgefahr i.S.d. § 15 II MarkenG besteht[30]. Insofern ist der Wortlaut eindeutig und für eine ergänzende Auslegung bzw. Ausdehnung der Vorschrift kein Raum. Folglich kann sich D nicht auf § 15 III MarkenG berufen.

III. Unterlassungsanspruch aus § 37 II S. 1 HGB

Möglicherweise könnte D von M nach § 37 II S. 1 HGB verlangen, dass diese es unterlässt, die Bezeichnung „Drilling Taschenmesserwerke KG" zu benutzen. Generell ist § 37 HGB auch neben den Vorschriften des MarkenG anwendbar[31]. Dazu müsste es sich bei dieser Firmierung allerdings um einen unzulässigen Firmengebrauch handeln. Die Unzulässigkeit bestimmt sich dabei nach §§ 17 ff. HGB. Da weder ein Mangel an Unterscheidungs- und Kennzeichnungskraft noch das

---

[30] Vgl. zur Problematik Fall 12, Frage 1, II. 3.
[31] Baumbach/Hopt, Kommentar zum Handelsgesetzbuch, 31. Auflage, München 2003, § 37 Rn. 10.

Fehlen sonstiger Voraussetzungen ersichtlich ist, kann D die M nicht nach § 37 II HGB in Anspruch nehmen.

IV. Unterlassungsanspruch aus § 12 BGB

Wenn die Wahl der Firma durch M eine Verletzungshandlung im Sinne des § 12 BGB darstellt, könnte D verlangen, dass M die Verwendung der Bezeichnung in Zukunft zu unterlassen hat. Auch unter Berücksichtigung von § 2 MarkenG, wonach die Anwendung anderer Vorschriften zum Schutz von Kennzeichen nicht ausgeschlossen ist, kann § 12 BGB allerdings nur insoweit eigenständige Bedeutung erlangen, wie es um Verletzungen außerhalb des geschäftlichen Verkehrs geht[32]. Grundsätzlich besteht nämlich eine Anspruchskonkurrenz zwischen §§ 5, 15 MarkenG und § 12 BGB, wobei dieser hinter die spezielleren kennzeichnungsrechtlichen Regelungen zurücktritt[33]. D kann sich folglich, da es hier ausschließlich um die geschäftliche Tätigkeit der M geht, nicht mit Erfolg auf § 12 BGB berufen[34].

V. Unterlassungsanspruch aus § 823 I BGB

Durch § 823 I BGB kann man sich prinzipiell auch gegen Eingriffe in das Recht am Unternehmen zur Wehr setzen. Im Zusammenhang mit dem Namensschutz sind aber sowohl § 12 BGB als auch § 15 MarkenG die spezielleren Schutznormen, sodass die Anwendung von § 823 BGB ausscheidet.

Frage 2[35]

Immer wieder begegnet einem in Theorie und Praxis der Begriff des „Syndikus" bzw. des „Syndikusanwaltes". Bei Fragen nach der genauen Bedeutung dieser Begriffe ist jedoch häufig eine gewisse Ratlosigkeit festzustellen. Am häufigsten kommt als Erklärung, es handele sich um einen Anwalt, der in einem Unternehmen arbeite. Dies ist im Grunde richtig, allerdings eine nur unvollständige Beschreibung eines gerade in der Anwaltschaft viel diskutierten Phänomens.

Will man nach erfolgreicher Absolvierung der Zweiten Staatsprüfung seine berufliche Tätigkeit als Rechtsanwalt aufnehmen, muss man zunächst die Zulassung zur Anwaltschaft bei der örtlich zuständigen Rechtsanwaltskammer beantragen. Die rechtlichen Grundlagen dazu finden sich in den §§ 6-17 ff. Bundesrechtsan-

---

[32] BGH, GRUR 2002, 622, 624; GRUR 2002, 706, 709.
[33] Vgl. Ströbele/Hacker (aaO), § 15 Rn. 10.
[34] Inwieweit in diesem Punkt die insofern abweichende Forderung von Fezer nach einer parallelen Anwendung des § 12 BGB auch in den Fällen des Handelns im geschäftlichen Verkehr noch Geltung beanspruchen kann, ist aufgrund der neueren Rechtsprechung zumindest fraglich.
[35] Vgl. zu der Frage auch: Hartung, in: Beck'sches Rechtsanwaltshandbuch, 8. Auflage, München 2004.

waltsordnung (BRAO). Wenn alle Zulassungsvoraussetzungen erfüllt sind, besteht ein Rechtsanspruch auf Zulassung und man ist Organ der Rechtspflege in einem freien Beruf. Wer sich nun in einem ständigen Dienst- oder Beschäftigungsverhältnis befindet und seine Arbeitskraft und Zeit ausschließlich seinem *Arbeitgeber* als angestellter Rechtsanwalt zur Verfügung stellen will, befindet sich in einem Abhängigkeitsverhältnis und übt an sich keinen freien Beruf mehr aus. In diesen Fällen kann bei der zuständigen Rechtsanwaltskammer die Zulassung als Syndikusanwalt beantragt werden nach § 46 BRAO.

Nach § 7 Nr. 8 BRAO darf ein potentieller Rechtsanwalt jedoch keine Tätigkeit ausüben, die mit seiner Stellung als unabhängigem Organ der Rechtspflege nicht vereinbar ist oder das Vertrauen in seine Unabhängigkeit gefährden kann. Das Spannungsverhältnis zwischen freiem Beruf und abhängiger Beschäftigung bietet unter Berücksichtigung der Zulassungsvoraussetzungen des § 7 BRAO seit jeher Stoff für Auseinandersetzungen in Literatur und Rechtsprechung. Der BGH wendet bis heute die sog. Doppelberufstheorie an und verlangt von dem Antragsteller die Darlegung, eben nicht nur für seinen Arbeitgeber, sondern auch als freier Rechtsanwalt arbeiten zu wollen und zu *können*. Dies muss der Arbeitgeber dem Antragsteller *unwiderruflich* schriftlich genehmigen. In der Literatur hingegen herrscht die Ansicht, dass der Syndikusanwalt gerade *keinen* Zweitberuf ausübe, sondern in seiner Person eine einheitliche rechtsberatende Tätigkeit vereine.

Entscheidende Bedeutung hat die Zweitberufsentscheidung des Bundesverfassungsgerichts[36] und die darin vorgenommene Untersuchung der Vereinbarkeit restriktiver Zulassungsvoraussetzungen mit dem Prinzip der freien Berufswahl aus Art. 12 GG erlangt. Dadurch sind u.a. das zuvor als notwendig erachtete Kriterium der „herausgehobenen Position" oder die Unvereinbarkeit mit einer kaufmännisch-gewerblichen Tätigkeit weggefallen. Gesetzlich verboten ist es einem Syndikus nach § 46 BRAO allerdings, seinen Arbeitgeber vor Gerichten und Schiedsgerichten zu vertreten. Dies gilt auch für eine Tätigkeit als freier Rechtsanwalt, da man in der gleichen Sache nach § 46 II BRAO weder gleichzeitig noch nacheinander als Syndikus und freier Rechtsanwalt tätig werden darf. Ob sich diese Vorschrift jedoch tatsächlich auch in absehbarer Zukunft noch streng nach ihrem Wortlaut anwenden lassen wird, scheint zumindest zweifelhaft. Anerkannt ist mittlerweile bereits, dass ein Syndikus Fachanwalt werden kann und hierzu sowohl Fälle aus der freien als auch aus der angestellten Tätigkeit zu berücksichtigen sind. Letztlich ist noch vieles offen und bei der stetig andauernden Veränderung des Marktes „Rechtsberatung" werden noch diverse Änderungen und Anpassungen notwendig sein. Eine Patentantwort auf alle Fragen kann und wird es nicht geben, vielmehr sind dezidierte Einzelfallentscheidungen unumgänglich.

---

[36] BVerfGE 87, 287 ff.

C. Weiterführende Hinweise: Markenrecht

Wenn tatsächlich ein Unterlassungsanspruch besteht, kann von dem Beklagten verlangt werden, gegenüber dem zuständigen Registergericht die Einwilligung zur Löschung des betreffenden Firmenbestandteiles aus dem Handelsregister zu erteilen. Dieser Störerbeseitigungsanspruch folgt aus § 1004 I BGB. Ein Anspruch auf Schadensersatz kann sich aus § 15 V MarkenG ergeben, sofern die Verletzungshandlung vorsätzlich oder fahrlässig begangen worden ist. Hier gilt ein hoher Sorgfaltspflichtmaßstab. Bei der Bemessung des Schadensersatzes kommt die sog. dreifache Schadensberechnung zur Anwendung.[37]

Neben den geschäftlichen Bezeichnungen sind schließlich auch Werktitel vom Schutzumfang des MarkenG umfasst. Als Unterfall der Unternehmenskennzeichen sind die Rechtsgrundlagen in §§ 5 III, 6, 15 MarkenG normiert. Werktitel sind inhaltsbezogen und sollen geistige Werke, die immaterielle Leistungen verkörpern, voneinander unterscheidbar machen[38]. Der Schutz entsteht erst durch die Ingebrauchnahme des Werktitels im geschäftlichen Verkehr, wobei mittels entsprechender Titelschutzanzeige eine Priorität begründet werden kann. Diese bewirkt jedoch an sich noch keinen Schutz. Um überhaupt schutzfähig sein zu können, muss ein Titel lediglich ein Mindestmaß an Individualität aufweisen und nicht ausschließlich inhaltsbeschreibend sein. Die Ansprüche an die notwendige Unterscheidungskraft sind somit sehr gering. Zudem muss dann noch eine Verwechslungsgefahr bestehen, wobei auf die allgemeinen Voraussetzungen des § 15 MarkenG zurückgegriffen werden kann[39].

---

[37] Vgl. hierzu ausführlich Fall 1 und Fall 14.
[38] BGH, GRUR 2000, 504, 505; GRUR 1998, 155, 156; Nordemann, Wettbewerbsrecht, Markenrecht, 10. Auflage, Baden-Baden 2003, Rn. 2691.
[39] Vgl. auch: Nordemann (aaO), Rn. 2691 ff.; Ströbele/Hacker (aaO), § 15 Rn. 116 ff.

Fall 14
Drillinge im Internet[1]

Schutz von Domains, Internetbesonderheiten, Unterlassungs-, Schadensersatz- und Auskunftsanspruch, Namensschutz

A. Sachverhalt

Die Drilling-Geschwister sind noch immer zerstritten. Berta Drilling (B) hat jedoch die Zeichen der Zeit erkannt und sich beim Deutschen Network Information Center (DENIC e.G.) den Domainnamen „www.drilling.de" gesichert. Damit will sie eine ausschließlich mit privaten Inhalten versehene Homepage für ihren Familienzweig in das Internet einstellen. Sie gestaltet nach gründlichem Studium der entsprechenden Fachliteratur eine Homepage in den Farben rot und schwarz. Diese Farben benutzt allerdings auch die Drilling GmbH der beiden Brüder von B als Grundfarben für ihre Produktverpackung und Werbeauftritte. Das will die Drilling GmbH (D) nicht tatenlos hinnehmen. Wieder ist der juristische Sachverstand von Dr. Walt gefragt.

1. Welche Rechtsschutzmöglichkeiten hat D?

2. Wie wäre der Fall zu beurteilen, wenn B die Domain zum Vertrieb ihrer Waren benutzen würde?

---

[1] In Anlehnung an: BGH, GRUR 2002, 622 ff.; GRUR 2002, 706 ff.

B. Lösung

Frage 1

I. Unterlassungsanspruch aus § 14 V MarkenG

D könnte gegen die B einen Unterlassungsanspruch wegen der unerlaubten Nutzung ihrer Marke „Drilling" haben. Voraussetzung für die Durchsetzbarkeit eines Anspruches nach § 14 V MarkenG ist allerdings, dass die Marke im geschäftlichen Verkehr benutzt wird. Darunter versteht man jede wirtschaftliche Betätigung, mit der in Wahrnehmung oder Förderung eigener oder fremder Geschäftsinteressen am Erwerbsleben teilgenommen wird[2]. Während bei Gewerbetreibenden ein Handeln im geschäftlichen Verkehr stets vermutet wird, ist dies bei der Beurteilung, ob eine Domain privat oder geschäftlich genutzt wird, nicht so einfach möglich. Zwar kann die Registrierung einer für kommerzielle Unternehmen vorgesehene „.com"-Domain eine gewisse Indizwirkung entfalten, bei den an sich neutralen Länder-Domains („.de", „.at" usw.) muss jedoch konkret auf den Inhalt des Internetangebotes abgestellt werden[3]. Da die B hier ausschließlich private Inhalte auf der Internetseite präsentiert, fehl es am Merkmal der Benutzung im geschäftlichen Verkehr. D kann gegen die B somit keine Ansprüche aus § 14 MarkenG herleiten.

II. Unterlassungsanspruch aus § 15 IV MarkenG

Auch für einen Unterlassungsanspruch gegen die Benutzung von Unternehmenskennzeichen ist es Voraussetzung, dass im geschäftlichen Verkehr gehandelt wird. Aus diesem Grund hat die D auch aus § 15 MarkenG keine durchsetzbaren Ansprüche gegen die B.

III. Unterlassungsanspruch aus § 12 BGB

D könnte jedoch aufgrund der allgemeinen zivilrechtlichen Vorschriften gegen B einen Anspruch darauf haben, dass diese es unterlässt, ihre Internetseite unter der Bezeichnung „www.drilling.de" zu betreiben.

1. Schutzbereich des § 12 BGB

Für den namensrechtlichen Schutz von Unternehmenskennzeichen sind die Bestimmungen des Markengesetzes regelmäßig spezieller, sodass ein Rückgriff auf die zivilrechtlichen Regelungen des § 12 BGB nicht in Betracht kommt. Wenn al-

---

[2] Ströbele/Hacker, Kommentar zum Markengesetz, 7. Auflage, Köln 2003, § 14 Rn. 29.
[3] Vgl. hierzu ausführlich: Stein, Schutz von Namen und Kennzeichen gegen eine Verwendung als Domain-Name durch Dritte, Frankfurt 2002, S. 144 ff.

lerdings – wie hier – lediglich im privaten Verkehr gehandelt wird, kann deren Anwendbarkeit jedenfalls nicht von vornherein ausgeschlossen werden[4].

2. Verletzungshandlung

a) Namensleugnung

Indem die B die Internet-Adresse „www.drilling.de" für sich hat registrieren lassen, könnte sie eine Namensleugnung zum Nachteil der D begangen haben. Eine Namensleugnung liegt immer dann vor, wenn das Recht eines Namensträgers zur Führung seines Namens bestritten wird[5]. Internetadressen können stets nur einmal vergeben werden. Wenn nun ein Name oder ein Kennzeichen bereits als Domain-Name registriert worden ist, wird damit gleichzeitig jeder andere Namensträger bzw. der an dem Kennzeichen Berechtigte von der entsprechenden Nutzung seines Zeichens im Internet ausgeschlossen. Mit der Registrierung wird jedoch nicht bestritten, dass auch ein anderer u. U. zur Namensführung berechtigt ist. Somit liegt allein in der Registrierung eines Domain-Namens (noch) keine Namensleugnung.

b) Namensanmaßung

Es könnte sich jedoch um eine Namensanmaßung handeln. Diese setzt voraus, dass ein anderer unbefugt den gleichen Namen gebraucht und dadurch schutzwürdige Interessen des Namensträgers verletzt[6]. Dabei wird der Name grundsätzlich gegen jede Art des unbefugten Gebrauchs geschützt[7]. Selbst wenn die Registrierung einer Internet-Domain unter einem Namen ausschließlich zu privaten Zwecken erfolgt, wird dadurch jeder andere mögliche Berechtigte von einer eigenen Nutzung seines Zeichens ausgeschlossen. Daraus folgt, dass bereits in der Registrierung der Domain „www.drilling.de" durch die B eine Namensanmaßung zum Nachteil der D liegt.

c) Identitätsverwirrung

Allerdings soll durch den Namensschutz nur verhindert werden, dass es zu Identitätsverwirrungen kommt. Fraglich ist daher stets, ob tatsächlich eine Verwechslungsgefahr dahingehend gegeben ist, dass unter der betreffenden Domain von den Nutzern des Internets eine Darstellung des Zeicheninhabers und nicht eine private Homepage erwartet wird. Wer den Namen eines berühmten Unternehmens als Domainnamen in seinen Internetbrowser eingibt, erwartet regelmäßig, auf diese Weise schnell und einfach an Informationen über das betreffende Unternehmen zu gelangen. Daher wird eine Vielzahl der Internetbenutzer, die ein Interesse an In-

---

[4] Vgl. BGH, GRUR 1998, 696, 697.
[5] Vgl. Fezer, Kommentar zum Markengesetz, 3. Auflage, München 2001, § 15 Rn. 54.
[6] Fezer (aaO), § 15 Rn. 55.
[7] Fezer (aaO), § 15 Rn. 56.

formationen zu D hat, diese auch unter der Domain „www.drilling.de" vermuten. Sie wollen nach Eingabe in den Browser nicht irrtümlich auf die Homepage der B gelangen. Somit liegt eine Verwechslungsgefahr vor.

3. Schutzwürdiges Interesse

Der Gebrauch eines Namens als Domainbezeichnung muss nun auch die schutzwürdigen Interessen des Berechtigten verletzen. Ein Namensinhaber hat wohl stets ein Interesse daran, dass sein Name nicht von einem Dritten als Internet-Domain registriert wird. Im Bereich des reinen Namensrechtes kommt es dabei auf den Hintergrund des jeweiligen Interesses – also auf die Motivation, warum der Name nicht von dem Dritten benutzt werden soll – nicht an. Bei Unternehmen wird allerdings lediglich das geschäftliche Interesse geschützt[8]. Da hier D und nicht die Brüder Clemens und August Drilling gegen B vorgehen will, spricht alles für das Vorliegen eines solchen Interesses.

Fraglich ist, ob dieses Interesse auch schutzwürdig ist. Eine Vielzahl von Internetbenutzern geht bei der Suche nach Informationen so vor, dass sie den Namen eines Unternehmens mit der jeweiligen Endung „.de" oder „.com" in die Adresszeile ihres Browsers eingibt. Auch wenn der jeweilige Nutzer dann nach Aufbau der Homepage schnell bemerkt, ob es sich um die gesuchte Unternehmenshomepage oder eine private Domain handelt, wird so zunächst eine Zuordnungsverwirrung ausgelöst. Insofern kommt es nicht darauf an, ob es sich bei dem fraglichen Namen um eine bekannte oder gar berühmte Bezeichnung handelt, die gegen Verwässerungsgefahr geschützt wäre[9]. Daraus ist zu folgern, dass B unter der Bezeichnung „www.drilling.de" nicht mehr selbst eine Informationshomepage gestalten und in das Internet einstellen kann. Insoweit sind also die schutzwürdigen geschäftlichen Interessen der D betroffen.

> Im jeweiligen Einzelfall ist stets genau zu untersuchen, ob die beteiligten Verkehrskreise über die Identität des Unternehmens oder über das Vorliegen eines (wirtschaftlichen oder organisatorischen) Zusammenhanges zwischen den Beteiligten irren können. Im Gegensatz zu anderen Fällen der Namensgleichheit genügt gerade in den Fällen der privaten Nutzung auf der einen und dem Interesse an einer geschäftlichen Nutzung auf der anderen Seite die Tatsache, dass nach der Registrierung durch den Privaten die Möglichkeit der geschäftlichen Nutzung ausgeschlossen ist.

4. Unbefugter Gebrauch

Der Gebrauch des Namens muss auch unbefugt erfolgen. Unbefugt ist ein Gebrauch immer dann, wenn kein eigenes Benutzungsrecht gegeben ist oder sich

---

[8] Palandt/Heinrichs, Kommentar zum Bürgerlichen Gesetzbuch, 64. Auflage, München 2005, § 12 Rn. 29.
[9] Vgl. hierzu auch: Ubber, Markenrecht im Internet, Heidelberg 2002, S. 111.

aus anderen Vorschriften die Unrechtmäßigkeit ergibt. Dies ist bereits immer dann anzunehmen, wenn die vorgehend genannten Voraussetzungen gegeben sind. Im vorliegenden Fall ist die B allerdings selbst Namensträgerin. Das könnte einen unbefugten Gebrauch grundsätzlich ausschließen. Es kann nämlich niemandem verwehrt werden, sich in redlicher Weise unter seinem bürgerlichen Namen zu betätigen, sei es privat oder geschäftlich. Jedoch gibt es auch in diesen Fällen Grenzen der Nutzbarkeit, die im jeweiligen Einzelfall genau zu untersuchen sind. Es ist daher eine Abwägung der widerstreitenden Interessen an der Nutzung des eigenen Namens vorzunehmen. Wenn eine Registrierung unter dem eigenen Namen nur deshalb erfolgt, um Verwechslungen herbeizuführen oder von fremden Leistungen o. ä. zu profitieren, wäre die Benutzung unredlich und damit unbefugt. Dafür sind – trotz der zwischen B und ihren Brüdern vorhandenen Differenzen – keine Anhaltspunkte ersichtlich. Allerdings setzt ein redlicher Namensgebrauch auch voraus, dass alles Erforderliche getan wird, um Verwechslungen weitestgehend zu verhindern. Daraus folgt die Notwendigkeit einer gesteigerten Rücksichtnahme und eines gegenseitigen Interessenausgleiches[10].

Auf dem Gebiet des Internets hat es sich bewährt, auf die Priorität der Registrierung abzustellen. Wer von Personen gleichen Namens also den Namen zuerst als Domain hat registrieren lassen, darf diesen auch im Internet benutzen. Dabei kommt es weder auf das eigene Lebensalter oder eine historische Tradition an, noch wird zwischen rein privaten oder geschäftlichen Interessen unterschieden. Allerdings kann in besonderen Ausnahmefällen, wenn ein eklatantes Missverhältnis zwischen den Interessen der Parteien besteht, von dem Prinzip der Priorität abgewichen werden. Wer nämlich den Namen eines berühmten Unternehmens als Domainname in seinen Internetbrowser eingibt, erwartet regelmäßig, auf diese Weise schnell und einfach an Informationen über das betreffende Unternehmen zu gelangen[11]. Bei einer überragenden Bekanntheit des Unternehmens „Drilling" könnte B trotz prioritärer Registrierung verpflichtet sein, auf eine Nutzung des Namens „Drilling" als Internetadresse zu verzichten.

Die Drilling Schneidwaren GmbH hat bei den beteiligten Verkehrskreisen einen Bekanntheitsgrad von 86 %[12] und ist damit über die Maßen bekannt[13]. Daraus kann man folgern, dass eben diese Verkehrskreise den Domain-Namen „www.drilling.de" ohne weiteres der Marke und dem Unternehmenskennzeichen „Drilling" zuordnen. Somit wird durch die private Nutzung der Domain das Publikum auf eine „falsche Fährte" gelockt. Dies wird noch dadurch unterstützt, dass die B ihre Homepage in den von D genutzten Farbkombinationen gestaltet hat. Es ist für D zudem nur schwer möglich, dem regelmäßig heterogenen Kreis derer, die an leicht zu beschaffenden Informationen über das Unternehmen interessiert sind, mitzuteilen, dass sich hinter der Domain „www.drilling.de" eben nicht die Unternehmenshomepage befindet. Dahingegen ist es der B viel leichter möglich, solche

---

[10] Vgl. bereits BGH, GRUR 1966, 623, 625; GRUR 1985, 389, 390.
[11] Siehe auch die Ausführungen zu III. 2. c).
[12] Siehe Fall 12.
[13] Zum Begriff der Bekanntheit und den quantitativen Elementen statt vieler: Fezer (aaO), § 14 Rn. 417 ff.

Informationen dem wohl eher homogenen Kreis der an ihrer Familie Interessierten weiterzugeben. Ihr kann daher zugemutet werden, ihrer Internetadresse einen individualisierenden Zusatz beizufügen.

Nach alldem überwiegen im vorliegenden Fall – insoweit ausnahmsweise in Abweichung vom Gerechtigkeitsprinzip der Priorität – die Interessen des Unternehmens gegenüber denen des privaten Namensträgers an einer Domainbezeichnung. Insofern benutzt die B die Bezeichnung „Drilling" unbefugt als Domain-Namen.

5. Wiederholungsgefahr

Ein Unterlassungsanspruch setzt stets voraus, dass die Gefahr einer Wiederholung der Beeinträchtigung besteht[14]. Die Beeinträchtigung besteht hier darin, dass bei jedem Eingeben des Domainnamens „www.drilling.de" eine Zuordnungsverwirrung entsteht. Dies ist solange der Fall, wie sich unter der Domain andere Informationen als solche über das Unternehmen Drilling befinden. Mithin besteht eine Wiederholungsgefahr.

Als zusammenfassende Ergebnisanalyse im Streitfall kann festgehalten werden, dass grundsätzlich die Führung eines Namens nur in der konkret benutzten Form untersagt werden kann. Wenn jedoch zur Beseitigung der Beeinträchtigung die Hinzufügung eines unterscheidungskräftigen Zusatzes genügt, kann auch nur diese Hinzufügung verlangt werden[15]. Wenn die B ihre Internetseite nicht mehr unter „www.drilling.de" betreiben, sondern beispielsweise ihren Vornamen oder ihren aktuellen Familiennamen benutzen würde, wäre die Beeinträchtigung der D nicht mehr vorhanden und die Wiederholungsgefahr beseitigt. D kann daher nach § 12 BGB von B verlangen, den Namen „Drilling" nur noch mit einem unterscheidungskräftigen Zusatz im Internet zu benutzen.

IV. Anspruch aus dem UWG

Da B die Domain ausschließlich privat benutzt, fehlt es für die Geltendmachung von Ansprüchen aus dem UWG bereits am notwendigen Merkmal des Handelns im geschäftlichen Verkehr. Ansprüche aus dem UWG kommen daher nicht in Betracht.

> Spätestens seit Inkrafttreten des durch die UWG-Novelle 2004 überarbeiteten UWG ist klar, dass trotz der insoweit undeutlichen Formulierung des § 2 MarkenG die Regelungen des UWG nur in wenigen Fällen ergänzend neben den spezielleren Vorschriften des MarkenG Anwendung finden können. Für Fälle der Irreführung über die betriebliche Herkunft oder die Qualität durch die Verwendung verwechslungsfähiger Zeichen, für den Schutz vor Verwässerung und Rufausbeutung, den Titelschutz und die Irreführung

---

[14] Palandt/Heinrichs (aaO), § 12 Rn. 34.
[15] Palandt/Heinrichs (aaO), § 12 Rn. 34.

über geographische Herkunftsangaben bilden die §§ 14, 15, 126 ff. MarkenG jedenfalls eine abschließende Regelung[16].

V. Ansprüche aus §§ 823, 826 BGB

Für die Anwendung von § 823 I BGB käme hier der Schutz des eingerichteten und ausgeübten Gewerbebetriebes als sonstiges Recht in Betracht. Da es sich hierbei allerdings um einen reinen Auffangtatbestand handelt, ist bei dem vorliegend gegeben Eingreifen des § 12 BGB für einen Rückgriff kein Raum. Zudem handelt es sich bei dem Vorgehen der B nicht um eine vorsätzliche sittenwidrige Schädigung der D, weshalb auch die Anwendung von § 826 BGB nicht in Betracht kommt.

VII. Übertragungsanspruch

Es stellt sich die Frage, ob D von B verlangen kann, ihr die Rechte an der Domain „www.drilling.de" zu übertragen. Ein derartiges Interesse ergibt sich für D allein daraus, dass sie nur auf diesem Weg in die Lage versetzt wird, unter eben dieser Bezeichnung selbst im Internet auftreten zu können. Einen solchen Anspruch könnte man aus der analogen Anwendung des § 8 II S. 2 PatG herleiten. Dem MarkenG ist allerdings nicht zu entnehmen, dass es einen Rechtsanspruch auf die Registrierung eines bestimmten Domain-Namens gäbe. Es gibt demnach auch kein absolutes, gegenüber jedermann durchsetzbares Recht dieser Art. Dies unterscheidet den Sachverhalt wesentlich von den Fällen der patentrechtlichen Vindikation. Folglich ist mangels Vergleichbarkeit kein Raum für einen Rückgriff auf die patentrechtlichen Regelungen[17]. Gleiches muss im Ergebnis für eine analoge Anwendung des absoluten Rechtes an einem Grundstück und dem daraus abzuleitenden Grundbuchberichtigungsanspruch nach § 894 BGB gelten[18]. Ein Übertragungsanspruch könnte sich allerdings aus §§ 687 II, 681, 667 BGB ergeben. Auch hier ist jedoch zu bedenken, dass es sich bei einem Domain-Namen nicht um ein einer bestimmten Person zugewiesenes Recht handelt. Selbst wenn ein Namensträger Ansprüche gegen den Inhaber einer entsprechenden Internetadresse haben sollte, könnte diese Adresse zusätzlich auch noch *andere* Namensträger beeinträchtigen. Folglich handelt es sich nicht zwingend um ein Geschäft des in diesem *einen* Fall Berechtigten. Aus den gleichen Gründen muss daher ein Anspruch aus § 812 I S. 1 2. Alt. BGB ebenfalls scheitern[19].

Schließlich kann auch nicht aus dem Gesichtspunkt des Schadensersatzes eine Übertragung verlangt werden. Bei der Anerkennung eines solchen Anspruches bliebe unberücksichtigt, dass es noch weitere Namensträger geben könnte, die berechtigte Ansprüche auf die Domain haben. So würde u. U. derjenige besser ge-

---

[16] Vgl. auch: Nordemann, Wettbewerbsrecht, Markenrecht, 10. Auflage, Baden-Baden 2004, Rn. 28.
[17] Vgl. BGH, GRUR 2002, 622, 626; Fezer (aaO), § 3 Rn. 351.
[18] Vgl. BGH, GRUR, 2002, 622, 626.
[19] BGH, GRUR 2002, 622, 626.

stellt, der als erster gegen den Domaininhaber vorgeht. Somit kann D von B nicht verlangen, die Domain auf sie umschreiben zu lassen[20].

VI. Löschungsanspruch

Bereits durch die bloße Registrierung der Domain „www.drilling.de" wird verhindert, dass D die Domain für sich nutzen kann. Daher kann D von B als notwendige Folge aus § 12 BGB verlangen, gegenüber der DENIC auf die Registrierung auf ihren Namen zu verzichten und die Domain so wieder freizugeben. D kann von B gem. § 12 BGB verlangen, den Namen „Drilling" im Internet nur noch unter Verwendung eines unterscheidungskräftigen Zusatzes zu verwenden und gegenüber der DENIC auf die bestehende Registrierung zu verzichten.

> Für die Praxis kann es sich anbieten, statt eines oft langwierigen und aufwendigen Rechtstreites eine Einigung in Form des sog. Domain-Sharing herbeizuführen. Dabei bleibt die einmal registrierte Domain bestehen, auf der Anfangsseite (Indexpage) präsentieren sich allerdings alle an dem Zeichen Berechtigten mit einem entsprechenden Hyperlink zu ihren Domains. Ein schönes Beispiel bildet hier die Domain „www.bdi.de", unter der sowohl der Bundesverband der Deutschen Industrie e.V. als auch der Berufsverband Deutscher Internisten e.V. mit entsprechenden Hinweisen und Links zu ihren jeweiligen Domains zu finden sind.

Frage 2[21]

I. Unterlassungsanspruch aus § 14 V i.V.m. § 14 II Nr. 1 MarkenG

Bei der Bezeichnung „Drilling" handelt es sich um eine prioritätsältere Marke der D[22]. Da B die Bezeichnung „Drilling" nun nicht mehr für rein private Zwecke nutzt, sondern darunter die Internetpräsenz ihres Unternehmens betreibt, benutzt sie das Zeichen im geschäftlichen Verkehr. Umstritten ist, ob es für die Verletzung von Kennzeichenrechten zusätzlich erforderlich ist, dass das Zeichen kennzeichenmäßig benutzt wird[23]. B benutzt die Domain hier, um ihre Waren zu bewerben und zu vertreiben, womit eine kennzeichenmäßige Benutzung vorliegt. Auch hier kommt es auf eine Streitentscheidung somit nicht an. Die Bezeichnung „Dril-

---

[20] Durch einen sog. Dispute-Eintrag bei der DENIC kann man seine evtl. Ansprüche auf eine bereits vergebene Domain absichern lassen. Wird die Domain – aus welchen Gründen auch immer – aufgegeben, ist man dann selbst als Erster berechtigt, diese nun für sich registrieren zu lassen.

[21] In casu wird davon ausgegangen, dass B – wie in Fall 13 – immer noch Taschenmesser herstellt und die Domain www.drilling.de als Internetpräsenz für dieses Unternehmen nutzt.

[22] Siehe Fall 13, Frage 1, I. 1. b).

[23] Vgl. hierzu bereits Fall 12, Frage 1, I. 2.

ling" ist mit der für D eingetragenen Marke „Drilling" identisch und wird für identische Waren – in diesem Fall Messer und Taschenmesser – benutzt. Insoweit besteht auch eine Verwechslungsgefahr bezüglich der beiden Unternehmen und ihrer Waren. Daher hat die D gegen B einen Unterlassungsanspruch aus § 14 V i.V.m. § 14 II Nr. 1 MarkenG.

> In den Fällen der §§ 14, 15 MarkenG kommt es auf das Vorliegen einer Wiederholungsgefahr an. Diese besteht – wie bereits festgestellt – so lange, wie die Domain mit Inhalten im Internet unter der streitigen Domainadresse verfügbar ist. Um nun eine gerichtliche Auseinandersetzung und ggf. eine Verurteilung zu verhindern, kann es sich zur Abwendung der Wiederholungsgefahr für den potentiellen Beklagten anbieten, eine unbefristete und unbedingte strafbewährte Unterlassungserklärung abzugeben.

II. Unterlassungsanspruch aus § 15 II, IV MarkenG

D ist Inhaberin der prioritätsälteren geschäftlichen Bezeichnung „Drilling". Die B verwendet diese Bezeichnung im geschäftlichen Verkehr und kennzeichenmäßig. Bei der Bezeichnung „Drilling" handelt es sich um die geschäftliche Bezeichnung der D. Durch die Benutzung dieser Bezeichnung als Domain-Name durch die B können Verwechslungen zwischen dem Unternehmen der B und der D hervorgerufen werden. Die B benutzt die Bezeichnung auch unbefugt. Somit hat D gegen B einen Anspruch auf Unterlassung nach § 15 IV i.V.m. § 15 II MarkenG.

III. Auswirkungen des § 23 I MarkenG

Nach § 23 Nr. 1 MarkenG darf der Inhaber einer Marke oder einer geschäftlichen Bezeichnung einem Dritten die Benutzung des eigenen Namens oder der eigenen Anschrift im geschäftlichen Verkehr nur dann untersagen, wenn diese Benutzung gegen die guten Sitten verstößt. Es stellt sich nun die Frage, ob und inwieweit sich diese Vorschrift auf die bislang herausgearbeiteten Ergebnisse auswirkt. Zunächst müsste der Domain-Name ein Name oder eine Anschrift i.S.d. § 23 MarkenG sein. Name i.S.d. § 23 Nr. 1 MarkenG ist im Gegensatz zur weiten Auslegung im Rahmen des § 12 BGB stets nur der bürgerliche Name einer natürlichen Person[24]. Dieser wird besonders geschützt, weil er von dem jeweiligen Inhaber nicht – oder jedenfalls nur sehr eingeschränkt – frei gewählt werden kann. Weil nun Firmenbezeichnungen u.ä. jedoch sehr wohl frei von dem jeweiligen Unternehmer bestimmt werden können, fallen diese Namen im weiteren Sinne nicht unter den Schutzbereich. Unter Anschrift versteht man die Benennung von Staat, Bundesland, Wohnort, Straße und Hausnummer sowie Telefon- und Telefaxnummer[25]. Diese kann der Einzelne ebenfalls nur sehr eingeschränkt frei bestimmen.

---

[24] Fezer (aaO), § 23 Rn. 20.
[25] Vgl. Fezer (aaO), § 23 Rn. 26.

Völlig anders verhält es sich hingegen mit Domains. Diese sind frei wählbar, ja sogar handelbar, und unterscheiden sich so bereits elementar von Familiennamen und Telefonnummern[26]. Als *technische* Adresse im Internet haben sie lediglich die Aufgabe, als alphanummerische Zeichen einen angeschlossenen Rechner zu identifizieren[27]. Auch wenn in diesem Zusammenhang also regelmäßig von „Domain-Name" oder „Domain-Adresse" gesprochen wird, ist eine Domain im Ergebnis weder ein Name noch eine Adresse i.S.d. § 23 Nr. 1 MarkenG. Die Ansprüche der D gegen B werden somit nicht durch § 23 MarkenG eingeschränkt.

IV. Unterlassungsanspruch aus § 12 BGB

In den Fällen, wo eine Domain ausschließlich im geschäftlichen Verkehr benutzt wird, besteht eine eingeschränkte Anspruchskonkurrenz zu den allgemeinen bürgerlich-rechtlichen Namensschutzregelungen[28]. Danach kann D gegen B keinen Unterlassungsanspruch aus § 12 BGB geltend machen.

V. Ansprüche aus §§ 823, 826 BGB

Sowohl das Namensrecht als auch die Markenrechte sind als sonstige Rechte i.S.d. § 823 I BGB anerkannt[29]. Es könnte daher an einen Rückgriff auf § 823 II BGB i.V.m. § 12 BGB als Schutzgesetz gedacht werden. Allerdings ist für einen Rückgriff auf diese deliktsrechtlichen Vorschriften nur dann Raum, wenn keine speziell im Markenrecht geregelten Gesichtspunkte eine Rolle spielen. Da hier die §§ 14, 15 MarkenG einschlägig sind, treten die allgemeinen bürgerlich-rechtlichen Regelungen zurück. Zudem handelt es sich bei dem Vorgehen der B nicht um eine vorsätzliche sittenwidrige Schädigung der D, weshalb auch die Anwendung von § 826 BGB nicht in Betracht kommt.

VI. Löschungsanspruch aus dem MarkenG

Wenn eine Bezeichnung einmal als Domain registriert ist, kann sie von keinem anderen mehr in dieser Weise benutzt werden. Die Beeinträchtigung der D liegt darin, dass sie nicht unter der Bezeichnung „www.drilling.de" im Internet auftreten kann. Daher ist es nur folgerichtig, wenn die B auf ihre Registrierung der Domain „www.drilling.de" verzichten muss. Somit folgt aus dem durchsetzbaren Unterlassungsanspruch der D gleichzeitig auch ein Anspruch gegen die B, einer Löschung der Domain durch die DENIC zuzustimmen bzw. dieser gegenüber den Verzicht auf die Domain zu erklären.

> Dabei ist allerdings zu beachten, dass ab Freigabe der Domain wiederum jeder beliebige Dritte die Domain für sich registrieren lassen kann. Daher

---

[26] Vgl. Fezer (aaO), § 3 Rn. 310.
[27] Vgl. Fezer (aaO), § 3 Rn. 303.
[28] BGH, GRUR 2002, 622, 623; siehe auch Fall 13.
[29] Palandt/Heinrichs (aaO), § 12 Rn. 36.

sollte in jedem Fall vor der Freigabeerklärung ein Dispute-Eintrag bei der DENIC vorgenommen werden.

VII. Übertragungsanspruch

Hier kann vollinhaltlich auf die obigen Ausführungen unter Frage 1, Prüfungspunkt VII. verwiesen werden.

VIII. Schadensersatzanspruch

1. Anspruch

D könnte gegen die B einen Anspruch auf Ersatz des ihr durch die Registrierung und Benutzung der Domain entstandenen Schadens haben. Solch ein Anspruch kann sich sowohl aus § 14 VI i.V.m. § 14 II Nr. 1, III MarkenG als auch aus § 15 V i.V.m. § 14 II MarkenG ergeben. Bei der Bezeichnung „Drilling" handelt es sich sowohl um eine Marke als auch um eine geschäftliche Bezeichnung[30]. B nutzt das Zeichen „Drilling" als Domain-Namen und bietet auf der Homepage, neben Informationen zum Unternehmen, auch die entsprechenden Produkte zum Kauf an. Somit benutzte B die geschäftliche Bezeichnung i.S.d. § 15 II MarkenG. Durch diese Art der Nutzung könnte gleichzeitig auch der Tatbestand des § 14 III Nr. 5 MarkenG erfüllt sein. Dann müsste B die Marke „Drilling" auf Geschäftspapieren oder in der Werbung benutzt haben. Das Internet stellt im eigentlichen Sinne weder Geschäftspapier noch Werbung dar. Allerdings präsentiert die B sich und ihr Unternehmen mit Hilfe ihrer Domain in einer Art und Weise, die der von Werbeschreiben zumindest ähnlich ist. Es macht in der Praxis keinen Unterschied, ob ein Katalog bzw. Prospekt in gedruckter und somit körperlich greifbarer Form mit einer geschützten Marke oder geschäftlichen Bezeichnung versehen wird, oder ob das ganze in Form einer Onlinedarstellung verbreitet wird. Damit kann das Handeln der B unter den Tatbestand des § 14 III Nr. 5 MarkenG subsumiert werden.

Außerdem bietet die B ihre Waren auf der Homepage zum Verkauf an und erfüllt damit den Tatbestand des § 14 III Nr. 2 MarkenG. Da zudem der Katalog des § 14 III MarkenG nicht abschließend ist[31], liegt in der Nutzung der Marke und geschäftlichen Bezeichnung „Drilling" im Internet durch die B in jedem Fall eine untersagte Benutzungshandlung i.S.d. §§ 14 III, 15 II MarkenG. Ein Anspruch auf Schadensersatz setzt allerdings auch voraus, dass die B schuldhaft gehandelt hat. Der Begriff des Verschuldens wird dabei im Bereich des gewerblichen Rechtsschutzes weit ausgelegt. So handelt bereits derjenige fahrlässig, der sich erkennbar in einem Grenzbereich bewegt, in dem er mit einer für ihn ungünstigen rechtlichen Beurteilung seines Verhaltens rechnen muss[32]. Ein Rechtsirrtum ist daher nur dann

---

[30] Vgl. Frage 2, I. und II.
[31] Fezer (aaO), § 14 Rn. 460.
[32] BGH, GRUR 2002, 706, 708.

entschuldigt, wenn der Irrende bei Anwendung der im Verkehr erforderlichen Sorgfalt mit einer anderen Beurteilung durch die Gerichte nicht zu rechnen brauchte[33].

> Diese Definition des BGH macht deutlich, dass man bei der Registrierung und Benutzung von Domains ohne ausführliche Vorabrecherchen immer Gefahr läuft, sich schadensersatzpflichtig zu machen!

Da für die B keine Entschuldigungsgründe ersichtlich sind, hat sie schuldhaft gehandelt und sich gegenüber D schadensersatzpflichtig gemacht.

2. Art und Umfang

Ebenso wie im Urheberrecht und bei allen anderen gewerblichen Schutzrechten gilt auch im Kennzeichenrecht, dass der Verletzte ein Wahlrecht bezüglich seiner Schadensberechnung hat[34]. So kann der Verletzte nach §§ 249, 252 BGB nicht nur seinen tatsächlich konkret erlittenen Vermögensnachteil einschließlich des entgangenen Gewinnes geltend machen, sondern wahlweise auch die Herausgabe des Verletzergewinnes oder Schadensersatz nach Lizenzanalogie verlangen (Dreifache Schadensberechnung). Diese Ansprüche können nebeneinander hilfsweise geltend gemacht werden[35]. Praktisch stellt sich dabei jedoch immer die Frage der Nachweisbarkeit. So muss für die Geltendmachung eines entgangenen Gewinns der Nachweis geführt werden, dass zwischen der Rechtsverletzung und dem Gewinnausfall eine Kausalität besteht. Gerade bei Domainstreitigkeiten wird dies nur schwerlich möglich sein. Allerdings gehört auch der sog. Marktverwirrungsschaden zum Differenzschaden, der immer dann vermutet wird, wenn eine Markenverletzung vorliegt[36]. Ersatzfähig sind jedenfalls die Werbungskosten für die Beseitigung der Markenverwirrung. Die Beweiserleichterungsregel des § 287 ZPO findet Anwendung. Ebenfalls nicht unproblematisch ist das Verlangen nach Herausgabe des Verletzergewinnes. Dabei ist nicht erforderlich, dass der Verletzte selbst einen entsprechenden Gewinn gemacht hätte. Es soll lediglich der durch Rechtsverletzung erlangte Vorteil abgeschöpft werden[37]. Nach dem Grundsatz der Lizenzanalogie könnte der Verletzte auch eine fiktive, marktübliche Lizenzgebühr verlangen, die vom Umsatz der Verletzers abhängig ist. Auch hier stellen sich aber gerade bei Verletzungshandlungen im Internet nicht zu unterschätzende Darlegungsschwierigkeiten. Wie bereits festgestellt, wird D durch die Registrierung der Domain seitens der B daran gehindert, unter dieser Bezeichnung im Internet aufzutreten. Hierin liegt jedenfalls (auch) eine Beeinträchtigung des Werbewertes. Somit bleibt festzuhalten, dass D gegen B einen Anspruch auf Schadensersatz hat

---

[33] BGH, GRUR 2002, 622, 626.
[34] Siehe hierzu auch Fall 1, S. 9.
[35] Vgl. Ingerl/Rohnke, Kommentar zum Markengesetz, 2. Auflage, München 2003, Vor §§ 14-19 Rn. 63.
[36] Vgl. Fezer (aaO), § 14 Rn. 521.
[37] Vgl. Fezer (aaO), § 14 Rn. 523.

und bei der Geltendmachung genau prüfen sollte, nach welcher Art der Schadensberechung am effektivsten vorgegangen werden kann.

IX. Auskunftsanspruch

D könnte gegen B einen Auskunftsanspruch nach § 19 I MarkenG haben. Um sich möglichst umfassend gegen Rechtsverletzungen zur Wehr setzen zu können, ist der Geschädigte darauf angewiesen, Informationen über die Quellen und die Vertriebswege der widerrechtlich gekennzeichneten Gegenstände zu erhalten[38]. Für die Frage, wer zur Auskunft verpflichtet ist, kommt es nicht auf ein Verschulden an. Es genügt vielmehr das objektive Vorliegen der Voraussetzungen der §§ 14, 15 oder 17 MarkenG. Somit ist jeder, der eine Verletzungshandlung begangen oder an ihr mitgewirkt hat, zur Auskunft verpflichtet. Um einen evtl. Schaden feststellen und beziffern zu können, kann sich D zudem auf den gewohnheitsrechtlich anerkannten und in allgemeiner Form auch in § 19 V MarkenG enthaltenen Auskunftsanspruch berufen. Der genaue Umfang des Anspruchs bestimmt sich dabei nach § 19 II MarkenG.

> In der Praxis bietet es sich häufig an, die Möglichkeit des § 19 III MarkenG zu nutzen und den Anspruch auf Auskunft bereits im Wege einer einstweiligen Verfügung geltend zu machen. Dazu bedarf es jedoch einer offensichtlichen Verletzung, also einer eindeutigen Rechtslage. Diese muss der Antragsteller glaubhaft machen. Wenn eine Rechtsverletzung lediglich vermutet wird, aber noch nicht hinreichend sicher festzustellen ist, kommt ein Anspruch auf Besichtigung nach § 809 BGB in Betracht. Danach kann der potentiell Verletzte von dem vermeintlichen Verletzer verlangen, die fragliche Sache in Augenschein nehmen zu können[39].

D kann von B gem. § 14 V i.V.m. § 15 II Nr. 1 MarkenG und § 15 IV i.V.m. § 15 II MarkenG verlangen, den Namen „Drilling" im Internet nur noch unter Verwendung eines unterscheidungskräftigen Zusatzes zu verwenden und gegenüber der DENIC auf die bestehende Registrierung zu verzichten. Zudem ist B gem. § 14 VI i.V.m. § 15 II Nr. 1, III MarkenG und § 15 V i.V.m. § 15 II MarkenG verpflichtet, der D den Schaden zu ersetzen, der dieser aus der Verwendung der Homepage und des Domainnamens „www.drilling.de" entstanden ist oder noch entstehen wird. Schließlich ist B verpflichtet, der D gem. § 19 I, V MarkenG umfassende Auskünfte zu erteilen.

---

[38] Vgl. Ensthaler, Gewerblicher Rechtsschutz und Urheberrecht, 2. Auflage, Berlin/Heidelberg 2003, G 3.4.
[39] Vgl. hierzu: Ströbele/Hacker (aaO), § 19 Rn. 58 ff.

C. Weiterführende Hinweise: Rechtsfragen im Internet

Im Rechtsraum „Internet" muss zwischen Streitigkeiten um Internetadressen an sich - die sog. Domains - und Streitigkeiten bezüglich der jeweiligen Inhalte der Internetauftritte unterschieden werden. Die Schutzfähigkeit von Domains folgt – wie zum Teil oben gezeigt – aus der Tatsache, dass geschützte Zeichen verwendet werden und/oder eine Individualisierung von Personen, Unternehmen, Werken oder Waren erfolgt. Dabei ist zu beachten, dass allein aufgrund der Registrierung und Freischaltung einer Internetadresse noch kein Schutz entsteht[40]. Bei den Inhalten von Websites kann es auf viele Arten zu Verletzungshandlungen kommen. So werden z. B. regelmäßig Schlagworte – sog. Metatags – verwendet, mit Hilfe derer die diversen Suchmaschinen Treffer finden. Handelt es sich bei diesen Metatags um Marken bzw. Kennzeichen, liegt in deren Benutzung eine rechtserhebliche Handlung[41]. Gerade bei Domainstreitigkeiten und allgemeinen Fragen zum Internetrecht sind noch viele Fragen ungeklärt und vieles ist im Fluss. Nur wer auf dem aktuellen Stand der Rechtsprechung ist, wird seine Mandantschaft richtig und umfassend beraten können[42].

Internetauftritte sind deutschlandweit – genauer gesagt sogar weltweit – abrufbar. Nach dem im Markenrecht (noch[43]) herrschenden Schutzlandprinzip bestimmt sich der Schutz bei Verletzungshandlungen nach den Regelungen der Rechtsordnung, in der um Schutz nachgesucht wird. Somit wird regelmäßig deutsches Recht anwendbar sein. Da es sich außerdem bei Marken- und Namensrechtsverletzungen um unerlaubte Handlungen handelt, bestimmt sich die örtliche Zuständigkeit nach § 32 ZPO. Nach dem Tatortprinzip kann so im Ergebnis jedes Gericht *bundesweit* zuständig sein, wenn die Internetseite ihrer Bestimmung nach auf Deutschland gerichtet ist. Dies ist bei den sog. Top-Level-Domains mit der Endung .de stets der Fall. Aber auch wenn die Seite zumindest teilweise deutschsprachige Inhalte enthält, kann gegen den Betreiber in Deutschland vorgegangen werden. Nach § 140 I MarkenG sind unabhängig von der Höhe des Streitwertes ausschließlich die Landgerichte zuständig. Nach § 95 I Nr. 4 lit. c GVG gehören Markensachen zu den Handelssachen und damit in den Zuständigkeitsbereich der Kammern für Handelssachen. Die Landesregierungen haben darüber hinaus von der in § 140 II MarkenG eröffneten Möglichkeit Gebrauch gemacht, Rechtsverordnungen für die Zuweisung von Kennzeichenstreitsachen an bestimmte Landgerichte zu erlassen.

---

[40] OLG Hamburg, ZUM 2001, 514.
[41] OLG München, CR 2000, 461.
[42] Zum Markenrecht im Internet auch: Nave, Markenrecht in der Unternehmenspraxis, Wiesbaden 2004, 2. Teil 9.
[43] Sowohl eine Auflockerung als auch eine Ausdehnung dieses Prinzips werden in Literatur und Rechtsprechung diskutiert. Vgl. hierzu statt vieler: Nordemann-Schiffel, in: Bröcker/Czychowski/Schäfer (Hrsg.), Praxishandbuch Geistiges Eigentum im Internet, München 2003, § 3 Rn. 75 ff.

Fall 15
Nur wo Solingen draufsteht, ist auch Solingen drin

Schutz geographischer Herkunftsangaben, Besonderheiten im Marken- und Kennzeichenverletzungsprozess

A. Sachverhalt

Nachdem die Querelen mit Hubert und Berta beendet sind, bleibt unserem geplagten Syndikus Dr. Walt nicht viel Zeit zur Entspannung.

Der Einzelunternehmer Theo Trickser (T) bewirbt eine durch ihn vertriebene Messerserie mit dem Slogan „Solingen, Qualität geprüft". Allerdings gibt es in Solingen keine Produktionsstätte des T. Vielmehr werden die betreffenden Waren in der Volksrepublik China produziert. Die Messer tragen folgenden Aufdruck: „Profiline, Handgearbeitet, Edelstahl, Rostfrei, BM, Solingen, Qualität geprüft". Durch ein Sachverständigengutachten der Drilling GmbH (D) vom 24. September 2004 steht fest, dass die Messer nicht die Mindestanforderungen an die Solingen-Fähigkeit erfüllen. Sie rosten, erreichen keine ausreichende Schneidwirkung und sind insgesamt von schlechter Qualität.

1. Kann D zivilrechtlich gegen T vorgehen?

2. Welche strafrechtlichen Möglichkeiten ergeben sich aus dem Markengesetz?

B. Lösung

Frage 1

I. Unterlassungsanspruch aus § 128 I MarkenG

D könnte gegen T einen Anspruch auf Unterlassen der Benutzung der Bezeichnung „Solingen" für die in der VR China produzierten Messer haben.

1. Aktivlegitimation

Dazu müsste die D zunächst aktivlegitimiert sein. Der Kreis derer, die einen solchen Unterlassungsanspruch geltend machen können, ergibt sich gem. § 128 I MarkenG aus § 8 III UWG. Danach sind Mitbewerber, Gewerbeverbände, Verbraucherverbände, die Industrie- und Handelskammern und die Handwerkskammern aktivlegitimiert. Da es sich bei D um eine Mitbewerberin des T handelt, ist D zur Geltendmachung des Anspruchs legitimiert.

> Der Begriff des Mitbewerbers wird sehr weit ausgelegt. So genügt bereits das Bestehen eines abstrakten Wettbewerbsverhältnisses. Für die Annahme eines solchen reicht es bereits aus, dass eine nicht völlig unbedeutende (potentielle) Beeinträchtigung möglich erscheint[1].

2. Zeichen i.S.d. § 126 MarkenG

Nun müsste es sich bei der Bezeichnung „Solingen" um eine geographische Herkunftsangabe i.S.d. § 126 MarkenG handeln. Geographische Herkunftsangaben (gHA) können gem. § 126 MarkenG Namen von Orten, Gegenden, Gebieten oder Ländern sowie sonstige Angaben oder Zeichen sein. Diese müssen dann im geschäftlichen Verkehr zur Kennzeichnung der geographischen Herkunft von Waren oder Dienstleistungen benutzt werden. Ausgeschlossen sind dabei allerdings gem. § 126 II MarkenG die sog. Gattungsbezeichnungen. Solche entstehen regelmäßig dadurch, dass eine ehemals gHA vom Verkehr nicht mehr als solche aufgefasst wird, sondern vielmehr als Produktbeschreibung dient (sog. Denaturierung). Dies ist dann der Fall, wenn der weit überwiegende Teil des Verkehrs in der Angabe keinen Hinweis mehr auf die geographische Herkunft des Produktes sieht[2]. Daneben gibt es auch solche Gattungsbezeichnungen, die nie gHA waren, sondern stets als reine Produktbezeichnung dienten.

---

[1] Hierzu: Ströbele/Hacker, Kommentar zum Markengesetz, 7. Auflage, Köln 2003, § 128 Rn. 4.

[2] Vgl. hierzu: Ströbele/Hacker (aaO), § 128 Rn. 52.

> Gattungsbezeichnungen sind z. B. Hamburger, Wiener Schnitzel/Würstchen, italienischer Salat usw. Nach § 7 KäseVO (!) gibt es die - insoweit sogar gesetzlich geregelten - Gattungsbezeichnungen Emmentaler, Gouda, Edamer, Tilsiter, Camembert, Brie und Chester.

Zunächst ist also zu bestimmen, ob es sich bei der Bezeichnung um eine gHA handelt. Dabei kommt es stets auf eine genaue Betrachtung aller Umstände des Einzelfalles an. Zu beachten ist in diesem Zusammenhang auch § 137 MarkenG. Danach kann das Bundesministerium der Justiz selbst – in Zusammenarbeit mit den Bundesministerien für Wirtschaft und Technologie und für Verbraucherschutz, Ernährung und Landwirtschaft – Rechtsverordnungen für einzelne gHA schaffen. In diesen VO kann dann, nach Maßgabe des Absatzes 2, der genaue Schutzumfang für die jeweilige gHA ausgestaltet werden. Bislang ist allerdings erst einmal von der Möglichkeit des § 137 MarkenG Gebrauch gemacht worden. Nach der Reform des Markenrechtes wurde die sog. Solingen-Verordnung[3] ge-

---

[3] **Verordnung zum Schutz des Namens Solingen (Solingenverordnung)** vom 16. Dezember 1994, BGBl. I, S. 3833:

Auf Grund des § 137 des Markengesetzes vom 25. Oktober 1994 (BGBl. I S. 3082) verordnet das Bundesministerium der Justiz im Einvernehmen mit dem Bundesministerium für Wirtschaft, für Ernährung, Landwirtschaft und Forsten und für Gesundheit:

§ 1 Grundsatz. Der Name Solingen darf im geschäftlichen Verkehr nur für solche Schneidwaren benutzt werden, die
1. in allen wesentlichen Herstellungsstufen innerhalb des Solinger Industriegebietes bearbeitet und fertiggestellt worden sind und
2. nach Rohstoff und Bearbeitung geeignet sind, ihren arteigenen Verwendungszweck zu erfüllen.

§ 2 Herkunftsgebiet. Das Solinger Industriegebiet umfaßt das Gebiet der kreisfreien Stadt Solingen und das Gebiet der im Kreis Mettmann gelegenen Stadt Haan.

§ 3 Begriff der Schneidwaren. Schneidwaren im Sinne des § 1 sind insbesondere:
1. Scheren, Messer und Klingen aller Art,
2. Bestecke aller Art und Teile von solchen,
3. Tafelhilfsgeräte, wie Tortenheber, Gebäckzangen, Zuckerzangen, Traubenscheren und Vorleger,
4. Tafelwerkzeuge, wie Zigarrenabschneider, Brieföffner, Nußknacker und Korkenzieher, sowie schneidende Küchenwerkzeuge, wie Dosenöffner und Messerschärfer,
5. Rasiermesser, Rasierklingen und Rasierapparate,
6. Haarschneidemaschinen und Schermaschinen,
7. Hand- und Fußpflegegeräte, wie Nagelfeilen, Haut- und Nagelzangen, Nagelknipser und Pinzetten,
8. blanke Waffen aller Art.

§ 4 Inkrafttreten. Diese Verordnung tritt am 1. Januar 1995 in Kraft.

schaffen, die das Solingen-Gesetz von 1938 ersetzt. Danach steht fest, dass es sich bei der Bezeichnung „Solingen" um eine gHA handelt.

3. Benutzung entgegen § 127 MarkenG

T müsste die Bezeichnung „Solingen" nun auch entgegen § 127 MarkenG im geschäftlichen Verkehr benutzen. Dabei kann generell zwischen dem Irreführungsschutz nach § 127 I MarkenG, dem Qualitätsschutz nach § 127 II MarkenG und dem Rufschutz nach § 127 III MarkenG unterschieden werden.

> Nach § 127 I MarkenG kommt es lediglich darauf an, dass die Gefahr der Irreführung über die Herkunft einer gHA hervorgerufen wird. Dabei genügt es, dass ein nicht ganz unbeachtlicher Teil der beteiligten Verkehrskreise (i.d.R. > 10-15 %) eine unrichtige Vorstellung über die geographische Herkunft einer Ware/Dienstleistung gewinnt[4].
>
> § 127 II MarkenG stellt auf eine besondere Qualität der Waren/Dienstleistungen ab. Hier kommt es also nicht nur auf die Herkunft, sondern zusätzlich auf die Einhaltung bestimmter objektiver Qualitätsmaßstäbe an[5].
>
> In § 127 III MarkenG kommt es nicht auf die Herkunft des betreffenden Produktes an, sondern darauf, dass das Produkt den besonderen Ruf einer gHA für sich ausnutzt. Paradebeispiel ist hier die Bezeichnung „Champagner" als Qualitätsmerkmal für Mineralwässer[6], Computer[7] oder andere Produkte bzw. Leistungen.

Im vorliegenden Fall ist allerdings schwerpunktmäßig auf den Inhalt der (spezielleren) SolingenVO abzustellen, durch die der Tatbestand genauer ausgestaltet wird.

a) SolingenVO

Die SolingenVO ist eine detaillierte Ausgestaltung der allgemeinen Tatbestände des § 127 I-III MarkenG und geht diesen in der Anwendung vor. Nach § 1 Nr. 1 SolingenVO darf nur für solche Produkte die Bezeichnung „Solingen" benutzt werden, die auch in dem nach § 2 SolingenVO näher bestimmten Gebiet von Solingen produziert worden sind. Zudem muss es sich bei den fraglichen Produkten um Schneidwaren i.S.d. 3 SolingenVO handeln. Bei den Produkten des T handelt es sich um Messer und somit um Schneidwaren i.S.d. § 3 Nr. 1 SolingenVO. Diese werden vollständig in der VR China produziert und damit nicht im Solinger Industriegebiet. Der T verstößt daher im Ergebnis durch sein Handeln gegen § 1 der SolingenVO und dies erfüllt gleichzeitig die Voraussetzungen des § 127 MarkenG.

---

[4] Vgl. Ströbele/Hacker (aaO), § 127 Rn. 10.
[5] Vgl. hierzu Ströbele/Hacker (aaO), § 127 Rn. 23.
[6] BGH, GRUR 1988, 453.
[7] BGH, GRUR 2002, 426.

b) Handeln im geschäftlichen Verkehr

Der Begriff des Handelns im geschäftlichen Verkehr wird im MarkenG und im UWG einheitlich definiert als jede wirtschaftliche Tätigkeit auf dem Markt, die der Förderung eines eigenen oder fremden Geschäftszweckes zu dienen bestimmt ist[8]. T verwendet die Bezeichnung „Solingen" zum einen in der Werbung für seine Produkte, zum anderen als Aufdruck auf der Ware bzw. deren Verpackung. Damit will er den Absatz seiner Produkte fördern und handelt somit im geschäftlichen Verkehr.

c) Umfang des Unterlassungsanspruches

Der Unterlassungsanspruch nach § 128 I MarkenG ist denkbar umfangreich und umfasst *alle* Handlungen. Für unseren Fall bedeutet dies, dass Produkte, die nicht die Anforderungen der SolingenVO erfüllen, nicht mit der Bezeichnung „Solingen" versehen werden dürfen. Dies gilt für das Anbringen auf der Ware, auf der Verpackung, in der Werbung und für alle weiteren möglichen Handlungsformen. D kann als Mitbewerberin von T verlangen, es zu unterlassen, für Messer, die nicht in Solingen produziert worden sind, die Bezeichnung „Solingen" zu verwenden.

II. Schadensersatzanspruch aus § 128 II MarkenG

Wenn T die Bezeichnung „Solingen" vorsätzlich oder zumindest fahrlässig gebraucht hat, könnte D ein Schadensersatzanspruch zustehen.

1. Aktivlegitimation

Fraglich ist, ob D tatsächlich anspruchsberechtigt sein kann. Aus § 128 II MarkenG ist nicht ersichtlich, wer zur Geltendmachung des Schadensersatzanspruches berechtigt sein soll. Da sowohl § 128 I MarkenG als auch § 8 UWG auf Unterlassungsansprüche begrenzt sind, ist für eine Analogie bezüglich der Aktivlegitimation kein Raum. Folglich kann nach den allgemeinen Regeln nur der unmittelbar Verletzte anspruchsberechtigt sein[9]. D und T stehen hier als Messerhersteller in einem unmittelbaren Wettbewerbsverhältnis, sodass D durch das rechtswidrige Verhalten des T unmittelbar in ihren Rechten verletzt wird. D ist somit hinsichtlich eines Schadensersatzanspruches aktivlegitimiert.

2. Verschulden

T müsste bei dem Gebrauch der Bezeichnung „Solingen" vorsätzlich oder fahrlässig gehandelt haben. Hierbei gelten die gleichen allgemeinen Maßstäbe wie für al-

---

[8] Fezer, Kommentar zum Markengesetz, 3. Auflage, München 2001, § 14 Rn. 41.
[9] Ingerl/Rohnke, Kommentar zum Markengesetz, 2. Auflage, München 2002, § 128 Rn. 13.

le übrigen kennzeichenrechtlichen Schadensersatzansprüche. Es handelt demnach bereits fahrlässig, wer nicht einmal die Möglichkeit der Recherche nach gHA professionell durchführen und auswerten lässt[10]. Ob und inwieweit der T solche Recherchen hat durchführen lassen, ist nicht bekannt. Da allerdings die Bezeichnung „Solingen" durch die erlassene SolingenVO besonders geschützt ist, hätte es dem T jedenfalls auffallen müssen, dass an die Benutzung besondere Anforderungen gestellt werden. T hat also zumindest fahrlässig und damit schuldhaft gehandelt.

3. Art und Umfang

Es stellt sich die Frage, ob auch im Fall der gHA das Prinzip der dreifachen Schadensberechnung gelten kann[11]. Eine gesetzliche Regelung dazu findet sich nicht. Für eine Lizenzanalogie wäre erforderlich, dass der Geschädigte eine entsprechende Lizenz hätte vergeben *können*. Für eine Gewinnabschöpfung wäre es notwendig, dass der Verletzte den Gewinn ansonsten allein selbst gemacht hätte. Dies alles scheint bei unrechtmäßigem Gebrauch von gHA nur schwer denkbar. Lizenzen für gHA können nicht von einem Hersteller vergeben werden. Zudem sind regelmäßig mehrere Anbieter in einem Herkunftsgebiet ansässig, die durch eine Verletzungshandlung betroffen sein können. Somit bleibt dem Verletzten schließlich nur die Möglichkeit, seinen Schaden konkret zu berechnen und gegenüber dem Verletzer geltend zu machen[12]. D kann gegen T einen Anspruch auf Schadensersatz geltend machen, muss diesen allerdings konkret berechnen.

III. Beseitigungsansprüche

Es stellt sich nun weitergehend die Frage, ob gegen den T Beseitigungsansprüche geltend gemacht werden können. Gesetzlich geregelt wird in § 128 MarkenG lediglich der Anspruch auf Unterlassung und auf Schadensersatz. Wie im allgemeinen Wettbewerbsrecht lässt sich jedoch bereits aus einem bestehenden Unterlassungsanspruch gleichzeitig ein Anspruch auf Beseitigung der widerrechtlichen Kennzeichnung entnehmen[13]. Eines Rückgriffes auf allgemeine bürgerlich-rechtliche Vorschriften bedarf es daher nicht. Somit kann D von T aus § 128 I MarkenG verlangen, die Bezeichnung „Solingen" auf den Waren und Verpackungen zu beseitigen.

IV. Vernichtungsansprüche

Fraglich ist schließlich, ob die D von T verlangen kann, die so gekennzeichneten Waren und Verpackungen zu vernichten. Ein solcher Anspruch ist in § 128 MarkenG explizit nicht enthalten, könnte sich aber dennoch aus anderen markenrechtlichen oder bürgerlich-rechtlichen Normen ergeben.

---

[10] Vgl. hierzu: Ingerl/Rohnke (aaO), § 128 Rn. 15 und Vor §§ 14-19 Rn. 108 ff.
[11] Siehe hierzu ausführlich Fall 14, Frage 2, VIII. 2.
[12] Vgl. hierzu auch: Ingerl/Rohnke (aaO), § 128 Rn. 14 und Vor §§ 14-19 Rn. 112 ff.
[13] Vgl. Fezer (aaO), § 128 Rn. 5; Ströbele/Hacker (aaO), § 128 Rn. 17.

1. § 18 MarkenG

Nach § 18 MarkenG hat der Inhaber einer Marke oder einer geschäftlichen Bezeichnung in Fällen der §§ 14, 15 und 17 MarkenG einen Anspruch darauf, dass die widerrechtlich gekennzeichneten Gegenstände vernichtet werden, wenn die Rechtsverletzung nicht auf einfachere Weise beseitigt werden kann. Die direkte Anwendung von § 18 MarkenG muss allerdings bereits deshalb ausscheiden, weil § 128 MarkenG nicht auf diese allgemeine – im Abschnitt für Marken und geschäftliche Bezeichnung angesiedelte – Vorschrift verweist[14].

2. § 18 MarkenG analog

Vereinzelt wird ein Vernichtungsanspruch jedoch aus einer Analogie zu § 18 MarkenG hergeleitet, welche aufgrund einer TRIPS-konformen Auslegung des Markengesetzes notwendig sei. Das TRIPS-Übereinkommen[15] beziehe gHA durch die Regelungen der Art. 22-24 in seinen Schutzbereich ein und bestimme zudem in Art. 46 die Vernichtung schutzrechtsverletzender Waren[16]. Diese Ausdehnung geht unter Berücksichtigung der weiteren markenrechtlichen Vorschriften zu weit. So bestimmt die Strafvorschrift des § 144 IV MarkenG, dass eine Vernichtung der betreffenden Waren nur ultima ratio sein kann. Warum dann aus einem rein zivilrechtlichen Anspruch bereits ein Vernichtungsanspruch folgen soll, ist nicht einsichtig. Zudem wird bei einer analogen Anwendung des § 18 MarkenG verkannt, dass das Markengesetz bewusst zwischen Marken und geschäftlichen Bezeichnungen auf der einen Seite und den gHA auf der anderen Seite unterscheidet. Während die individualisierten Marken und geschäftlichen Bezeichnungen stärker geschützt werden, gilt für die – insoweit kollektiven – gHA ein nur eingeschränkter Schutz. Von dieser Grundidee des Gesetzgebers abzuweichen besteht kein Anlass. Zudem kann der durch widerrechtliche Benutzung von gHA Geschädigte auch strafrechtlich gegen den Verletzer vorgehen und ggf. auf diesem Wege seinen Vernichtungsanspruch realisieren.

3. § 1004 BGB

Es wird die Ansicht vertreten, dass sich jedenfalls aufgrund des allgemeinen Vernichtungsanspruches nach § 1004 BGB ein Vernichtungsanspruch ergeben könne, wenn eine Beseitigung der widerrechtlichen Kennzeichnung nicht möglich ist[17]. Dabei muss jedoch schon vorab festgehalten werden, dass auch nach § 1004 I BGB jedenfalls lediglich die Beseitigung der Störung verlangt werden kann. Übertragen auf das Recht der gHA bedeutet dies, dass die Entfernung der Kennzeich-

---

[14] So auch: Ströbele/Hacker (aaO), § 128 Rn. 16.
[15] Übereinkommen über handelsbezogene Aspekte der Rechte des geistigen Eigentums (TRIPS) vom 15. April 1994, BGBl. II, S. 1730.
[16] Zu alldem: Fezer (aaO), § 128 Rn. 128.
[17] Vgl. Fezer (aaO), § 18 Rn. 46.

nung verlangt werden könnte, nicht aber die Vernichtung der Ware[18]. Für eine Ausdehnung des Anwendungsbereiches ist aus den oben zur analogen Anwendung des § 18 MarkenG genannten Gründen ebenfalls kein Raum. Auf die Frage, ob es überhaupt ein Recht an einer gHA gibt und ob ein solches als Eigentum i.S.d. § 1004 I BGB angesehen werden kann, kommt es somit in diesem Zusammenhang nicht an. Daher kann D von T nicht verlangen, die mit der Bezeichnung „Solingen" gekennzeichneten Waren und Verpackungen zu vernichten.

> Konsequent gedacht muss allerdings aus einem Anspruch auf Beseitigung widerrechtlich benutzter Hinweise dann ein Anspruch auf Vernichtung folgen, wenn die Störung nur so beseitigt werden kann. Ein solches Vorgehen wäre dann jedoch als ultima ratio anzusehen und vom entscheidenden Gericht genau zu prüfen.

V. Anspruch nach dem UWG

In § 2 MarkenG wird klargestellt, dass auch für den Schutz gHA die Anwendung von Vorschriften außerhalb des MarkenG nicht ausgeschlossen ist. Dennoch sind die §§ 126-129 MarkenG gegenüber den Vorschriften des UWG lex specialis. Lediglich für eine ergänzende Anwendung in Fällen, die vom Anwendungsbereich der §§ 126 ff. (noch) nicht erfasst werden, kann ein Rückgriff auf das UWG erforderlich sein[19]. D kann somit gegen T keine Ansprüche aus dem UWG geltend machen.

Frage 2

> Der strafrechtliche Schutz gHA ist in § 144 MarkenG geregelt. Dabei fällt auf, dass der Schutzbereich im Vergleich zu Marken und geschäftlichen Bezeichnungen enger ist. Bei Verstößen gegen § 144 MarkenG handelt es sich aber um sog. Offizialdelikte. Die Staatsanwaltschaft ist hier – im Gegensatz zu den Grunddelikten der §§ 143 I, 143a I MarkenG – von Amts wegen zur Strafverfolgung verpflichtet, sobald sie von der Kennzeichenverletzung Kenntnis erlangt. Es bedarf also keines Strafantrages[20].

---

[18] In diesem Sinne auch: Reinhard, Die geographische Herkunftsangabe nach dem Markengesetz unter Berücksichtigung internationaler Regelungen, Würzburg 1999, Teil 3. C. I. 1 cc, S. 100.
[19] Vgl. Köhler/Piper, Kommentar zum Gesetz gegen den unlauteren Wettbewerb, 2. Auflage, München 2001, § 3 Rn. 293.
[20] So auch: Fezer (aaO), § 144 Rn. 11.

I. Verstoß gegen § 144 MarkenG

T könnte sich wegen widerrechtlicher Benutzung der Bezeichnung „Solingen" gem. § 144 I Nr. 1 MarkenG strafbar gemacht haben. Nach § 144 I Nr. 1 MarkenG macht sich strafbar, wer im geschäftlichen Verkehr widerrechtlich eine gHA entgegen § 127 I oder II MarkenG benutzt. Dabei muss die Verletzungshandlung vorsätzlich begangen werden und widerrechtlich sein.

1. Erfüllung des Tatbestandes

T hat – wie bereits festgestellt – bei der Benutzung der Bezeichnung „Solingen" im geschäftlichen Verkehr gehandelt. Die objektive Widerrechtlichkeit bestimmt sich nach dem festgestellten Unterlassungsanspruch. Hiernach durfte T die Bezeichnung „Solingen" nicht für seine in der VR China produzierten Messer und deren Verpackung benutzen. T hat somit entgegen § 127 I MarkenG im geschäftlichen Verkehr widerrechtlich die gHA „Solingen" benutzt. Für die Fälle des § 144 I Nr. 1 MarkenG genügt der bedingte Vorsatz, wohingegen in allen übrigen Fällen direkter Vorsatz (Absicht) erforderlich ist. T hat seine Messer und die Verpackungen mit der Aufschrift „Solingen" versehen und diese dann in den Verkehr gebracht. Somit hat T vorsätzlich gehandelt. Es sind weder Rechtfertigungs- noch Schuldausschließungsgründe ersichtlich. T hat sich wegen Verstoßes gegen § 144 I Nr. 1 MarkenG strafbar gemacht.

2. Rechtsfolgen

Gegen T kann eine Geldstrafe oder eine Freiheitsstrafe bis zu zwei Jahren verhängt werden. Zudem kann das Gericht gem. § 144 II MarkenG bestimmen, dass die widerrechtlichen Kennzeichnungen beseitigt werden. Dies wird jedoch regelmäßig bereits aufgrund des zivilrechtlichen Unterlassungsanspruches erledigt worden sein. Allerdings kann das Gericht nun in den Fällen, in denen eine bloße Beseitigung der widerrechtlich benutzten gHA nicht möglich ist, die Vernichtung der betreffenden Gegenstände anordnen. Sollte ein öffentliches Interesse bestehen *muss* das Gericht nach § 144 V MarkenG dann noch im Urteil bestimmen, dass und auf welche Weise das Urteil öffentlich bekannt gemacht wird. Ein öffentliches Interesse liegt insbesondere dann vor, wenn es durch die widerrechtliche Benutzung der gHA zu einer erheblichen Irreführung des Publikums gekommen ist[21].

II. § 151 MarkenG

Nach § 151 MarkenG haben die Zollbehörden die Möglichkeit, solche Waren zu beschlagnahmen, die widerrechtlich mit geschützten gHA versehen sind. Um allerdings einen erheblichen Eingriff in den Warenverkehr zu verhindern, muss die Rechtsverletzung dabei offensichtlich sein. Die Beschlagnahme dient dabei in erster Linie der Beseitigung des widerrechtlichen Kennzeichens.

---

[21] Vgl. Fezer (aaO), § 144 Rn. 24.

C. Weiterführende Hinweise[22]: Allgemeines

Der Schutz von gHA ist sehr umfangreich ausgestaltet. So gibt es neben den nationalen Regelungen im MarkenG und im UWG weitere europäische und internationale Schutzvereinbarungen. Hier sind das Pariser Verbandsübereinkommen (PVÜ), das Madrider Herkunftsabkommen (MHA), das Lissaboner Ursprungsabkommen (LUA) und das TRIPS-Übereinkommen zu nennen. Daneben finden sich noch zahlreiche bilaterale Verträge und EU-Verordnungen. In den §§ 130 ff. MarkenG finden sich Vorschriften bezüglich des Eintragungsverfahrens für gHA in das Register der Europäischen Kommission[23].

Der Gerichtsstand für Unterlassungsklagen nach § 128 MarkenG bestimmt sich nach dem Tatort, und zwar sowohl für den unmittelbar Verletzten als auch für die übrigen Klageberechtigten nach § 8 III UWG (§ 13 II UWG a. F.). Die Einschränkung des § 14 II UWG (§ 24 II UWG a. F.) gilt für Fälle der gHA nicht[24].

---

[22] Zum strafrechtlichen Schutz gHA vergleiche auch: Fürmann, Der strafrechtliche Schutz geographischer Herkunftsangaben im Markengesetz, MarkenR 2003, S. 381-384.
[23] Vgl. hierzu die sehr ausführliche Kommentierung von Fezer. Fezer (aaO), §§ 130 ff.
[24] Vgl. Fezer (aaO), § 128 Rn. 4 unter Geltung des alten UWG.

Fall 16
Wer zuerst kommt, mahlt zuerst[1]

Patentrecht, einstweiliger Rechtsschutz, Einspruchs- und Nichtigkeitsverfahren, Unterlassungsklage

A. Sachverhalt

Die Drilling GmbH (D) entwickelt und vertreibt neben Schneidwaren für den Gebrauch im Haushalt auch speziell in der papierverarbeitenden Industrie einzusetzende Schneid- und Walzmaschinen. Dem Entwicklungsteam bei Drilling gelingt es nach intensiver Forschungsarbeit im Mai 2003 eine neues Verfahren zu entwickeln, bei dem große Rollen Papier in einem Arbeitsschritt schonend passgenau geschnitten und gepackt werden können.

Ebenfalls im Mai 2003 hat der überaus tüchtige Chefingenieur I der gleichfalls in Solingen ansässigen Metall- und Messerwaren-Fabrik KG (M) eine mit der Maschine der D identische Anlage entwickelt.

Die Nürnberger Papierwerke AG (N) ist immer auf der Suche nach Innovationen, die die Herstellung und Verarbeitung von Papier für sie leichter und effizienter macht. Daher geht die Geschäftsführung im August 2003 mit Freude auf das Angebot der D ein, einen Prototyp der neu entwickelten Maschine im Hauptwerk der N zu testen. Eine Vereinbarung darüber, dass die mit dem Maschinentest befassten Ingenieure der N absolutes Stillschweigen über ihre gewonnenen Erkenntnisse bewahren, ist schnell geschlossen, und es werden intensive Tests durchgeführt. Obwohl die Maschine wie zugesagt arbeitet, entscheidet sich die N letztlich doch aus anderen Gründen gegen die Anschaffung und gibt die Maschine an D zurück.

Am 1. September 2003 beantragt nun die M durch ihren Geschäftsführer die Erteilung eines Patentes für die von ihr entwickelte Maschine und meldet zudem die Eintragung in die Gebrauchsmusterrolle an. Diese erfolgt zusammen mit der Patenterteilung und der Veröffentlichung im Patentblatt am 1. März 2004.

Nun will die D bei der Hannover Messe ihre innovative Maschine vorstellen und erfährt im Vorfeld – aufgrund der pflichtgemäßen Lektüre des Patentblattes

---

[1] In Anlehnung an: OLG Frankfurt a.M., GRUR-RR 2003, 263 ff.

durch den Chefingenieur – von der Maschine der M. Auf einen empörten Anruf durch Clemens Drilling bei dem Geschäftsführer der M reagiert dieser gelassen und erklärt, seine Ingenieure hätten die Maschine eben zuerst erfunden und eintragen lassen, womit sein Unternehmen allein berechtigt sei. Sein Unternehmen könne also ruhigen Gewissens ebenfalls an der Messe teilnehmen.

1. Kann die D mit Erfolg gegen die M vorgehen?[2]

2. Wie wäre die Rechtslage, wenn D trotz des für M eingetragenen Patentes ihre identische Maschine auf der Messe präsentieren würde?

3. Wie könnte in diesem Fall ein Klageantrag der M an das zuständige Gericht aussehen?

B. Lösung

Frage 1

I. Einstweiliger Rechtsschutz

Die Messe steht unmittelbar bevor, sodass D schnellstmöglich gegen M vorgehen will, um keine Wettbewerbsnachteile erdulden zu müssen. Daher könnte es ratsam sein, gegen M eine einstweilige Verfügung zu erwirken, die es untersagt, die Maschine auf der Messe zu präsentieren sowie die Maschine dort Interessenten anzubieten und zu verkaufen. Notwendig hierfür ist jedoch nach §§ 935, 936, 920 II, 294 ZPO, dass D einen Verfügungsanspruch und einen Verfügungsgrund glaubhaft machen kann.

> Wegen der (technischen) Komplexität der patentrechtlichen Sachverhalte sind Verfahren des einstweiligen Rechtsschutzes eher selten. Die Untersagung von Produktion und Vertrieb aufgrund eines als patentverletzend festgestellten Sachverhaltes bedeutet immer einen nicht unerheblichen Eingriff in das betreffende Unternehmen, durch den sich der Antragsteller einem Schadensersatzrisiko aussetzt, sollte die Verfügung aufgehoben werden. Daher kommt für die insofern mit Recht sehr zurückhaltenden Gerichte der Erlass einer einstweiligen Verfügung nur dann in Betracht, wenn sich keine durchgreifenden Zweifel an der Schutzlage aufdrängen und die Beurteilung der Verletzungsfrage im Einzelfall keine Schwierigkeiten bereitet[3].

---

[2] Die Vorschriften des Gebrauchsmusterrechts sind hierbei nicht zu berücksichtigen!
[3] Hierzu nur: OLG Karlsruhe, GRUR 1988, 900.

1. Verfügungsanspruch

D muss darlegen, dass sie gegen die M einen Anspruch nach den Bestimmungen des PatG haben könnte.

a) Patentvindikation

In erster Linie ist an einen Übertragungsanspruch nach § 8 S. 2 PatG zu denken. Wenn D eine Berechtigung an der Erfindung hätte, könnte sie von M die Übertragung des Patentes verlangen. Dazu müssten Mitarbeiter der D die Erfindung gemacht haben.

Aus dem Sachverhalt ist zu entnehmen, dass die streitgegenständliche Maschine zeitgleich durch die Ingenieure der M und der D unabhängig voneinander entwickelt worden ist. Nach § 6 S. 3 PatG steht das Recht an einer Erfindung, die mehrere unabhängig voneinander gemacht haben, demjenigen zu, der die Erfindung zuerst beim Patentamt angemeldet hat. M hat die Maschine am 1. September 2003 zum Patent angemeldet, was D bislang nicht getan hat. Das Patent ist auch antragsgemäß erteilt worden. Demnach stehen M die Rechte aus dem erteilten Patent zu und es liegt kein Fall der Patentvindikation vor.

> Während im deutschen und europäischen Recht also der sog. „first-to-file"-Grundsatz gilt, kommt z. B. in den USA der sog. „first-to-invent"-Grundsatz zur Anwendung. Bisherige Ansätze zur internationalen Harmonisierung sind gescheitert. Es bleibt aber festzuhalten, dass diesbezügliche Bestrebungen fortgesetzt werden. Eine gewisse Problemlösung ist bereits durch das TRIPS-Übereinkommen eingetreten, nach dem in den USA auch Handlungen im Ausland anerkannt werden[4].

b) Nichtigkeit des Patentes

Das der M erteilte Patent könnte nichtig sein. Dazu müsste jedoch nach § 22 I PatG einer der in § 21 I PatG aufgezählten Gründe vorliegen.

Nach § 21 I Nr. 1 PatG wird ein Patent u. a. dann widerrufen, wenn der Gegenstand des Patentes nach den §§ 1-5 PatG nicht patentfähig ist. Die Patenterteilung durch das DPMA ist ein begünstigender Verwaltungsakt, der ein justizmäßiges und verobjektiviertes Verwaltungsverfahren abschließt. Nach § 42 PatG wird hierbei lediglich im Wege einer sog. Offensichtlichkeitsprüfung das Vorliegen der formellen und materiellen Patenterteilungsvoraussetzungen geprüft. Der Gesetzgeber hat diese Prüfungskompetenz bewusst beim DPMA konzentriert, da hier sowohl der rechtliche als auch – vor allem (!) – der technische Sachverstand gebündelt vorgehalten werden können. Den jeweils zuständigen Landgerichten (vgl. § 143 I PatG) wäre es im Zuge eines Eilverfahrens nicht möglich, zu überprüfen, ob die Voraussetzungen der §§ 1-5 PatG vorliegen bzw. bei Erteilung vorgelegen

---

[4] Vgl. hierzu: Keukenschrijver, in: Busse (Hrsg.), Kommentar zum Patentgesetz, 5. Auflage, Berlin 1999, § 6 Rn. 45.

haben. Daher ist das Gericht an die Feststellungen des DPMA gebunden und muss das Patent so hinnehmen, wie es erteilt worden ist. Auf das Fehlen einer der Voraussetzungen der §§ 1-5 PatG kann sich D also nicht mit Erfolg berufen.

Wenn D darlegen könnte, dass der wesentliche Inhalt des Patentes ohne entsprechende Einwilligung ihren Beschreibungen, Zeichnungen, Modellen, Gerätschaften oder Einrichtungen entnommen wurde, müsste dies auch im Eilverfahren Berücksichtigung finden. Hierzu sind allerdings keine Hinweise im Sachverhalt gegeben. Die Ingenieure von D und M haben das patentierte Verfahren jeweils eigenständig und unabhängig voneinander entwickelt. Somit kann sich D ebenfalls nicht auf eine widerrechtliche Entnahme berufen.

Für den Fall, dass das Patent allerdings *offensichtlich* schutzunfähig wäre, hätte das Gericht diese Tatsache zu berücksichtigen. Um überhaupt patentiert werden zu können, muss es sich nach § 1 I PatG zunächst um eine neue, gewerblich anwendbare und auf erfinderische Tätigkeit beruhende Erfindung handeln, und es dürfte keiner der Ausschlussgründe der §§ 1 II, 2 PatG vorliegen. Offensichtlich wäre die Schutzunfähigkeit also dann, wenn einer dieser Ausschlussgründe vorläge oder die Anforderungen des § 1 I PatG nicht erfüllt würden. Dafür sind hier jedoch keine Anhaltspunkte ersichtlich.

2. Ergebnis

Es sind keine möglichen Verfügungsansprüche auf Seiten der D ersichtlich. D kann daher nicht mit Erfolg im Wege des einstweiligen Verfügungsverfahrens gegen die M vorgehen.

II. Einspruch

Es besteht jedoch die Möglichkeit, nach § 59 I PatG i.V.m. § 65 I PatG innerhalb von drei Monaten nach Veröffentlichung der Patenterteilung beim Bundespatentgericht Einspruch gegen das Patent zu erheben.

1. Zulässigkeit

Da laut Sachverhalt die Veröffentlichung am 1. März 2004 erfolgt ist und D diese sofort gelesen hat, kann unterstellt werden, dass die Dreimonatsfrist noch nicht abgelaufen ist. Nach § 59 I S. 1 PatG kann jeder Dritte, im Fall der widerrechtlichen Entnahme i.S.d. § 21 I Nr. 3 PatG nur der Verletzte selbst, Einspruch gegen ein Patent erheben. Damit wäre D einspruchsberechtigt. Der Einspruch müsste dann schriftlich erfolgen und schriftlich begründet werden.

2. Begründetheit

Ein Einspruch ist begründet, wenn einer der Widerrufsgründe des § 21 PatG vorliegt.

a) § 21 I Nr. 1 PatG

Wenn die Maschine der M nach §§ 1-5 PatG nicht patentfähig wäre, müsste das Patent widerrufen werden und der Einspruch der D wäre begründet.

Zunächst müsste es sich bei der Maschine um eine Erfindung[5] handeln. Der Begriff wird zwar an vielen Stellen des PatG vorausgesetzt, ist jedoch hier nicht definiert. Der BGH versteht unter Erfindung eine Lehre zum technischen Handeln, wobei dies wiederum ein Handeln unter Einsatz beherrschbarer Naturkräfte zur unmittelbaren Erreichung eines kausal übersehbaren Erfolges bedeutet[6]. Über die genaue Funktion der Maschine ist uns nichts bekannt. Sie dient allerdings dem Schneiden und Packen großer Papierrollen. Diese Abläufe sind wiederholbar und somit als Lehre zum technischen Handeln zu verstehen. Dabei werden physikalische Kräfte eingesetzt, um den gewünschten Erfolg zu erzielen. Somit handelt es sich bei der Maschine um eine Erfindung.

> Eine Entdeckung kann nach § 1 II Nr. 1 PatG *keine* Erfindung im Sinne des Patentgesetzes sein. Durch die Umsetzung einer Entdeckung in eine konkrete Problemlösung kann jedoch durchaus eine patentierbare Erfindung entstehen[7].

Um patentfähig sein zu können, muss die Erfindung nach § 1 I PatG „neu"[8] sein. Nach § 3 I S. 1 PatG gilt eine Erfindung als neu, wenn sie nicht zum Stand der Technik gehört. Dieser bestimmt sich nach § 3 I S. 2 PatG und umfasst alle Kenntnisse, die vor dem Tag der Anmeldung durch schriftliche oder mündliche Beschreibung, durch Benutzung oder in sonstiger Weise der Öffentlichkeit zugänglich gemacht worden sind. Hier könnte die Maschine vor der Anmeldung der Öffentlichkeit zugänglich gemacht worden sein. Die D hatte nämlich eine mit der Maschine der M identische Maschine bereits im August der N zu Testzwecken zur Verfügung gestellt. Aufgrund dieser Identität könnte sich dies auch auf die Patenterteilungsvoraussetzungen für die Maschine der M auswirken. Bei einer derartigen Benutzung kommt es darauf an, ob es nach der Lebenserfahrung nahe liegt, dass der Empfänger der Maschine seine Kenntnisse an Dritte weiterverbreitet. Dabei ist zu berücksichtigen, ob entweder eine Pflicht zur Geheimhaltung bestanden hat oder nach der Lebenserfahrung anzunehmen war, dass die Erkenntnisse aufgrund eigener geschäftlicher Interessen geheimgehalten würden[9]. Hier haben D und N eine Geheimhaltungsverpflichtung geschlossen. N war demnach verpflichtet, über die Arbeitsweise der Maschine Stillschweigen zu bewahren. Damit ist die Maschine nicht der Öffentlichkeit zugänglich gemacht worden und gilt als neu i.S.d. § 3 PatG.

---

[5] Vgl. hierzu auch: Osterrieth, Patentrecht, 2. Auflage, München 2004, Rn. 93 ff.
[6] BGH, GRUR 1969, 672.
[7] Vgl. hierzu ausführlich: Kraßer, Patentrecht, 5. Auflage, München 2004, § 11 II, S. 122 ff.
[8] Vgl. hierzu auch: Ensthaler, Gewerblicher Rechtsschutz und Urheberrecht, 2. Auflage, Berlin/Heidelberg 2003, B 5.
[9] Vgl. BGH, GRUR 2002, 609, 611.

Nach § 4 PatG gilt eine Erfindung als auf einer erfinderischen Tätigkeit[10] beruhend, wenn sie sich für den Fachmann nicht in nahe liegender Weise aus dem Stand der Technik ergibt. Es darf sich demnach nicht um eine bloß routinemäßige Weiterentwicklung der Technik handeln, sondern es muss sich um eine durch geistig-schöpferische Leistung hervorgebrachte Bereicherung handeln[11].

> Hier ist in der Praxis ein hohes Maß an Fachwissen erforderlich. Der Stand der Technik muss richtig erkannt und die Erfindung muss richtig bewertet werden. Es muss also eine sog. Erfindungshöhe festgestellt werden.

Die Angaben im Sachverhalt sind diesbezüglich wenig aussagekräftig. Es steht jedoch fest, dass jahrelange Forschungsarbeit notwendig war, um das Konstruktionsprinzip der Maschine zu entwickeln. Zudem ergeben sich für die papierherstellende und -verarbeitende Industrie durch die Konstruktion erhebliche Vorteile. Somit handelt es sich um eine erfinderische Tätigkeit. Nach § 5 I PatG gilt eine Erfindung als gewerblich[12] anwendbar, wenn ihr Gegenstand auf irgendeinem gewerblichen Gebiet (einschließlich der Landwirtschaft) hergestellt oder genutzt werden kann. Dies ist hier der Fall. Die Voraussetzungen der §§ 1-5 PatG sind erfüllt. Demnach kann sich aus § 21 I Nr. 1 PatG keine Nichtigkeit des Patentes ergeben.

b) § 21 I Nr. 3 PatG

Ein Patent wird widerrufen, wenn der wesentliche Inhalt des Patentes den Beschreibungen, Zeichnungen, Modellen, Gerätschaften oder Einrichtungen eines anderen ohne dessen Einwilligung entnommen worden ist. Wie bereits festgestellt[13], haben die Ingenieure der D und der M die Maschine unabhängig voneinander entwickelt. Daraus folgt, dass eine widerrechtliche Entnahme nicht vorliegt.

> Es ist grundsätzlich möglich, dass mehrere Erfinder unabhängig voneinander dieselbe Erfindung machen. Für dieses Phänomen sind die Begriffe Doppelerfindung, Mehrfacherfindung und (wohl am genauesten) Parallelerfindung gebräuchlich. Dies ist zu unterscheiden von der gemeinschaftlichen Erfindung, bei der mehrere Erfinder gemeinsam arbeiten und eine Erfindung machen[14].

Es liegen zusammenfassend keine Widerrufsgründe vor. Ein Einspruch der D ist somit unbegründet.

---

10 Vgl. hierzu auch: Ensthaler (aaO), B 6.
11 Vgl. Kraßer (aaO), § 11 I 2, S. 120 f.
12 Vgl. hierzu auch: Osterrieth (aaO), Rn. 202 ff.
13 Siehe I. 2. b).
14 Vgl. hierzu: Kraßer (aaO), § 19 IV 3, S. 343.

III. Nichtigkeitsverfahren

Wenn die Einspruchsfrist bereits verstrichen wäre, könnte D statt eines Einspruchs gegen die Erteilung des Patentes ein Nichtigkeitsverfahren nach §§ 81 I, 22 I, 21 PatG anstrengen. In einem solchen Verfahren wird dann geprüft, ob ein wirksam erteiltes Patent im Ergebnis auch zu Recht erteilt worden ist.

> Für solche Verfahren ist das Bundespatentgericht zuständig, was sich aus § 81 I, III i.V.m. § 65 I PatG ergibt. Hierzu sind spezielle Nichtigkeitssenate eingerichtet worden, § 66 I Nr. 2 PatG. Berufungsinstanz ist dann nach § 110 I PatG der BGH. Nach § 87 I S. 1 PatG herrscht der sog. Amtsermittlungsgrundsatz. Hiernach sind die Gerichte nicht an das Vorbringen und die Beweisanträge der Beteiligten gebunden, sondern erforschen den gesamten Sachverhalt von Amts wegen. Dabei ist jedoch zu bedenken, dass das Gericht nur auf Antrag tätig wird und der Kläger durch Art und Umfang seines Antrages den Umfang der Prüfung vorgibt (Dispositionsmaxime).

1. Zulässigkeitsvoraussetzungen

D müsste seine Klage auf Feststellung der Nichtigkeit des der M erteilten Patentes nach §§ 81 IV S. 1, 81 V S. 1 PatG schriftlich beim Bundespatentgericht einlegen und diese schriftlich begründen. Eine Frist besteht hierfür nicht. Klagebefugt ist zunächst jedermann. Lediglich in Verfahren um eine widerrechtliche Entnahme i.S.d. § 21 I Nr. 3 PatG ist nach § 81 III PatG nur der Verletzte klagebefugt. Demnach wäre die D klagebefugt.

2. Begründetheit

Eine Nichtigkeitsklage der D könnte begründet sein, wenn einer der Nichtigkeitsgründe der §§ 21, 22 PatG vorliegen würde. Dies ist jedoch nicht der Fall. Insoweit kann auf die Ausführungen zu II. verwiesen werden.

> Ein Nichtigkeitsverfahren wird immer nur dann angestrengt werden, wenn die Einspruchsfrist verstrichen ist. Bei einem nicht erwartungsgemäß verlaufenen Einspruchsverfahren besteht die Berufungsmöglichkeit zum BGH, sodass für ein – insoweit dann daran anschließendes – Nichtigkeitsverfahren kein Raum mehr bliebe.

Im Wege der Nichtigkeitsklage kann der D letztlich ebenfalls nicht gegen die M vorgehen. D hat keine erfolgversprechenden Rechtsschutzmöglichkeiten gegen die Patenterteilung zugunsten der M.

Frage 2[15]

I. Unterlassungsanspruch nach §§ 139 I, 9 S. 2 PatG

In dem Fall, dass D die patentierte Maschine auf der Messe präsentiert, könnte M gegen D einen Unterlassungsanspruch aus §§ 139 I, 9 S. 2 Nr. 1 PatG haben. Dazu müsste M Inhaberin einer patentierten Erfindung sein, die die D entgegen den §§ 9 ff. PatG benutzt.

1. Aktivlegitimation

Um Ansprüche aus § 139 I PatG geltend machen zu können, muss M Verletzte i.S.d. Vorschrift sein. Dies ist der Fall, da das Patent für die Maschine für M beim DPMA eingetragen ist und ihr somit alle Rechte an diesem Patent zustehen.

2. Verletzungshandlung

D will ihre Maschine, die mit der für M patentierten Maschine identisch ist, auf der Hannover Messe präsentieren. Hierdurch würde sie in das Recht der M aus § 9 S. 2 Nr. 1 PatG eingreifen, da nämlich nur der Patentinhaber das Recht hat, die patentierte Erfindung zu benutzen.

3. Vorbenutzungsrecht

Die D könnte allerdings, da ihre Ingenieure die Maschine bereits vor der Patentanmeldung durch die M erfunden hatten, ein Vorbenutzungsrecht nach § 12 I S. 1 PatG haben, das ihr eine Nutzung ihrer Maschine erlauben würde.

> Durch diese Regelung soll verhindert werden, dass bereits durch berechtigte Benutzung einer Erfindung geschaffene wirtschaftliche Werte zerstört werden[16]. Es geht somit hauptsächlich um Besitzstandswahrung[17].

a) Voraussetzungen

Voraussetzung hierfür ist, dass D berechtigt im Besitz der Erfindung war. Hierunter versteht man die Möglichkeit, eine objektiv fertige Erfindung tatsächlich zu nutzen, weil man von ihr Kenntnis erlangt hat[18]. Allerdings kann eine unredliche Besitzerlangung keine Ansprüche begründen[19]. Da die Ingenieure der D die Maschine in identischer Form selbst konstruiert haben, war D berechtigt im Besitz der Erfindung. D müsste die Erfindung dann auch benutzt haben. Die möglichen

---

[15] Vgl. hierzu besonders: Schramm, Der Patentverletzungsprozeß, 4. Auflage, Köln 1999.
[16] Vgl. BGH, GRUR 1986, 803, 806.
[17] So bereits: RGZ 123, 58, 61. Weiterführend: BGH, GRUR 1964, 673, 675.
[18] Vgl. Kraßer (aaO), § 34 II b) 2, S. 850.
[19] Vgl. hierzu: OLG Düsseldorf, GRUR 1980, 170, 172.

Benutzungshandlungen ergeben sich aus den §§ 9, 10 PatG. Das Testverfahren bei der N würde als Nutzungshandlung nicht ausreichen, da hierin kein „Inverkehrbringen" i.S.d. § 9 S. 2 Nr. 1 PatG gesehen werden kann. Da D die Maschine N jedoch auch zum Kauf angeboten hat, liegt hierin eine Benutzungshandlung nach § 9 S. 2 Nr. 1 PatG.

Des Weiteren müssen seitens der D bereits „erforderliche Veranstaltungen" i.S.d. § 12 I S. 1 PatG getroffen worden sein. Dies sind solche Maßnahmen, die bestimmungsgemäß der Ausführung der Erfindung dienen und den ernstlichen Willen einer alsbaldigen Benutzung der Erfindung erkennen lassen[20]. Hier hat D sich um Käufer für die Maschine bemüht, womit auch diese Voraussetzung erfüllt ist.

b) Inhalt und Umfang

Grundsätzlich erlaubt ein Vorbenutzungsrecht die Nutzung eines patentierten Gegenstandes in der gleichen Art und Weise, wie das Vorbenutzungsrecht selbst erworben worden ist. Dies ergibt sich aus der Intention des Gesetzgebers, einen einmal geschaffenen Besitzstand erhalten zu wollen. Aus wirtschaftlichen und praktischen Erwägungen bestimmt allerdings § 12 I S. 2 PatG, dass das Recht im Rahmen der betrieblichen Bedürfnisse genutzt werden darf. Somit kann derjenige, der die Vorbenutzungsrechte an der Herstellung eines Gegenstandes hat, diesen auch weiterverwerten, also anbieten und verkaufen[21]. Somit darf die D weiterhin ihre Maschine herstellen, anbieten und verkaufen. M kann der D aufgrund des entstandenen Vorbenutzungsrechts nicht untersagen, die Maschine auf der Messe anzubieten und zu verkaufen.

II. Unterlassungsanspruch nach BGB oder UWG

M könnte gegen D allerdings einen bürgerlich-rechtlichen bzw. einen wettbewerbsrechtlichen Unterlassungsanspruch haben.

Dies setzt aber voraus, dass die allgemeinen Regelungen auch neben den spezielleren patentrechtlichen Vorschriften anwendbar sind. § 139 PatG schließt andere Anspruchsgrundlagen nicht aus. So kann z. B. eine Verletzung des Erfinderpersönlichkeitsrechts eine unerlaubte Handlung i.S.d. § 823 I BGB sein. Allerdings ist § 139 PatG eine erschöpfende Spezialregelung und geht bei Vorliegen der Tatbestandsvoraussetzungen den allgemeinen bürgerlich-rechtlichen Regelungen vor[22]. Gleiches gilt im Verhältnis zum wettbewerbsrechtlichen Leistungsschutz. Auch hier ist das Patentgesetz vorrangig. Lediglich in den Fällen, die vom patentrechtlichen Sonderrechtsschutz nicht erfasst werden, kann Platz für eine ergänzende Anwendung des UWG sein[23]. M könnte somit auch nicht mit Erfolg aus Vorschriften des BGB oder des UWG gegen die D vorgehen.

---

[20] Vgl. Kraßer (aaO), § 34 II b) 4, S. 852.
[21] Vgl. Kraßer (aaO), § 34 II c), S. 852 ff.
[22] Vgl. Keukenschrijver, in: Busse (aaO), § 139 Rn. 262 f.
[23] Vgl. Keukenschrijver, in: Busse (aaO), § 139 Rn. 264 ff.

Frage 3

I. Praktische Vorüberlegungen

In der Praxis geht einem gerichtlichen Verfahren regelmäßig eine Abmahnung voraus, in der der (mutmaßliche) Verletzer aufgefordert wird, in Zukunft keine Verletzungshandlungen mehr zu begehen und Ersatzansprüche anzuerkennen. Will sich der Verletzer hierin fügen, unterzeichnet er eine Unterlassungsverpflichtungserklärung. Diese ist der Abmahnung im Normalfall bereits beigefügt und beinhaltet regelmäßig ein Vertragsstrafeversprechen, um eine Wiederholung auszuschließen. Da die Abmahnung allerdings keine Prozessvoraussetzung ist, kann auch direkt gerichtlicher Rechtsschutz in Anspruch genommen werden.

Wenn mehrere Patente durch eine Handlung verletzt werden, besteht die Gefahr, dass es zu einer Flut von Prozessen kommt. Um dem entgegenzuwirken, hat der Gesetzgeber in § 145 PatG eine Konzentrationsmaxime festgeschrieben. Danach kann ein Beklagter wegen derselben Handlung aufgrund eines anderen Patentes nur dann in Anspruch genommen werden, wenn der Kläger das Patent ohne sein Verschulden nicht bereits im ersten Verfahren geltend machen konnte. Hierbei handelt es sich um eine Einrede, die die Unzulässigkeit einer weiteren Klage bewirkt.

Die sachliche Zuständigkeit der Landgerichte für alle Klagen in Bezug auf Ansprüche aus dem Patentgesetz folgt aus § 143 I PatG. Auf die Höhe des Streitwertes kommt es dabei nicht an. Obwohl es bei Patentrechtsstreitigkeiten um wirtschaftliche Fragen geht, handelt es sich *nicht* um Handelssachen i.S.d. § 95 I Nr. 4 lit. c GVG. Es bleiben also die Zivilkammern zuständig. Wie schon im MarkenG hat auch im PatG der Bundesgesetzgeber den Landesgesetzgebern die Möglichkeit eröffnet, spezielle Landgerichte mit Patentstreitigkeiten zu betrauen. Von dieser Möglichkeit haben alle Landesregierungen Gebrauch gemacht, zum Teil sogar in der Form, dass länderübergreifende Zuständigkeiten geschaffen wurden[24].

Die örtliche Zuständigkeit bestimmt sich entweder nach dem allgemeinen Gerichtsstand des Beklagten, §§ 12, 13, 17 ZPO, oder nach dem Gerichtsstand der unerlaubten Handlung, § 32 ZPO. Danach kann sowohl am Handlungs- als auch am Erfolgsort der Patentverletzungshandlung die Zuständigkeit des jeweiligen Landgerichtes begründet werden. Bezüglich der Gerichtsstände hat der Kläger nach § 35 ZPO die Wahl. Wenn es sich um europäische Sachverhalte handelt, kommt die EuGVVO[25] zur Anwendung. Danach ist jeder, der einen Wohnsitz in

---

[24] LG Berlin (Berlin und Brandenburg); LG Braunschweig (Niedersachsen); LG Düsseldorf (Nordrhein-Westfalen); LG Erfurt (Thüringen); LG Frankfurt a.M. (Hessen und Rheinland-Pfalz); LG Hamburg (Bremen, Hamburg, Mecklenburg-Vorpommern und Schleswig-Holstein); LG Leipzig (Sachsen); LG Magdeburg (Sachsen-Anhalt); LG Mannheim (Baden-Württemberg); LG München I (OLG-Bezirk München); LG Nürnberg-Fürth (OLG-Bezirke Bamberg und Nürnberg); LG Saarbrücken.

[25] Verordnung Nr. 44/2001 über die gerichtliche Zuständigkeit und die Anerkennung und Vollstreckung in Zivil- und Handelssachen - Beachte: In Dänemark gilt weiter das EuGVÜ!

einem der Vertragsstaaten hat, unabhängig von der jeweiligen Staatsangehörigkeit vor den Gerichten dieses Staates zu verklagen. Allerdings gilt auch hier das Prinzip des lex loci delicti, nach dem am Ort der unerlaubten Handlung Ansprüche gerichtlich geltend gemacht werden können[26].

2. Klageantrag

Sollte es nun in unserem Fall zu einer gerichtlichen Auseinandersetzung kommen, könnte ein entsprechender Klageantrag in etwa wie folgt ausgestaltet sein:

Die Klägerin beantragt,

I. die Beklagte zu verurteilen, es bei Meidung eines für jeden Fall der Zuwiderhandlung vom Gericht festzusetzenden Ordnungsgeldes bis zu 250.000 EURO, ersatzweise Ordnungshaft bis zu 6 Monaten, oder Ordnungshaft bis zu 6 Monaten, zu vollziehen an den Geschäftsführern, zu unterlassen,

Schneid- und Walzmaschinen herzustellen, feilzuhalten und/oder in Verkehr zu bringen, welche folgende Merkmale aufweisen:

1) *genaue Bezeichnung der Besonderheiten der Maschine,*

2) *etc..*

II. festzustellen, dass die Beklagte verpflichtet ist, der Klägerin denjenigen Schaden zu ersetzen, welcher der Klägerin durch Herstellung und Vertrieb von Schneid- und Walzmaschinen nach Ziff. I 1)-... seit *(Tag der Patenterteilung und Bekanntmachung im Patentblatt)* entstanden ist oder in Zukunft noch entsteht;

III. die Beklagte zu verurteilen, der Klägerin durch Vorlage eines mit dem *(Datum)* beginnenden Verzeichnisses Rechnung zu legen über

1) die Stückzahl der nach Ziff. I hergestellten Maschinen

2) die beim Vertrieb dieser Maschinen erzielten Erlöse

3) die Abnehmer unter Angabe von Name und Anschrift

4) die Zeitpunkte der einzelnen Lieferungen

5) Art und Umfang der für die Maschinen betriebenen Werbung,

wobei es der Beklagten vorbehalten bleiben mag, Namen und Anschrift ihrer Abnehmer anstelle der Klägerin einem von ihr zu benennenden und ihr gegenüber zur Verschwiegenheit verpflichteten vereidigten Wirtschaftsprüfer bekannt zu geben,

---

[26] Zusätzlich gibt es noch die sog. „Cross Border Injunctions", bei denen ein inländischer Kläger die Verletzung von ausländischen Patenten geltend macht.

sofern dieser von der Beklagten ermächtigt wird, der Klägerin darüber Auskunft zu erteilen, ob von dieser konkret bezeichnete Namen oder Anschriften Bestandteil der erteilten Auskunft sind, und sofern die Beklagte die Kosten der Tätigkeit des Wirtschaftsprüfers trägt.

Ggf. folgen dann noch Anträge zur Kostentragung und zur vorläufigen Vollstreckbarkeit.

C. Weiterführende Hinweise: Patentrecht[27]

Für die Erteilung von Patenten ist das Deutsche Patent- und Markenamt (DPMA) in München zuständig. Hier werden die Anträge technisch und rechtlich geprüft und das Patentregister geführt. Das Verfahren der Patentanmeldung richtet sich nach den §§ 34 ff. PatG und den Vorschriften der Patentverordnung. Gegen die Beschlüsse des DPMA kann nach § 73 PatG Beschwerde eingelegt werden. Für Entscheidungen über diese Beschwerden und für Klagen auf die Erteilung von Zwangslizenzen und die Erklärung der Nichtigkeit oder der Zurücknahme von Patenten ist gem. § 65 I PatG das Bundespatentgericht in München zuständig. Gegen Beschlüsse des Bundespatentgerichtes kann unter den Voraussetzungen des § 100 PatG die Rechtsbeschwerde zum BGH erhoben werden.

Im Patentrecht wird aufgrund eines staatlich gewährten Ausschließlichkeitsrechtes Schutz von Erfindungen gewährt. Der dazu notwendige Hoheitsakt (Patenterteilung) entfaltet seine Wirkung dabei stets nur innerhalb des jeweiligen Hoheitsgebietes (Territorialitätsprinzip). Daher muss eine Erfindung in jedem Land, in dem sie geschützt sein soll, in einem eigenen Verfahren angemeldet werden.

In der Praxis geht es bei Patentstreitigkeiten sehr häufig um technische Erfindungen. Gerade im Bereich der Computerprogramme und der Biotechnologie ist zum Technikbegriff eine differenzierte Rechtsprechung entstanden, auf die hier nicht vertieft eingegangen werden kann[28].

---

[27] Wer sich intensiver mit Patenten und ihrer (gerichtlichen) Durchsetzung beschäftigen möchte, sollte die detaillierten Informationen in folgenden Werken beachten: Schramm, Der Patentverletzungsprozeß, 4. Auflage, Köln 1999, und Kühnen/Geschke, Die Durchsetzung von Patenten in der Praxis – Von der Abmahnung bis zur Zwangsvollstreckung, 2. Auflage, Köln 2004. Als umfassendes Lehrbuch sei Kraßer, Patentrecht – Ein Lehr- und Handbuch zum deutschen Patent- und Gebrauchsmusterrecht, Europäischen und Internationalen Patentrecht, 5. Auflage, München 2004, empfohlen.

[28] Hierzu sei auf Ensthaler und seine Ausführungen in Teil B des Lehrbuchs „Gewerblicher Rechtsschutz und Urheberrecht" (aaO) verwiesen.

Fall 17
Wer hat´s erfunden[1][2]

Patentrecht, Arbeitnehmererfindung, Vergütungsanspruch, Schadensersatz

A. Sachverhalt

Der bei M beschäftigte Chefingenieur I hatte seinerzeit das neue Verfahren für die Maschine vollständig alleine entwickelt. Er hatte, wie es üblich war, die Geschäftsführung ausführlich über seine neue Entwicklung unterrichtet. Der Geschäftsführer hatte sich daraufhin schriftlich bei I für seine „tolle Leistung" bedankt und angekündigt, die Erfindung nun vollumfänglich für die KG zu nutzen.

Alle Erwartungen übertreffend, verkauft sich die neue Maschine sehr gut. Allerdings hat mittlerweile eine erneute rechtliche Auseinandersetzung dazu geführt, dass das Patent zu Gunsten der M nicht mehr besteht. Sie hatte – wie seinerzeit auch die D – ihre Maschine bereits *vor* Erteilung des Patentes einem Kunden angeboten und von der C-GmbH liefern und einbauen lassen. Diese hatte dann beim DPMA Einspruch gegen die Patenterteilung erhoben, da M bei ihrem Angebot die neue Anlage beschrieben und somit vorbenutzt habe. In dem daran anschließenden Einspruchsverfahren wurde die Patenterteilung schließlich rechtskräftig widerrufen. M hatte sich hiergegen, obwohl in ihren Allgemeinen Liefer- und Geschäftsbedingungen eine Vertraulichkeitsklausel enthalten ist, nicht zur Wehr gesetzt.

I erfährt von alldem eher zufällig, möchte allerdings dennoch an dem durch die Maschine erwirtschafteten Profit der M teilhaben. Er wendet sich an seinen Geschäftsführer und verlangt entsprechende Geldleistungen für die Nutzung „seiner" Erfindung.

1. Welche Ansprüche stehen I zu?

2. Erläutern Sie, was man unter einem Patentanwalt versteht. Gehen Sie dabei auf seine Aufgaben ein.

---

[1] In Anlehnung an: BGH, GRUR 2002, 609 ff.
[2] Als Fortsetzung zu Fall 16.

B. Lösung

Frage 1

I. Einstweiliger Rechtsschutz

I könnte nach § 9 I Arbeitnehmererfindergesetz (ArbEG) einen Anspruch auf Vergütung für seine Erfindung haben, wenn M diese unbeschränkt in Anspruch genommen hat.

1. Voraussetzungen nach ArbEG

Um einen Vergütungsanspruch gegen die M durchsetzen zu können, müssen die persönlichen und sachlichen Voraussetzungen des ArbEG erfüllt sein.

a) Arbeitnehmer

I müsste dazu Arbeitnehmer i.S.d. § 1 ArbEG sein. Arbeitnehmer ist nach den allgemeinen arbeitsrechtlichen Grundsätzen derjenige, welcher aufgrund eines privatrechtlichen Vertrages oder eines diesem gleich gestellten Rechtsverhältnisses im Dienst eines anderen in persönlich abhängiger Stellung tätig ist[3]. Der I arbeitet für die M als Ingenieur und hat einen entsprechenden Arbeitsvertrag. Er ist damit Arbeitnehmer i.S.d. § 1 ArbEG.

> Organmitglieder von juristischen Personen und Doktoranden sind keine Arbeitnehmer i.S.d. ArbEG. Leitende Angestellte, Praktikanten und Werkstudenten hingegen fallen sehr wohl unter den Arbeitnehmerbegriff, wobei es hier u. U. auf eine genauere Einzelfallbetrachtung ankommen kann. Durch §§ 40 ff. ArbEG werden auch die im öffentlichen Dienst Beschäftigten in das Gesetz miteinbezogen[4].

b) Erfindung/technischer Verbesserungsvorschlag

Bei der von I entwickelten Maschine müsste es sich um eine Erfindung oder einen technischen Verbesserungsvorschlag handeln.
Nach § 2 ArbEG ist „Erfindung" nur etwas, was patent- oder gebrauchsmusterfähig ist. Ansonsten kann es sich nach § 3 ArbEG um einen technischen Verbesserungsvorschlag handeln. Wie bereits festgestellt[5] handelt es sich bei der Maschine um eine Erfindung.

---

[3] Vgl. Kraßer, Patentrecht, 5. Auflage, München 2004, § 21 II a) 1, S. 399 f.
[4] Vgl. auch: Osterrieth, Patentrecht, 2. Auflage, München 2004, Rn. 610 f.
[5] Siehe hierzu ausführlich Fall 16.

c) Diensterfindung

Bei der Erfindung des I müsste es sich um eine Diensterfindung i.S.d. § 4 ArbEG handeln. Dies sind nach § 4 II Nr. 1 ArbEG solche Erfindungen, die während der Dauer des Arbeitsverhältnisses bei der Tätigkeit in dem Betrieb entstanden sind. Wenn die Erfindung maßgeblich auf Erfahrungen oder Arbeiten des Betriebes beruht, handelt es sich nach § 4 II Nr. 2 ArbEG ebenfalls um eine Diensterfindung. I hat die Maschine im Rahmen seiner Tätigkeit als Ingenieur während seiner Beschäftigung bei der M erfunden. Somit handelt es sich um eine Diensterfindung i.S.d. § 4 II Nr. 1 ArbEG.

d) Meldepflicht

Seiner in § 5 ArbEG normierten Pflicht, die Erfindung unverzüglich mit den technischen Einzelheiten seinem Arbeitgeber zu melden, ist der I laut Sachverhalt nachgekommen.

> Die Meldung nach § 5 ArbEG muss schriftlich erfolgen, um für den Arbeitnehmer Rechtssicherheit gewährleisten zu können. Dabei finden insbesondere die Zugangregelungen des BGB Anwendung. Neben den Diensterfindungen sind auch die freien Erfindungen i.S.d. § 4 III ArbEG an den Arbeitgeber zu melden. Dies ergibt sich aus § 18 I ArbEG. Allerdings ist der Umfang der mitzuteilenden technischen Details auf ein Minimum beschränkt. Bevor ein Arbeitnehmer jedoch solch eine freie Erfindung selbst vermarktet, ist er verpflichtet, sie seinem Arbeitgeber nach § 19 ArbEG zur Nutzung anzubieten.

e) Inanspruchnahme

Nach § 6 I ArbEG kann der Arbeitgeber eine Diensterfindung in Anspruch nehmen. Der Geschäftsführer der M hat dem I schriftlich für seine tolle Leistung gedankt und dabei angekündigt, die Erfindung vollumfänglich für das Unternehmen nutzen zu wollen. Damit sind nach § 7 I ArbEG alle Rechte an der Erfindung des I auf die M übergegangen[6].

2. Bemessung der Vergütung

Nach § 9 II ArbEG sind für die Bemessung der Vergütung die wirtschaftliche Verwertbarkeit der Erfindung, die Stellung des Erfinders im Betrieb und der Anteil des Unternehmens am Zustandekommen der Erfindung maßgebend. Dafür muss zunächst ein Erfindungswert ermittelt werden. Damit wird die wirtschaftliche Verwertbarkeit der Erfindung festgestellt. Hierzu kann man entweder den be-

---

[6] Nimmt der Arbeitgeber eine Diensterfindung nicht innerhalb von vier Monaten nach Eingang der ordnungsgemäßen Meldung an, will er sie nur beschränkt in Anspruch nehmen. Gibt er sie gänzlich frei, so kann der Arbeitnehmer nach § 8 ArbEG frei über die Erfindung verfügen.

trieblichen Nutzen errechnen, diesen schätzen oder im Wege der Lizenzanalogie vorgehen. Dabei muss festgestellt werden, welche Sätze in Lizenzverträgen bei vergleichbaren Fällen in Ansatz gebracht werden[7].

> Erfindungswert = Bezugsgröße (Jahres-/Gesamtumsatz) x Lizenzsatz in %

Zudem ist ein Anteilsfaktor zu ermitteln, der sich aus dem Anteil des Arbeitnehmers und der Mitwirkung des Betriebes an der Erfindung sowie der Stellung des Erfinders im Betrieb errechnet.

> Ergebnis: Vergütung = Erfindungswert x Anteilsfaktor[8]

Da wir keine detaillierten Angaben über die notwendigen Parameter haben, kann eine genaue Berechnung der angemessenen Vergütung hier nicht vorgenommen werden.

> Zur Frage der Vergütungsbemessung hat der Bundesminister für Arbeit nach § 11 ArbEG entsprechende „Richtlinien für die Vergütung von Arbeitnehmererfindungen im Privaten Dienst" erlassen[9]. Hierbei handelt es sich jedoch lediglich um Anhaltspunkte und nicht um verbindliche Vorschriften[10].

3. Fehlende Einigung oder Festsetzung

Nach § 12 I ArbEG sollen die Beteiligten eine Vereinbarung über Art und Höhe der Vergütung treffen. Kommt solch eine Vereinbarung in angemessener Frist nach Inanspruchnahme der Erfindung nicht zustande, ist der Arbeitgeber nach § 12 III ArbEG verpflichtet, die Vergütung festzusetzen, diese zu begründen und an den Erfinder auszuzahlen.

Geeinigt haben sich M und I nicht. Aufgrund der Angaben im Sachverhalt kann unterstellt werden, dass die Patenterteilung bereits mehr als drei Monate zurückliegt. Die Vergütung für die Erfindung hätte aufgrund der uneingeschränkten Inanspruchnahme durch M somit spätestens bis zum Ablauf von drei Monaten nach Erteilung des Patentes festgesetzt werden müssen. Dies ist ebenfalls nicht geschehen.

> Einer Festsetzung durch den Arbeitgeber kann der Arbeitnehmer innerhalb einer Frist von zwei Monaten schriftlich widersprechen. Geschieht dies nicht, sind nach § 12 IV ArbEG beide Teile an die Festsetzung gebunden.

---

[7] Osterrieth (aaO), Rn. 632 (ausführlich zum Erfindungswert Rn. 633 ff.).
[8] Vgl. Osterrieth (aaO), Rn. 632.
[9] Siehe hierzu: Bartenbach/Volz, Arbeitnehmererfindungsrecht einschließlich Verbesserungsvorschlagswesen, 2. Auflage, München 2001, Anhang 1 zu § 11.
[10] Kraßer (aaO), § 21 V 6, S. 417 f.

> Allerdings kann bei Eintreten wesentlicher Veränderungen von beiden Seiten gem. § 12 VI ArbEG eine entsprechende Anpassung verlangt werden.

4. Zeitraum

Fraglich ist, für welchen Zeitraum der I einen Vergütungsanspruch gegen die M hat. § 12 III S. 2 ArbEG bestimmt, dass eine Vergütung bei fehlender Einigung bis zum Ablauf von drei Monaten nach *Erteilung des Schutzrechts* festzusetzen ist. Daraus folgt, dass der Tatbestand des § 9 I ArbEG – insoweit ungeschrieben – ebenfalls voraussetzen muss, dass die Erfindung, für die eine Vergütung bezahlt werden soll, *schutzfähig* ist[11]. Demnach müsste auch, den Wortlaut des § 12 III S. 1 ArbEG zugrunde legend, erst ab diesem Zeitpunkt die Vergütung bezahlt werden. Das für eine Schutzrechtserlangung notwendige Verfahren kann allerdings geraume Zeit in Anspruch nehmen. Aufgrund der Verpflichtung des Arbeitgebers aus § 10 I ArbEG, bei *beschränkter* Benutzung sofort die Vergütung zahlen zu müssen, hat die Rechtsprechung daher einen Anspruch des Erfinders auf Zahlung einer vorläufigen Vergütung entwickelt[12]. Danach hat der I bereits für den Zeitraum ab Meldung seiner Erfindung an die M bis zur Erteilung des Patentes einen Anspruch auf Zahlung einer vorläufigen Vergütung.

Zu prüfen ist weiterhin, wie sich der Widerruf der Patenterteilung auf den Vergütungsanspruch des I auswirkt. Wird die Patenterteilung nachträglich widerrufen oder das Patent für nichtig erklärt, entfällt rückwirkend jeder Schutz[13]. Dies hat auf den Vergütungsanspruch des Arbeitnehmers aber lediglich Auswirkungen für die Zukunft. Für die Zeit bis zum rechtskräftigen Widerruf bzw. der rechtskräftigen Nichtigerklärung bleibt der Arbeitgeber zur Zahlung der angemessenen Vergütung verpflichtet, weil für diese Zeit eine Vorzugsstellung gegenüber etwaigen Mitbewerbern bestanden hat[14]. Somit hat der I gegen M bis zum rechtskräftigen Widerruf bzw. der rechtskräftigen Nichtigerklärung des Patentes einen Anspruch auf Zahlung der angemessenen Erfindervergütung.

I hat gegen M für die Zeit von der Meldung seiner Erfindung an die M bis zum Widerruf des Patentes einen Anspruch auf entsprechende Vergütung. Bevor er allerdings klageweise gegen die M vorgehen kann, muss das Schiedsverfahren bei dem DPMA durchlaufen werden[15]. Bleibt dieses erfolglos, kann der I nach §§ 38, 39 I ArbEG i.V.m. § 143 PatG vor dem zuständigen Gericht[16] dann Klage auf Zahlung der Vergütung gegen die M erheben.

> Wenn Arbeitgeber und Arbeitnehmer eine schriftliche Vereinbarung geschlossen haben, nach der von der Anrufung der Schiedsstelle abzusehen

---

[11] Kraßer (aaO), § 21 V 1, S. 414 f.
[12] Vgl. hierzu: Kraßer (aaO), § 21 V 1, S. 414 f.
[13] BGH, GRUR 2002, 609, 610.
[14] BGH, GRUR 2002, 609, 610.
[15] Siehe zur Schiedsstelle auch §§ 29 ff. ArbEG.
[16] Siehe hierzu Fall 16, Frage 3, 1.

ist, kann unmittelbar der Klageweg beschritten werden. Gleiches gilt für die Fälle, in denen das Arbeitsverhältnis nicht mehr besteht, seit Anrufung der Schiedsstelle sechs Monate vergangen sind oder aus einer bzw. gegen eine Vereinbarung vorgegangen werden soll (§ 37 II ArbEG). Handelt es sich um Klagen, in denen es ausschließlich um Ansprüche auf Leistung einer festgestellten oder festgesetzten Vergütung geht, sind für Arbeitnehmer die Arbeitsgerichte, für Beamte die Verwaltungsgerichte zuständig[17].

III. Anspruch auf Schadensersatz

1. Voraussetzungen

I könnte gegen M einen Anspruch auf Schadensersatz nach §§ 280 I, 276 I BGB i.V.m. § 16 I ArbEG haben[18]. Solch ein Anspruch besteht, wenn M gegen ihre Pflichten aus § 16 I ArbEG verstoßen hat und dem I dadurch ein Schaden entstanden ist. Ein Arbeitgeber ist verpflichtet, dem Arbeitnehmer mitzuteilen, wenn er auf ein Schutzrecht verzichten will. Auf Wunsch (und auf Kosten) des Arbeitnehmers muss das Schutzrecht dann auf diesen übertragen werden. Nach den Angaben im Sachverhalt hat die M sich nicht gegen das Einspruchsverfahren zur Wehr gesetzt. Darin liegt im Ergebnis eine Aufgabe des Schutzrechtes, über die sie den I nicht informiert hat. Somit liegt ein Verstoß gegen § 16 I ArbEG vor.

Die Übertragung des Schutzrechtes auf den I ist für die M auch unmöglich geworden, da das Patent mittlerweile rechtskräftig für nichtig erklärt worden ist. Dadurch, dass M den I nicht rechtzeitig über das Einspruchsverfahren unterrichtet hat und so die Schutzrechtsübertragung verhindert wurde, hat sie letztlich die Unmöglichkeit der Übertragung verschuldet. Der Verlust des Schutzrechtes stellt für den I einen geldwerten Schaden dar. Dieser bemisst sich nach dem Ausfall von Vergütungsansprüchen durch den Wegfall des Schutzrechtes[19]. Somit liegen die Voraussetzungen für einen Schadensersatzanspruch vor.

2. Einwendungen der M

Möglicherweise kann M Einwendungen gegen den Schadensersatzanspruch des I vorbringen.

Ein auf Schadensersatz in Anspruch genommener Arbeitgeber kann dem Arbeitnehmer die mangelnde Schutzfähigkeit der Erfindung entgegenhalten[20]. Schutzfähigkeit ist immer nur dann gegeben, wenn die Voraussetzungen der Pa-

---

[17] Kraßer (aaO), § 21 VIII 2, S. 425.
[18] Bei dem Anspruch aus § 16 ArbEG handelt es sich um ein gesetzliches Schuldverhältnis, dass auch vom Anwendungsbereich des § 280 BGB umfasst wird. Vgl. Stausinger/Otto, Kommentar zum Bürgerlichen Gesetzbuch, 13. Bearbeitung, Berlin 2004, § 280 Rn. B 2.
[19] Vgl. zum Umfang des Schadensersatzanspruches: BGH, GRUR 2002, 609, 613.
[20] BGH, GRUR 1982, 227, 229; GRUR 2002, 609, 611.

tentfähigkeit nach §§ 1-5 PatG vorliegen. Dazu gehört u. a., dass es sich um eine „neue" Erfindung handelt, § 1 I PatG. Dabei gilt nicht mehr als „neu", was nach § 3 I S. 2 PatG bereits vor Patenterteilung der Öffentlichkeit zugänglich gemacht wurde. In dem durchgeführten Einspruchsverfahren wurde solch eine offenkundige Vorbenutzung i.S.d. § 3 I S. 2 PatG angeführt und schließlich bejaht. Dies führte folglich zur Nichtigkeitserklärung. Damit kann M grundsätzlich einwenden, dass die Erfindung des I aufgrund dieser offenkundigen Vorbenutzung nicht patentfähig gewesen sei. Allerdings bestand zwischen M und dem belieferten Unternehmen eine Geheimhaltungsvereinbarung, wodurch eine Vorbenutzung i.s.d. § 3 PatG ausgeschlossen ist[21]. Dass M dies in dem Einspruchsverfahren nicht vorgetragen hat, wirkt sich auf das *faktische* Vorliegen der Patentvoraussetzungen nicht aus. Da also keine Schutzunfähigkeit vorgelegen hat, kann M dies auch nicht gegen den Anspruch des I einwenden.

Zudem trifft den Arbeitgeber, der ein Schutzrecht nicht selbst aufrechterhalten will, die Obliegenheit, alle ihm zur Verfügung stehenden Rechtsmittel zur Aufrechterhaltung des Schutzrechtes einzusetzen. Dies gilt mindestens für die Überlegensfrist des Arbeitnehmers aus § 16 II ArbEG[22]. Da die M sich nicht gegen den Antrag der C-GmbH zur Wehr gesetzt hat, hat sie diese Obliegenheit nicht erfüllt und ist auch deshalb an Einwendungen gehindert. Im Ergebnis hat I gegen die M einen Anspruch auf Schadensersatz nach den Bestimmungen der §§ 280 I, 276 I BGB i.V.m. § 16 I ArbEG.

IV. Auskunftsanspruch

I könnte gegen M zudem einen Anspruch auf Auskunft und Rechnungslegung haben. Um einen bestehenden Anspruch auf angemessene Vergütung beziffern zu können, muss der Anspruchsberechtigte die dazu notwendigen Parameter[23] feststellen (lassen) können. Daraus folgt eine umfassende Rechenschaftspflicht nach § 259 BGB[24]. Gleiches gilt für die Bezifferung eines Schadensersatzanspruches[25]. Danach hat I gegen M einen umfassenden Anspruch auf Auskunft über alle zur Berechnung seiner Ansprüche notwendigen Parameter.

> Bei einem etwaigen Klageverfahren wäre demnach im Wege der sog. Stufenklage zunächst der Auskunftsanspruch geltend zu machen, um dann anhand der erlangten Auskünfte den Klageantrag genau beziffern zu können.

---

[21] Vgl. hierzu auch Fall 16, Frage 1, II. 2. a).
[22] BGH, GRUR 2002, 609, 613.
[23] Siehe hierzu die Ausführungen unter II. 2.
[24] Vgl. BGH, GRUR 2002, 609, 610; Staudinger/Bittner (aaO), § 259 Rn. 15.
[25] BGH, GRUR 2002, 609, 610.

Frage 2[26]

Mindestens ebenso häufig wie dem Begriff des "Syndikus"[27] begegnet man dem des „Patentanwaltes". Auch hier herrscht meist eine nur diffuse Vorstellung über das, was sich hinter dieser Berufsbezeichnung genau verbirgt. Ebenso wie für Rechtsanwälte gibt es für die Patentanwälte berufsrechtliche Vorschriften, Regelungen und Einrichtungen. So finden sich in der Patentanwaltsordnung (PatAnwO) neben Zulassungsvoraussetzungen auch alle anderen berufsständischen Regelungen. Die Ausbildungsvorschriften sind der Patentanwaltsausbildungs- und -prüfungsverordnung (PatAnwAPO) zu entnehmen. Die Gebührenberechnung erfolgt nach den Vorschriften der Gebührenordnung für Patentanwälte (PatAnwGebO). Schließlich gibt es in München die bundesweit zuständige Patentanwaltskammer mit einem entsprechenden Ehrengericht und spezielle Kammern und Senate bei dem Land- und Oberlandesgericht München sowie dem Bundesgerichtshof. Ebenso wie die Rechtsanwälte üben Patentanwälte einen freien Beruf aus (§ 2 PatAnwO) und sind unabhängige Organe der Rechtspflege (§ 1 PatAnwO).

Der Grund für die Schaffung eigener Regelungen liegt darin, dass es im Patentwesen vornehmlich um technische Fragen geht und die rechtlichen Kenntnisse häufig von nachgeordneter Bedeutung sind. Daher muss, wer Patentanwalt werden will, auch den Abschluss eines technischen oder naturwissenschaftlichen Studiums nachweisen. Erst in der darauf folgenden dreijährigen praktischen Ausbildungszeit werden dann (zusätzlich) die notwendigen Rechtskenntnisse vermittelt, die schließlich im Rahmen einer Prüfung bei dem Patentamt nachzuweisen sind. Wer diese besteht, ist fortan Patentassessor und kann sich als Patentanwalt in die Liste der Patentanwälte eintragen lassen.

Bei Streitigkeiten vor den Patentgerichten ist es allerdings nicht notwendig, sich eines Patentanwaltes zu bedienen. Vielmehr sind alle Rechtsanwälte vertretungsberechtigt, die über eine Zulassung bei den örtlichen Landgerichten verfügen. Aufgrund der nach § 143 PatG möglichen Gebührenerstattung und der regelmäßigen Komplexität der (technischen) Sachverhalte wird sich jedoch eine Hinzuziehung stets anbieten.

C. Weiterführende Hinweise: Literatur

1.) K. Bartenbach/F.-E. Volz, Erfindungen an Hochschulen. Zur Neufassung des § 42 ArbEG, GRUR 2002, 743-758

2.) Straus, Arbeitnehmererfinderrecht: Grundlagen und Möglichkeiten der Rechtsangleichung, GRUR Int. 1990, 353-366

---

[26] Vgl. die instruktiven Ausführungen bei: Jestaedt, Patentrecht, Köln 2005, S. 40 ff.
[27] Siehe Fall 13, Frage 3.

Fall 18
Der magische Würfel[1]

Neues Geschmacksmusterrecht, Geschmacksmusterfähigkeit von Münz- und Banknoten-Abbildungen auf Gebrauchsartikeln, Verstoß gegen die öffentliche Ordnung nach dem Geschmacksmustergesetz, Verwendung staatlicher Hoheitszeichen

A. Sachverhalt

Der Hobbyzauberer Lars Legolas (L) hat für sein Publikum mal wieder „in die Zauberkiste gegriffen" und zum Verkauf acht bauklotzartige Würfel entwickelt, die mit einem Drehmechanismus versehen sind und entweder als Quadrat oder als Würfel angeordnet werden können. Diese Würfel sind teils mit vollständigen Abbildungen von Euro-Münzen und Euro-Banknoten und der Europaflagge versehen. Der Würfel wird als „magischer Würfel" bezeichnet

L möchte sich gegen unerlaubte Nachbildungen seines „magischen Würfels" schützen. Er meldet deswegen seinen Würfel beim Deutschen Patent- und Markenamt als Gebrauchsmuster an.

Der zuständige Regierungsdirektor Dr. Curtius teilt L in einem Schreiben vorab mit, dass der Schutz für das angemeldete Muster nicht erlangt worden sei und die Eintragung versagt werden müsse. Er führt aus, dass die Veröffentlichung der Muster und die Verbreitung der Nachbildungen gegen die öffentliche Ordnung verstoßen und ein Eintragungshindernis gem. §§ 18, 3 I Nr. 3 und 4 GeschmMG wegen eines Verstoßes gegen § 8 II Nr. 6 MarkenG vorliege. L möchte aber unbedingt eine Eintragung in das Register erreichen und beauftragt seinen Rechtsanwalt Bogart mit der Beurteilung der Rechtslage.

Stehen einer Eintragung tatsächlich Schutzhindernisse entgegen, wie Dr. Curtius vorträgt?

---

[1] In Anlehnung an: BGH I ZB 2/02 (unveröffentlicht); BGH, GRUR 2003, 705; BGH, GRUR 2003, 708.

B. Lösung

Dem L könnte ein Anspruch auf Eintragung in das Register zustehen, wenn dem Schutz gegen Nachbildung keine Eintragungshindernisse nach der Bestimmung des § 18 GeschmMG n. F. entgegenstehen.

1. Eintragungshindernis i.S.d. § 18 GeschmMG[2] n. F.

Die materiell-rechtliche Prüfung nach § 18 GeschmMG stellt eine – dem urheberrechtlich geprägten Geschmacksmusterrecht an sich fremde – Ausnahme von dem Grundsatz dar, dass der Musterschutz mit der Anmeldung gem. § 2 II GeschmMG entsteht. Sie soll verhindern, dass Muster eingetragen werden und gem. § 37 I GeschmMG mit dem Anschein gesetzlichen Schutzes im Geschmacksmusterblatt bekannt gemacht werden, die gegen die öffentliche Ordnung verstoßen[3].

Nach der Bestimmung der §§ 18, 3 I Nr. 3 und 4 GeschmMG wird der Schutz gegen Nachbildung durch die Anmeldung nicht erlangt, wenn die Veröffentlichung des Musters oder Modells oder die Verbreitung einer Nachbildung gegen die öffentliche Ordnung verstoßen würde. Der Begriff der „öffentlichen Ordnung" ist ähnlich wie bei der polizeirechtlichen Generalklausel wie folgt zu bestimmen: Durch das Muster dürfen die Grundlagen des staatlichen oder wirtschaftlichen Lebens oder die tragenden Grundsätze der Rechtsordnung nicht in Frage gestellt werden[4]. Die öffentliche Ordnung wird also gebildet durch die „tragenden Grundsätze der Rechtsordnung"[5] [6]. Das von Dr. Curtius vorgetragene Verbot könnte sich aus § 8 II Nr. 6 MarkenG entnehmen lassen. Hiernach sind Marken mit staatlichen Hoheitszeichen von der Eintragung als Marke ausgenommen. Zu den Hoheitszeichen i.S.d. § 8 II Nr. 6 MarkenG werden auch gesetzliche Zahlungsmittel gerechnet[7]. Zu den gesetzlichen Zahlungsmitteln zählen auch die Euro-Münzen und Euro-Banknoten[8].

Fraglich ist jedoch, ob wegen der unterschiedlichen Schutzrichtung und wirtschaftlichen Bedeutung des Markengesetzes und des Geschmacksmustergesetzes das Verbot des § 8 II Nr. 6 MarkenG auch auf das Geschmacksmuster übertragbar ist. Zu einer wichtigen Klärung in diesem Kontext kann der entstehungs- und ent-

---

[2] Die vor der Geltung des neuen Geschmacksmusterrechtes vom 12.3.2004 (BGBl. I Nr.11) anzuwendende Norm ist der § 7 II GeschmMG.
[3] Vgl. Begr. zu Art. 1 Nr. 2 des Entwurfs eines Gesetzes zur Änderung des Geschmacksmustergesetzes: Bl. f. PMZ 1987, 50, 55.
[4] Kraßer, Patentrecht, 5. Auflage, München 2004, § 15 III, S. 249, Fezer, Kommentar zum Markenrecht, 3. Auflage, München 2001, § 8 Rn. 346.
[5] Vgl. auch die Begründung zum IntPatÜG, Bl. f. PMZ 1976, 332.
[6] Pagenkopf weist darauf hin, dass ein Verstoß gegen die öffentliche Ordnung erst dann gegeben ist, wenn der Gesetzesverstoß die wahrscheinliche Gefahr einer Bedrohung des geordneten Gemeinschaftslebens darstellt (Pagenkopf, GRUR 2002, 758, 759).
[7] Fezer (aaO), § 8 Rn. 360.
[8] Vgl. Art. 2 § 1 des Gesetzes über die Änderung währungsrechtlicher Vorschriften infolge der Einführung des Euro-Bargeldes, BGBl. I 1999, 2402.

wicklungsgeschichtliche Zusammenhang zu § 8 Nr. 6 MarkenG beitragen. Die Vorschrift dient der Umsetzung des Art. 3 I lit. h der Markenrechtsrichtlinie[9]. Nach Art. 6ter I der PVÜ[10] sind die Verbandsländer unter anderem verpflichtet, die Eintragung ihrer staatlichen Hoheitszeichen als Fabrik- und Handelsmarken zurückzuweisen, sofern die zuständigen Stellen den Gebrauch nicht erlaubt haben. Die Teleologie manifestiert sich dahingehend, durch den Ausschluss der Eintragung und Benutzung staatlicher Hoheitszeichen die Rechte eines Staates auf Kontrolle seiner Souveränitätssymbole zu gewährleisten. Zudem könnte andernfalls die Öffentlichkeit über die Herkunft der mit solchen Marken gekennzeichneten Waren getäuscht werden[11]. In der PVÜ ist jedoch kein Grundsatz enthalten, dass staatliche Hoheitszeichen von einer gewerblichen Nutzung ausgeschlossen sind. Denn in puncto „markenmäßige Verwendung" sieht die PVÜ nur ein Verbot im Falle eines unbefugten Gebrauchs von Staatswappen im Handel vor, wenn dieser Gebrauch zur Irreführung über den Ursprung der Erzeugnisse geeignet ist. Im Wege eines „argumentum e contrario" kann aus § 8 II Nr. 6 MarkenG vor diesem Hintergrund nicht entnommen werden, staatliche Hoheitszeichen seien generell jeder gewerblichen Verwertung entzogen.

Die grundlegend unterschiedlichen Schutzrichtungen des Markenrechts und Geschmacksmusterrechts lassen auch keinen Schluss von dem Verbot der Eintragung staatlicher Hoheitszeichen als Marke gem. § 8 II Nr. 6 MarkenG darauf zu, die Verwendung von Hoheitszeichen in Mustern und Modellen verstoße gegen die öffentliche Ordnung i.S.d. §§ 18, 3 I Nr. 3 und 4 GeschmMG[12]. Das Schutzhindernis des § 8 II Nr. 6 MarkenG betrifft die Eintragung staatlicher Hoheitszeichen als Marke. Deren Hauptfunktion besteht in der Gewährleistung der Ursprungsidentität der gekennzeichneten Waren und Dienstleistungen[13]. Mit dem Eintragungsverbot des § 8 II Nr. 6 MarkenG wird verhindert, dass Statussymbole des Staates und andere Hoheitszeichen als Hinweis auf ein bestimmtes Unternehmen registriert werden. Das Verbot einer musterrechtlich geschützten, ästhetischen Verwendung, wie sie dem Geschmacksmustergesetz zu eigen ist[14], kann daraus nicht abgeleitet werden. Das eingetragene Geschmacksmuster dient nicht als Hinweis auf den Inhaber des Modells, sondern gewährt vorrangig ein Schutzrecht für eine ästhetische Gestaltung des Musters oder Modells[15].

> Das BPatG selbst hat jüngst in einem nicht rechtskräftigen Beschluss vom 12.12.2002 – 10 W (pat) 716/01 mit bemerkenswerter Klarheit betont, dass die Gefahr einer künftigen ungerechtfertigten Geltendmachung von Verbietungsrechten aus einzelnen Musterelementen – in diesem Fall ging es um Abbildungen von Verkehrszeichen – oder gar einer gesetzwidrigen

---

[9] BGH, GRUR 2003, 705, 706.
[10] PVÜ = Pariser Verbandsübereinkunft zum Schutz des gewerblichen Eigentums.
[11] BGH, GRUR 2003, 705, 706.
[12] So glasklar: BGH, GRUR 2003, 705, 706.
[13] BGH, GRUR 2000, 822; BGH, WRP 2001, 157.
[14] Kraßer (aaO), § 15 II, S. 248.
[15] BGH, GRUR 2003, 705, 706.

missbräuchlichen Verwendung von Teilen eines Musters keinen Grund für eine Schutzversagung wegen Verstoßes gegen die öffentliche Ordnung bildet[16].

Aus den o. g. Überlegungen ist zu folgern, dass keine Schutzhindernisse entgegenstehen. Insoweit kann der Einwand von Dr. Curtius argumentativ sauber entkräftet werden.

2. Verstoß gegen §§ 18, 3 I Nr. 3, 4 GeschmMG wg. sittenwidriger Gestaltung

In der Judikatur ist anerkannt, dass im Falle einer gesetz- oder sittenwidrigen Gestaltung der Hoheitszeichen ein Verstoß gegen die in §§ 18, 3 I Nr. 3 und 4 GeschmMG normierte öffentliche Ordnung gegeben ist[17]. In casu sind aber dem Sachverhalt keine Hinweise zu entnehmen, die auf eine Aushöhlung des ideellen Wertes der Euro-Banknoten respektive der Europaflagge schließen lassen. Es fehlt also an einem den Verstoß gegen die öffentliche Ordnung erst begründenden Umstand.

C. Weiterführende Hinweise: Geschmacksmusterrecht

Das Geschmacksmusterrecht lässt sich plastisch als „kleine Tochter" des Urheberrechts kennzeichnen[18]. Es wird demzufolge ein geringerer Grad ästhetischen Gehalts vorausgesetzt, wenngleich – soweit die Kriterien beider Gesetze erfüllt sind – eine Doppelschutzmöglichkeit besteht[19].

Nach § 2 I, II und III GeschmMG können an Mustern i.S.d. § 1 GeschmMG, die neu und eigentümlich (Eigenart haben) sind[20], Geschmacksmusterrechte entstehen. Der Gegenstand eines Geschmacksmusters ist eine konkrete Verkörperung einer ästhetischen Leistung. Es geht realiter um all das, was an Farb- und Formgestaltung von den verschiedenen Designer-Berufen geschaffen wird. Exempli gratia sind zu nennen: Kinderspielzeug, Schmuck, Textilien, Stoffe, Bettwäsche, Mode, Lederwaren, Taschen, Elektrogeräte, Möbel, Tapeten, Leuchten etc. pp. Auch Teile von Waren können geschmacksmustergeschützt sein, etwa der Glaskörper einer Leuchte[21] oder der Scherkopf eines Elektrorasierers[22]. Auch das Ge-

---

[16] Siehe auch den Senatsbeschluss v. 8.10.2001: BPatG, GRUR 2002, 337, 338.
[17] BGH, GRUR 2003, 708.
[18] Dreier/Schulze, Kommentar zum Urheberrechtsgesetz, München 2004, § 2 Rn. 177.
[19] Das Geschmacksmuster entsteht ähnlich wie das Patent, also durch Anmeldung, Prüfung durch das DPMA in München sowie Eintragung in das Register für Geschmacksmuster. Nach § 20 GeschmMG wird die Eintragung in das Register mit einer Wiedergabe des Geschmacksmusters durch das Deutsche Patent- und Markenamt bekannt gemacht.
[20] Vgl. zum Merkmal „Eigentümlichkeit": BGH, GRUR 1960, 395, 396; BGH, GRUR 2000, 1023, 1025.
[21] BGH, GRUR 1981, 273.

schmacksmuster ist ein Ausschließlichkeitsrecht mit der Konsequenz, dass nur der Inhaber des Geschmacksmusterrechts das Muster gewerblich verwerten darf. Die Entstehung und die Dauer des Schutzes richtet sich nach § 27 GeschmMG. Der Schutz entsteht mit der Eintragung in das Register, und die Schutzdauer des Gebrauchsmusters beträgt maximal 25 Jahre, gerechnet ab dem Anmeldetag.

Die Aufrechterhaltung des Schutzes wird nach § 28 I GeschmMG durch die Zahlung einer Aufrechterhaltungsgebühr jeweils für das 6. bis 10., 11. bis 15., 16. bis 20. und für das 21. bis 25. Jahr der Schutzdauer bewirkt. Sie wird in das Register eingetragen und bekannt gemacht. Nach § 28 III GeschmMG endet die Schutzdauer, sobald der Schutz nicht aufrechterhalten wird.

---

[22] BGH, GRUR 1977, 602.

Fall 19
Neues aus Büttenwarder[1]

Eintragung eines auf Plattdeutsch bezeichneten Gebrauchsmusters, Voraussetzungen einer Gebrauchsmusteranmeldung in das Register, Gesetz zu der Europäischen Charta der Regional- und Minderheitensprachen des Europarats vom 5.11.1992

A. Sachverhalt

Die Gemeinde Büttenwarder, irgendwo in Norddeutschland gelegen, sucht nach neuen Möglichkeiten der Haushaltssanierung. Der umtriebige Bürgermeister Jess Hansen (H) hat eines Tages eine aus seiner Sicht „goldbringende" Idee.

Er reicht beim Deutschen Patent- und Markenamt (DPMA) auf dem dafür vorgesehenen Formblatt einen Antrag auf Eintragung eines Gebrauchsmusters ein. Als Bezeichnung der Erfindung wurde auf Niederdeutsch (plattdeutsch) „Lääge-ünnerloage" (hochdeutsch: Liegeunterlage) angegeben. Dem Antrag sind eine Beschreibung und Schutzansprüche, die jeweils auf Niederdeutsch abgefasst sind, sowie ein Blatt Zeichnungen mit einigen erläuternden Angaben auf Hochdeutsch beigefügt.

Der als gewissenhaft geltende Regierungsdirektor Dr. Curtius von der Gebrauchsmusterstelle beim DPMA weist die Anmeldung zurück. Er stellt sich strikt auf den Standpunkt, dass niederdeutsche Anmeldeunterlagen nicht i.S.d. § 4 a I GebrMG in deutscher Sprache abgefasst sind.

Bürgermeister Hansen legt den Fall Rechtsreferendarin Eva Emsig (E) vor, die gerade ihre Ausbildungsstation bei der Gemeinde Büttenwarder absolviert. H meint, es müsse doch irgendwelche Vereinbarungen geben, die sich mit dem Schutz von Minderheitensprachen befassen. Er gibt Eva Emsig auch die Ausgaben des BGBl. II der letzten 15 Jahre auf CD-ROM zwecks Recherche.

Gibt es eine Möglichkeit, entgegen dem Vorbringen von Dr. Curtius eine Eintragung zu erreichen?

---

[1] In Anlehnung an: BGH, GRUR 2003, 226.

B. Lösung

> Der Fall kann unter ganz strikter Anwendung der juristischen Auslegungscanones und einer sauberen Anwendung respektive Subsumtion der erforderlichen Bestimmungen ohne tiefe Kenntnisse im Gebrauchsmusterrecht gelöst werden. Hier zeigt sich in eindringlicher Weise die Erkenntnis, dass mit den Grundlagen der Denklehre und Rechtsanwendung ein noch so „unbekannter" Fall einer sachgerechten Lösung zugeführt werden kann.

Eine Eintragung des von H entwickelten Gebrauchsmusters in das Register ist gegeben, wenn die Anmeldung den Anforderungen der §§ 4, 4a GebrMG entspricht. Dies ist dann der Fall, wenn die sachlich-rechtlichen Voraussetzungen dieser Normen gegeben sind.

Erfordernisse der Anmeldung i.S.d. §§ 4, 4a GebrMG

Das GebrMG fordert nach § 4 III Nr. 4 GebrMG lediglich eine Beschreibung des „Gegenstands der Anmeldung", d. h. der Erfindung, nicht aber ausdrücklich auch ihre nacharbeitbare Offenbarung[2].

Die von H zunächst eingereichten Unterlagen wurden auf Plattdeutsch eingereicht. Bei einer zunächst unbefangenen Auslegung des § 4a GebrMG ist davon auszugehen, dass Niederdeutsch nicht Deutsch im Sinne der maßgeblichen gesetzlichen Bestimmungen ist. Die sprachlichwissenschaftliche oder systematische Zuordnung des Niederdeutschen zur deutschen Sprache ist umstritten. Es herrscht keine eindeutige Meinung[3]. Man kann das Neuniederdeutsche auch lediglich als „eine Gruppe von Dialekten im deutschen Sprachgebiet" ansehen[4]. Der Streit über die (rechtliche) Grundbewertung des Niederdeutschen als deutsche Sprache bedarf aus nachfolgenden Gründen keiner Entscheidung.

Aus der Erklärung der Bundesrepublik Deutschland zur Vorbereitung der Ratifizierung der Europäischen Charta der Regional- oder Minderheitensprachen vom 23.1.1998 (BGBl. II, 1998, 1334) und aus dem Gesetz zu der Europäischen Charta der Regional- oder Minderheitensprachen des Europarats vom 5.11.1992 (BGBl. II, 1998, 1314) folgt, dass Niederdeutsch als Regionalsprache bezeichnet und damit jedenfalls in bestimmtem Umfang wie eine eigenständige Sprache behandelt und als solche privilegiert wird. Das genügt dafür, Niederdeutsch wie eine der von § 4a GebrMG erfassten Sprachen zu behandeln[5]. Es gibt keinen sachlich-rechtfertigenden Grund, Niederdeutsch insoweit schlechter zu stellen als etwa die

---

[2] Kraßer, Patentrecht, 5. Auflage, München 2004, § 24 III 1, S. 528.
[3] Vgl. nur: Haarmann, Soziologie und Politik der Sprachen Europas, München 1975, S. 186.
[4] Goossens, Niederdeutsche Sprache – Versuch einer Definition, in: ders. (Hrsg.), Niederdeutsch – Sprache und Literatur, Bd. 1, 2. Auflage, München 1983, S. 23.
[5] BGH, GRUR 2003, 226, 227.

norddeutschen Minderheitensprachen Nordfriesisch oder Saterfriesisch. Aus diesen Überlegungen ist zu folgern, dass die Anmeldung den Voraussetzungen der §§ 4, 4a GebrMG entspricht und der Einwand von Dr. Curtius nicht greift.

> Bei der Frage, in welcher bzw. in welchen Sprachen die Gebrauchsmusterschrift zu veröffentlichen ist, ist zu berücksichtigen, dass dieser Vollzug die Information der (inländischen) Verkehrskreise über die Schutzrechte erleichtern soll[6]. Nach der Rspr. des BGH kann im Nichtigkeitsverfahren vor den nationalen deutschen Gerichten ein europäisches Patent auch dann durch eine in deutscher Sprache gehaltene eingeschränkte Neufassung des Patentanspruches beschränkt verteidigt werden, wenn Deutsch nicht die Verfahrenssprache[7] des Erteilungsverfahrens war[8].

C. Weiterführende Hinweise: Gebrauchsmusterrecht

Das Gebrauchsmuster lässt sich analog zum Geschmacksmuster ebenfalls als „kleine Tochter" kennzeichnen, und zwar des Patentrechts[9]. Die Teleologie dieses Gesetzes hat zum Inhalt, gerade unter praktischen Gesichtspunkten ein gewerbliches Schutzrecht für die „kleinen Erfindungen" (low tec) im Gegensatz zum Patent als „high tec" zu schaffen, für die der Aufwand eines Patents sich nicht eignet oder lohnt. Insofern kann man mit einer gewissen Berechtigung von einem „Minipatent" sprechen. Der für die Beurteilung von Neuheit und erfinderischer Leistung maßgebende Stand der Technik ist enger begrenzt als im Patentrecht; Verfahren können überhaupt nicht durch Gebrauchsmuster geschützt werden. Vor diesem Hintergrund bedarf es keiner Sonderbestimmungen, die den Schutz biologischer Züchtungsverfahren und medizinischer Verfahren ausschließen. Es fehlt aber auch an Entsprechungen zu den patentrechtlichen Bestimmungen über mikrobiologische Erzeugnisse und den Schutz zum Stand der Technik gehörender Erzeugnisse in erster medizinischer Anwendung[10]. Ein Gebrauchsmusterrecht kann entstehen für eine Erfindung, die neu und gewerblich anwendbar ist und auf einem erfinderischen Schritt beruht. Es handelt sich im Wesentlichen um Gebrauchsverbesserun-

---

[6] Winterfeldt, GRUR 2004, 361, 380.
[7] Die Sprache vor dem Patentamt und dem Patentgericht ist deutsch, sofern nichts anderes bestimmt ist (§§ 126 S. 1 PatG, 21 I GebrMG). Für das Verfahren vor dem Europäischen Patentamt ist zu beachten, dass die Praktikabilität des europäischen Patentverteilungssystems wesentlich dadurch gefördert wird, dass (nur) Deutsch, Englisch und Französisch Amtssprachen des EPA sind (Art. 14 I S. 1). Zu den Vorteilen der Dreisprachenregelung: van Benthem, Mitt. (Mitteilungen der deutschen Patentanwälte) 1983, 21-25.
[8] BGH, NJW 1993, 71.
[9] Kraßer (aaO), § 1 B. I, S. 8.
[10] Kraßer (aaO), § 10 II, S. 116.

gen, d. h. Neuentwicklungen, mit denen nur kleinere technische Fortschritte verbunden sind und für die eine geringere Schutzdauer ausreichend erscheint.

Das Gebrauchsmusterrecht, ebenfalls ein Ausschließlichkeitsrecht, ist von der Schutzdauer wesentlich kürzer als das Patent ausgerichtet. Der Schutz beträgt zunächst gem. § 23 I GebrMG[11] drei Jahre. Durch die Entrichtung weiterer Gebühren (sog. Aufrechterhaltungsgebühren) kann die Schutzdauer zunächst noch einmal um drei Jahre und dann um zweimal zwei Jahre verlängert werden. Summa summarum addiert sich die Schutzdauer auf zehn Jahre für das Gebrauchsmuster. Die zeitliche Begrenzung des Schutzes beruht prioritär auf der Erwägung, dass Erfindungen mit der Zeit in die verschiedensten Abwandlungen und Weiterentwicklungen eingehen. Dem Erfinder, der sich um die Befriedigung eines bestimmten Bedürfnisses bemüht, lassen „Naturgesetze" und wirtschaftliche Erfordernisse oft keinen Spielraum für eine Lösung, die nicht in irgendeiner Form von früheren Erfindungen Gebrauch macht[12].

---

[11] Die Vorschrift bezieht sich nicht auf die Dauer der Schutzwirkung, die erst mit der Eintragung beginnt (§ 11 GebrMG), sondern auf die Laufzeit.
[12] Kraßer (aaO), § 26 A. II, S. 600.

Fall 20
Das Starkstrom-Kartell[1]

Wettbewerbsbeschränkende Vereinbarungen nach Art. 81 EGV, Auswirkungsprinzip, System der Legalausnahme, Verhältnis zwischen nationalem und europäischem Kartellrecht, rechtspolitischer Ausblick auf die Reform des deutschen Kartellrechtes in Form der 7. GWB-Novelle

A. Sachverhalt

Sieben europäische Starkstromunternehmen - darunter eines mit Sitz in der Bundesrepublik Deutschland und ein anderes mit Sitz in der Schweiz - erhöhen in den letzen vier Jahren regelmäßig die Starkstrompreise zum selben Zeitpunkt um einen bestimmten Prozentsatz. Zudem werden Absatzquoten zugewiesen. Man will den Wettbewerb auf dem Starkstromsektor in Europa und der ganzen Welt ausschalten respektive gravierend einschränken.

Das genaue Procedere läuft wie folgt ab: Der jeweilige national führende Starkstromkonzern kündigt seine Preiserhöhung einige Zeit vor dem geplanten Erhöhungszeitpunkt an. Auf diese Weise soll den anderen europäischen Starkstromkonzernen Zeit zur Beobachtung der Reaktionen der jeweiligen Konkurrenten gelassen werden. Die letzte nach diesem Schema durchgeführte Preiserhöhung wurde im November des Jahres 2004 bei einem gemeinsamen Frühstück der Konzernvorstände im Hotel „Beau Rivage" in Genf arrangiert. Der Vorstand des französischen Konzerns kündigte an, man werde im Dezember die Starkstrompreise um 6 % erhöhen. Die Notwendigkeit einer solchen Preiserhöhung wurde von den übrigen Konzernvorständen unisono bejaht. Im Januar 2005 führten die anderen Starkstromkonzerne unter Verweis auf die wettbewerbspolitische Notwendigkeit ebenfalls eine Preiserhöhung um 6 % durch.

Kurze Zeit später intervenieren sowohl das Bundeskartellamt als auch die Europäische Kommission mit dem Hinweis auf einen Verstoß gegen das Kartellverbot. Die beteiligten Starkstromkonzerne bestreiten das Vorliegen einer verbotenen

---
[1] In Anlehnung an: Europäische Kommission, 21.11.2001, COMP/E-1/37.512 - Vitamine, ABl. 2003, L 6/1.

Preisabsprache. Sie verweisen darauf, dass es sich bei dem Starkstrommarkt um einen oligopolistischen Marktsektor handele, mit der Konsequenz, bei eingeleiteten Preiserhöhungen mitmachen zu müssen, weil jede denkbare Verhaltensalternative nachteiliger wäre. Die Kommission möchte eine Rekordbuße gegen die Beteiligten in Höhe von insgesamt € 855 Millionen verhängen.

Beurteilen Sie die Erfolgsaussichten eines Kartellverfahrens gegen die beteiligten Konzerne. Wie ist dabei das Rangverhältnis zwischen deutschem und europäischem Kartellrecht zu bestimmen?

B. Lösung

Das Verhalten der Starkstromkonzerne ist mit Art. 81 EGV vereinbar, wenn es keine Vereinbarung zwischen Unternehmen oder eine zwischen solchen abgestimmte Verhaltensweise darstellt, welche den Handel zwischen den Mitgliedstaaten zu beeinträchtigten geeignet ist und eine Einschränkung des Wettbewerbs innerhalb der Gemeinschaft bezweckt oder bewirkt.

1. Anwendungsbereich des Art. 81 EGV

a) Wettbewerbsbeschränkung „innerhalb des Gemeinsamen Marktes"

Der Streitfall wirft die Frage auf, ob überhaupt Raum für die Anwendung des europäischen und des deutschen Kartellrechtes gegeben ist. Die etwaige Verhaltensabstimmung wurde außerhalb der Europäischen Union, nämlich in Genf, getätigt. Zudem gehört der potentiellen Verhaltensabstimmung ein Unternehmen an, das nicht der Union angehört. Nach dem Wortlaut des Art. 81 I EGV beschränkt sich der Anwendungsbereich dieser Bestimmung auf Maßnahmen, die eine Verfälschung des Wettbewerbs innerhalb des Gemeinsamen Marktes bezwecken. Daraus resultiert bereits die Problematik von wettbewerbsbeschränkenden Maßnahmen, die von Angehörigen sog. Drittstatten – also Staaten, die nicht der Europäischen Union angehören – getätigt werden, aber Rückkoppelungen auf den Gemeinsamen Markt bewirken.

Es bleibt zunächst festzuhalten, dass die Frage nach der exterritorialen Anwendung des EG-Kartellrechts mit den allgemeinen Regeln des Völkerrechts im Einklang stehen muss[2]. Das Bestreben nach einer möglichst weiten Anwendung der Vorschriften wird deshalb durch diejenigen Grundsätze eingeschränkt, mit denen die Hoheitsgewalt der Völkerrechtssubjekte bestimmt wird: Nach dem Territorialitätsprinzip findet das EG-Kartellrecht nur dann Anwendung, wenn die tatbe-

---

[2] EuGH, Urt. v. 12.12.1972 – Rs. 21-24/72, „International Fruit Company", Slg. 1972, 1219, 1227 Rn. 5 ff. Vgl. zudem: Horn, ZIP 2000, 473, 479.

standsmäßige Handlung innerhalb der EG vorgenommen wird[3]. Nach dem Auswirkungsprinzip hingegen soll das EG-Kartellrecht auch anwendbar sein, wenn die Handlung sich innerhalb der Gemeinschaft auswirkt[4].

Der Streit über die rechtliche Grundbewertung der Anwendung des EG-Kartellrechtes ist wie folgt zu lösen: Für Art. 81 I EGV wird zum Teil im Wege einer grammatikalischen Auslegung der Vorschrift, bei der auf eine Verfälschung des Wettbewerbs „innerhalb des Gemeinsamen Marktes" abgestellt wird, geschlossen, dass das EG-Kartellrecht auf dem Auswirkungsprinzip aufbaut[5]. Dafür lässt sich zunächst ins Feld führen, dass die Bestimmungen der Art. 81 und Art. 82 EGV ohne Auswirkungen einer Wettbewerbsbeschränkung auf die Gemeinschaft keine Anwendung finden. Die Kommission vertritt in ständiger Praxis das Auswirkungsprinzip; gelegentlich geschieht dies (leider) mit einer gewissen Zurückhaltung[6] [7].

Der Europäische Gerichtshof als Garant des gemeinschaftlichen Rechtsschutzes und Integrator („integration by jurisprudence") hat hingegen bisher eine klare und eindeutige Festlegung vermieden, aber eine deutliche Tendenz in Richtung „Auswirkungsprinzip" erkennen lassen[8] [9]. In concreto kann die Anwendbarkeit des Art. 81 EGV schon aus dem Grunde nicht zweifelhaft sein, weil das (unterstellte) Kartell zumindest auch für das Gebiet der Europäischen Union gelten sollte und an ihm mehrere Unternehmen aus der Union beteiligt sind.

---

[3] Karl Doehring bringt es in der Form auf den Punkt, dass „kein anderer Staat berechtigt ist, Hoheitsakte auf diesem Territorium (scil. Staatsgebiet) auszuüben". Vgl. Doehring, Völkerrecht, 2. Auflage, Heidelberg 2004, § 2 Rn. 88.

[4] Vgl. KG, 26.11.1980, WuW/E OLG 2419, 2420 – „Synthetischer Kautschuk II"

[5] Lange (Hrsg.), Handbuch zum deutschen und europäischen Kartellrecht, Heidelberg 2001, Rn. 16.

[6] EG-Komm., Entsch. v. 21.12.1988 – Az. IV/31.865, „PVC", ABl. EG 1989, Nr. 74, 1, 14; Entsch. v. 19.12.1984 – Az. IV/26.870, „Aluminiumeinfuhren aus Osteuropa", ABl. EG 1985, Nr. L 92, 1, 48; Entsch. v. 19.12.1972 – Az. IV.560, „Duro-Dyne/Europair", ABl. EG 1975 Nr. L 29, 11,12. Vgl. auch: Lange/Sandage, The Woodpulp Decision and its Implications fort he Scope of EC Competition Law, CMLR 1989, 137, 159 ff.

[7] Für den Bereich der FKVO: EG-Komm., Entsch. v. 30.7.1997, ABl. EG 1997, Nr. L 336, S. 16, „Boeing/McDonnel Douglas"; Entsch. v. 3.7.2001, WuW 2001, 1125, „General Electric/Honeywell".

[8] EuGH, Urt. v. 27.9.1988 – Rs. 89, 104, 114 ff., „Zellstoffhersteller", Slg. 1988, 5193, 5243; Urt. v. 14.2.1978 – Rs. 27/76, „United Brands", Slg. 1978, 207, 278 ff.; Urt. v. 22.1.1974 Rs. 6 u. 7/73, „Commercial Solvents", Slg. 1974, 223, 253.

[9] Beachte: Die Rechtsprechung des EuGH basiert in bestimmten Fällen auf einer weiten Anwendung des Territorialitätsprinzips. So wurde entschieden, dass Wettbewerbsbeschränkungen, die sich auf Exporte in Länder außerhalb der Gemeinschaft beziehen, als solche nicht geeignet sind, den Wettbewerb im Gemeinsamen Markt zu beschränken. Derartige Wettbewerbsbeschränkungen unterfallen den Wettbewerbsregeln nur dann, wenn sie spürbare Auswirkungen in der Gemeinschaft haben (Nachweise bei: Zimmer/Rudo, IPRax 1999, 89, 90 ff.).

b) Beeinträchtigung des Handels zwischen Mitgliedstaaten

Die Art. 81 und 82 EGV sind nur auf Verhaltensweisen anwendbar, die den Handel zwischen verschiedenen Mitgliedstaaten beeinflussen können. Auf rein innerstaatliche Sachverhalte ist europäisches Kartellrecht nicht anwendbar. Dieses auch „Zwischenstaatlichkeitsklausel" genannte Erfordernis ist nach etablierter Ansicht zugleich Kollisions- und Sachnorm[10].

Einerseits soll hierdurch auf dem Gebiet des Kartellrechtes der Geltungsbereich des Gemeinschaftsrechtes von dem des innerstaatlichen Rechts abgegrenzt werden[11]. Andererseits wird der sachliche Anwendungsbereich des europäischen Kartellrechtes bestimmt. In der Praxis der Gemeinschaftsorgane wird die Zwischenstaatlichkeitsklausel weit ausgelegt. Die betreffende Verhaltensweise muss den innergemeinschaftlichen Handel nicht unmittelbar und aktuell beeinflussen. Eine Eignung, solche Wirkungen mittelbar und potentiell herbeizuführen, reicht aus[12]. Unter der Eignung zur Beeinträchtigung des zwischenstaatlichen Handels ist jegliche Beeinflussung des zwischenstaatlichen Handels zu verstehen[13]. Dabei ist unerheblich, ob diese Beeinflussung ungünstig, neutral oder günstig ist[14]. Diese Voraussetzung ist erfüllt, wenn sich anhand objektiver rechtlicher und tatsächlicher Umstände mit hinreichender Wahrscheinlichkeit voraussehen lässt, dass die geprüfte Koordinierung den Wirtschaftsverkehr zwischen den Mitgliedstaaten unmittelbar oder mittelbar, tatsächlich oder potentiell beeinflussen und dadurch der Errichtung eines einheitlichen Marktes hinderlich sein kann[15].

In unserem Streitfall hatten die einheitlichen Preiserhöhungen der europäischen Starkstromkonzerne nicht zuletzt den Zweck, die Abschottung der nationalen Märkte aufrechtzuerhalten und somit das Ziel und Konzept, den in Art. 14 II EGV verankerten Grundsatz des Gemeinsamen Binnenmarktes zu unterminieren. Damit sollte verhindert werden, dass durch unterschiedliche Preiserhöhungen in den einzelnen Ländern ein Preisgefälle entsteht, das Lieferungen über die Grenze hinweg in die Nachbarstaaten interessant machen könnte. Schon aus diesem Gesichtspunkt ist die einheitliche Preiserhöhung geeignet, den Handel zwischen den einzelnen Mitgliedstaaten zu beeinträchtigen.

---

[10] Bunte, Kartellrecht, München 2003, S. 346; a.A.: Rittner, Wettbewerbs- und Kartellrecht, 6. Auflage, Heidelberg 1999, S. 184 § 6 Rn. 105: Nur Sachnorm.
[11] EuGH, Urt. v. 31.5.1979 – Rs. 22/78, „Hugin/Kommission", Slg. 1979, 1869, 1899.
[12] EuGH, Urt. v. 13.7.1966 – Verb. Rs. 56 und 58/63, „Consten und Grundig/Kommission", Slg. 1966, 321, 389.
[13] Roth/Ackermann, in: Kersten/Rieger (Hrsg.), Frankfurter Kommentar zum Kartellrecht, Loseblatt, 51. Lieferung (Stand: Oktober 2002), Art. 81 I Rn. 312.
[14] Vgl. Fn. 12.
[15] Vgl. nur: EuGH, Urt. v. 21.1.1999 – Rs. C.215/96, „Bagnasco u. a.", Slg. 1999, I-135 Tz. 47.

> Nach der Rechtsprechung des EuGH[16] in der bereits erwähnten Rechtssache „Hugin" fallen deshalb in den Geltungsbereich des Gemeinschaftsrechtes „alle Kartelle und alle Übungen, die geeignet sind, die Freiheit des Handels zwischen den Mitgliedstaaten in einer Weise zu gefährden, die der Verwirklichung der Ziele eines einheitlichen Marktes zwischen Mitgliedstaaten nachteilig sein kann, indem insbesondere die nationalen Märkte abgeschottet werden oder die Wettbewerbsstruktur im Gemeinsamen Markt verändert wird".

2. Unternehmensbegriff

Der im EG-Vertrag nicht geregelte Unternehmensbegriff des Art. 81 EG ist ein autonomer Begriff des Gemeinschaftsrechtes[17]. Er wird weit und funktional ausgelegt[18]. Als Unternehmen im Sinne der Art. 81 ff. EGV werden vom EuGH alle Einheiten (entities) bezeichnet, die eine wirtschaftliche Tätigkeit von gewisser Dauer ausüben, unabhängig von ihrer Rechtsform, dem Vorliegen oder Fehlen einer Gewinnerzielungsabsicht, dem Umfang der Tätigkeit oder der Art ihrer Finanzierung[19]. Voraussetzung für die Unternehmenseigenschaft ist eine selbständige wirtschaftliche Tätigkeit im weitesten Sinne. Die Frage, ob es der Rechtssubjektivität der Einheit bedarf, ist umstritten. Sie wird überwiegend verneint[20]. Unter Zugrundelegung des weiten Unternehmensbegriffs erfüllen in casu die europäischen Starkstromkonzerne die vom EuGH entwickelten Kriterien zum Unternehmensbegriff.

3. Verhaltensabstimmung

Art. 81 I EGV wendet sich nur gegen ganz bestimmte Maßnahmen von Unternehmen, nämlich nur gegen Vereinbarungen zwischen Unternehmen, Beschlüsse von Unternehmensvereinigungen und aufeinander abgestimmte Verhaltensweisen. Im Streitfall ist prioritär an eine abgestimmte Verhaltensweise der Starkstromkonzerne zu denken.

Eine verbotene Verhaltensabstimmung ist dann anzunehmen, wenn Unternehmen Absprachen treffen, die keine Vereinbarungen sind, sondern unterschiedliche Handlungsformen einer bewussten und gewollten, auch rein tatsächlichen Zusammenarbeit. Kennzeichnend für das abgestimmte Verhalten ist eine Zusammenarbeit zwischen Unternehmen, die durch wechselseitige Information u. ä. Risiken

---

[16] Vgl. Fn. 11.
[17] Heinemann, JURA 2003, 649, 652.
[18] Gassner, Grundzüge des Kartellrechts, München 1999, S. 18 ff.
[19] EuGH, Urt. v. 23.4.1991 – Rs. C-41/90, „Höfner und Elser" (Arbeitsvermittlungsmonopol), Slg. 1991, I-1979, 2016 Tz. 21.
[20] Vgl. nur: Gleiss/Hirsch, Kommentar zum EG-Kartellrecht, 4. Auflage, Heidelberg 1993, Art. 85 Rn. 47; a.A. (die Rechtsfähigkeit verlangend): Stockhuber, in: Grabitz/Hilf (Hrsg.), Das Recht der Europäischen Union, Band I EUV/EGV, 20. Ergänzungslieferung, Stand August 2002, Art. 81 Rn. 52.

des Wettbewerbs mindern soll[21]. Bei den aufeinander abgestimmten Verhaltensweisen handelt es sich um einen Auffangtatbestand, der sein Vorbild in den „concerted actions" des US-amerikanischen Kartellrechtes hat. Erfasst wird jede Form der Koordinierung zwischen Unternehmen, die bewusst eine praktische Zusammenarbeit an die Stelle des mit Risiken verbundenen Wettbewerbs treten lässt und die zu nicht mehr wettbewerbsgerechten Marktbedingungen führt. Das heißt in concreto weiter, dass insbesondere verboten ist eine Fühlungnahme zwischen Unternehmen mit dem Ziel oder der Wirkung, die anderen Unternehmen über das eigene geplante Verhalten zu informieren oder das Verhalten der anderen Unternehmen zu beeinflussen, um dergestalt die Risiken autonomen unternehmerischen Verhaltens auszuschalten[22].

> Der Begriff der abgestimmten Verhaltensweisen ist eine Form der Koordinierung zwischen Unternehmen, die zwar noch nicht bis zum Abschluss eines Vertrages im eigentlichen Sinne gediehen ist, die jedoch bewusst eine praktische Zusammenarbeit an die Stelle des mit Risiken verbundenen Wettbewerbs treten lässt (Reduktion des Risikos)[23] [24]. Abgestimmte Verhaltensweisen liegen daher zwischen der (verbotenen) wettbewerbsbeschränkenden Vereinbarung und dem (erlaubten) bloßen Parallelverhalten.

Das wichtigste Mittel zu einer oben beschriebenen Verhaltensabstimmung respektive Verhaltenskoordinierung ist die vorherige gegenseitige Information der Unternehmen über ihr zukünftiges Verhalten am Markt, etwa durch den Austausch von Preislisten oder durch die vorherige Mitteilung einer beabsichtigten Preiserhöhung.

Die europäischen Starkstromkonzerne verteidigen sich gegenüber dem Vorwurf abgestimmter Verhaltensweisen in erster Linie mit dem Argument eines oligopolistischen Marktzwanges[25]. In der kartellrechtlichen Praxis ist ein oligopolistischer Marktzwang allenfalls – und dies äußerst zurückhaltend – für Preissenkungen anerkannt, nicht jedoch für Preiserhöhungen. In einer derartigen Konstellation ist auch ein Oligopolist in der Entscheidung, ob er eine Preiserhöhung mitmachen soll oder nicht, frei. Auf dem europäischen Starkstromsektor ist jeweils eine starke

---

[21] Lange (Hrsg.) (aaO), S. 144, Rn. 31.
[22] Heinemann, JURA 2003, 649, 652.
[23] EuGH, Urt. v. 14.7.1972 – Rs. 48/69, „ICI", Slg. 1972, 619 Tz. 54; EuGH, Urt. v. 27.9.1988 – Verb. Rs. C-89/85, „Ahlström/Kommission", Slg. 1993, I-1307 Tz. 63.
[24] Im Fokus der Judikatur und der Entscheidungspraxis der Kommission steht dabei das Selbständigkeitspostulat, wonach jeder Unternehmer selbständig zu bestimmen hat, welche Politik er auf dem Gemeinsamen Markt zu betreiben gedenkt (vgl. nur: EuGH, Urt. v. 14.7.1981 – Rs. 172/80, „Züchner/Bayerische Vereinsbank", Slg. 1981, 2021 Tz. 13 f.
[25] Unter einem Oligopol (griech.) versteht man eine Marktform, bei der wenige große oder mittelgroße Anbieter vielen kleinen Nachfragern gegenüberstehen und jeder Anbieter einen erheblichen Teil des gesamten Angebots deckt (Angebotsoligopol). Beim umgekehrten Zahlen- und Größenverhältnis spricht man vom Nachfrageoligopol (Oligopson).

Position des nationalen Anbieters existent, die auf einer künstlichen Abschottung der nationalen Märkte beruht. Die Marktstruktur, die das einheitliche Verhalten der Konzerne begünstigt, ist letztlich von ihnen in einer kausalen Weise[26] geschaffen worden. Insofern steht ihnen kein plausibler Rechtfertigungsgrund zur Seite. Das Vorliegen einer abgestimmten Verhaltensweise lässt sich mit Hilfe folgender Gedankenoperation argumentativ unterfüttern: Im Falle einer Marktöffnung ergeben sich mit großer Wahrscheinlichkeit für jeden europäischen Starkstromkonzern so zahlreiche Handlungsalternativen auf dem Gemeinsamen Markt, dass ihr einheitliches Vorgehen bei den Preiserhöhungen nur durch eine vorherige Abstimmung erklärt werden kann. Daraus lässt sich in summa folgern, dass eine andere Erklärung für das einheitliche Vorgehen der Starkstromkonzerne als eine vorherige Abstimmung ausscheidet.

> Zur Problematik der teilweise schwierigen Beweisbarkeit eines abgestimmten Verhaltens bleibt festzuhalten, dass die für und gegen eine Verhaltensabstimmung sprechenden Indizien in ihrer Gesamtheit unter Berücksichtigung des betroffenen Marktes zu würdigen sind. Eine einheitliche Preispolitik, die über einen längeren Zeitraum hinweg fortgesetzt wird, begründet die tatsächliche Vermutung einer vorherigen Verhaltensabstimmung, wenn sie es den Unternehmen ermöglicht, ein Preisgleichgewicht auf einem höheren Niveau zu erzielen als bei unverfälschtem Wettbewerb[27]. Ein wichtiges Indiz für eine Verhaltensabstimmung stellt weiter der Umstand dar, dass einzelne Beteiligte ihren wirtschaftlichen Eigeninteressen zuwiderhandeln[28].

4. Wettbewerbsbeschränkung[29]

Des Weiteren müsste durch die „concerted actions" der Starkstromkonzerne eine Wettbewerbsbeschränkung eingetreten sein. Dieser Begriff bildet den Oberbegriff für die in Art. 81 EGV normierten Modalitäten der Verhinderung, Verfälschung

---

[26] Zum Kausalitätserfordernis: EuGH, Urt. v. 8.7.1999 – Rs. C-42/92 P, „Kommission/Anic Partecipazioni", Slg. 1999, I-4125 Tz. 118 f.

[27] Mestmäcker/Schweitzer, Europäisches Wettbewerbsrecht, 2. Auflage, München 2004, § 15 V 1.

[28] Schröter/Jakob/Mederer, Kommentar zum Europäischen Wettbewerbsrecht, Baden-Baden 2003, Art. 81 Rn. 98.

[29] Der EuGH nimmt bestimmte, von Handelskooperationen ausgehende wettbewerbsbeeinflussende Wirkungen als sog. notwendige Wettbewerbsbeschränkungen vom Tatbestand des Art. 81 EGV aus (vgl. EuGH, „Nutricia", Slg. 1985, 2545, 2545). In diesem Sinne zulässig sollen Wettbewerbsbeschränkungen sein, die für die Durchführung grundsätzlich erlaubter zivilrechtlicher Verträge sowie zur Eröffnung oder Belebung des Wettbewerbs sachlich, zeitlich und räumlich unerlässlich sind (umfassende Nachweise finden sich bei: Beuthien, Handelskooperationen und europäisches Wettbewerbsrecht, Marburger SchriftenGenW 89 (1998), S. 122 ff. u. 133 ff.).

oder Einschränkung[30]. Der EuGH definiert die Beschränkung des Wettbewerbs als Entstehung von Wettbewerbsbedingungen, die im Hinblick auf die Art der Waren oder erbrachten Dienstleistungen, die Bedeutung und Zahl der beteiligten Unternehmen sowie den Umfang des in Betracht kommenden Marktes nicht den normalen Bedingungen dieses Marktes entsprechen[31].

Die Wettbewerbsbeschränkung besteht in concreto in dem Ausschluss des Preiswettbewerbs auf dem Starkstromsektor. Dieser Ausschluss ist offenkundig sowohl Zweck als auch Folge der abgestimmten Verhaltensweisen, sodass eine Wettbewerbsbeschränkung gegeben ist.

5. Nichtigkeitsfolge des Art. 81 II EGV

Die Nichtigkeit wettbewerbsbeschränkender Vereinbarungen beschränkt sich grundsätzlich auf die gegen Art. 81 I EGV verstoßenden Klauseln. Die Nichtigkeit ist absolut, d. h. sie wirkt für und gegen jedermann. Der BGH hat dazu entschieden, dass der Arglisteinwand des § 242 BGB gegenüber demjenigen, der sich auf die Nichtigkeit nach Art. 81 II EGV beruft, nicht erhoben werden könne, da die Vorschrift im öffentlichen Interesse erlassen worden sei und unter anderem die Handlungsfreiheit Dritter schützen solle[32].

Liegt ein Verstoß gegen Art. 81 EGV vor, so kann die Kommission den betreffenden Adressaten durch Entscheidung verpflichten, die Zuwiderhandlung abzustellen (Art. 7 I VO Nr. 1/2003). Die Befugnisse der Kommission zur Verhängung von Geldbußen und Zwangsgeldern ergibt sich aus Art. 23 und 24 VO Nr. 1/2003. Die Geldbuße darf nach diesen Vorschriften für jedes an der Zuwiderhandlung beteiligte Unternehmen oder jede beteiligte Unternehmensvereinigung 10 % des im Vorjahr erzielten Gesamtumsatzes nicht übersteigen.

Vor einer hauptsächlichen Entscheidung muss die Kommission nach Maßgabe des Art. 14 VO Nr. 1/2003 den Beratenden Ausschuss für Kartell- und Monopolfragen anhören, der sich aus Behördenvertretern der Mitgliedstaaten zusammensetzt.

6. Ausnahmen vom Kartellverbot nach Art. 81 III EGV

Eine Ausnahme vom Kartellverbot kommt in casu nicht in Betracht. Als Ausnahmen gelten die sog. Gruppenfreistellungsverordnungen und seit dem 1.5.2004 die Legalausnahme des Art. 81 III EGV im Zusammenspiel mit Art. 1 II der VO Nr. 1/2003.

Die Unternehmen können sich dann auf diese Ausnahmevorschrift auch außerhalb des Geltungsbereichs von Gruppenfreistellungsverordnungen unmittelbar berufen, ohne dass eine behördliche Prüfung vorangige („System der Legalaus-

---

[30] Ausführlich zum Begriff: Emmerich, in: Dauses, Handbuch des EU- Wirtschaftsrechts, Band 2, München 2000, H I Rn. 90 ff.
[31] EuGH, Urt. v. 28.5.1998 – Rs. C-7/95 P, „Deere", Slg. 1998, I-3111 Tz. 87.
[32] BGH, Urt. v. 31.5.1972 – KZR 43/71, „Eiskonfekt", WuW 1972, 824, 830.

nahme")[33]. Allerdings behält die Kommission die Möglichkeit, eine „Feststellung der Nichtanwendbarkeit" nach Art. 10 VO Nr. 1/2003 zu treffen. Wenn es im öffentlichen Interesse erforderlich ist, kann die Kommission durch Entscheidung auch feststellen, dass das Kartellverbot nicht eingreift, weil die Voraussetzungen von Art. 81 III EGV vorliegen[34].
Eine für die vorliegende Sachverhaltskonstellation brauchbare Gruppenfreistellungsverordnung existiert nicht. Zudem sind die Kriterien des Art. 81 III EGV einer Verbesserung der Warenerzeugung oder -verteilung bzw. einer Förderung des technischen oder wirtschaftlichen Fortschritts nicht gegeben. Somit liegt also ein verbotenes Starkstromkartell vor. Die von der Kommission anvisierte Rekordgeldbuße erscheint als sachlich gerechtfertigt. Sie beruht auf der Tatsache, dass Preisbeschränkungen neben den Mengenbeschränkungen zu den sog. Kernbeschränkungen gehören. Weiteres rechtfertigendes Faktum ist das Ausmaß des Kartells.

7. Verhältnis des GWB zum EG-Kartellrecht

Die in Genf veranlasste Wettbewerbsbeschränkung in Form der abgestimmten Verhaltensweise wirkte sich auch auf Deutschland aus, da der deutsche Starkstromkonzern seine Preise im selben Ausmaß wie seine ausländischen Konkurrenten erhöht hatte. Somit ist neben dem EGV auch das GWB anwendbar. Im Rahmen des deutschen Kartellrechts ergibt sich das Verbot des sog. Hardcore-Kartells aus § 1 RegE GWB. Eine freigestellte Vereinbarung nach § 2 RegE GWB liegt nicht vor. Die Lösung der Kollisionsfälle richtet sich zunächst danach, ob das Verhalten unter die Bestimmungen des EG-Kartellrechtes fällt. Die nationalen Kartellbehörden dürfen die Art. 81, 82 EGV und das dazugehörige Sekundärrecht – also die eigenen Rechtsakte der Organe – neben dem nationalen Kartellrecht anwenden, solange die Europäische Kommission kein eigenes Verfahren eingeleitet hat[35]. Aus dem Anwendungsvorrang[36] (keineswegs Geltungsvorrang) des Europarechts folgt des Weiteren, dass die von der Kommission gem. Art. 81 III EGV freigestellten Kartelle nicht nach nationalem Recht untersagt werden dürfen (vgl. jetzt auch Art. 3 II S. 1 VO 1/2003). Umgekehrt kann aber ein nach dem GWB erlaubtes Kartell gem. Art. 81 EGV verboten sein.

---

[33] Die gerade in Deutschland sehr heftige Kritik an dem neuen Konzept der Kommission hatte sich vor allem darauf gestützt, dass dieses Verständnis des Art. 81 III EGV vom Wortlaut des Vertrages und der Entstehungsgeschichte nicht mehr gedeckt sei. Die Monopolkommission hatte in einem Sondergutachten die Verfassungswidrigkeit eines solchen Ansatzes geltend gemacht. In jedem Falle dürfte die Grenze des Wortlauts des Art. 81 III EGV, wonach die Bestimmungen des Abs. 1 für bestimmte Vereinbarungen oder Gruppen von Vereinbarungen etc. „für nicht anwendbar erklärt werden können", mit der nunmehr gewählten Form des Art. 1 II VO Nr. 1/2003 nicht überschritten sein.

[34] Verhaltensweisen sind nach wie vor zuerst unter die Gruppenfreistellungsverordnungen zu subsumieren. Werden sie davon nicht erfasst, muss Art. 81 III EGV geprüft werden.

[35] Vgl. EuGH, Urt. v. 6.2.1973 – Rs. 48/72, „Brasserie de Haecht/Wilkin Janssen", Slg. 1973, 77.

[36] Grundlegend: EuGH, Urt. v. 15.7.1963 – Rs. 6/64, „Costa/E.N.E.L.", Slg. 1964, 1251, 1269.

Für den vorliegenden Fall folgt aus den oben entwickelten Grundsätzen, dass, da hier eine Kollision zwischen nationalem Recht und dem Gemeinschaftsrecht ausgeschlossen ist, beide Kartellverbote nebeneinander angewandt werden können. Das aus dem Rechtsstaatsprinzip resultierende Verbot der Doppelbestrafung fordert jedoch, dass diejenige Behörde, die als zweite entscheidet, die von der ersteren verhängte Geldbuße auf die von ihr zu verhängende Geldbuße anrechnet[37].

C. Weiterführende Hinweise: Ausblick 7. GWB-Novelle[38]

Der deutsche Gesetzgeber wird nach dem Stand des RegE einer 7. GWB-Novelle in Abkehr vom bisherigen System des Verbotsprinzips mit Genehmigungsvorbehalt[39] hin zum Konzept des Verbotes mit Legalausnahme wie auf europäischer Ebene übergehen. Damit geht einher die Aufhebung der bisherigen Differenzierung des GWB zwischen horizontalen und vertikalen Wettbewerbsbeschränkungen. § 1 RegE GWB enthält ein Art. 81 EGV entsprechendes Kartellverbot, und durch § 2 RegE GWB erfolgt eine Art. 81 III EGV entsprechende Legalausnahme, und zwar unter rechtsstaatlich nicht ganz unproblematischer dynamischer Inbezugnahme der EG-Gruppenfreistellungsverordnungen[40]. Über den in § 23 RegE GWB normierten Grundsatz der europafreundlichen Auslegung werden pro futuro auch allgemeine Bekanntmachungen der EG-Kommission, die häufig auf eine Art amtlichen Kommentar hinauslaufen, für das deutsche Kartellrecht Relevanz bekommen[41]. Es läuft in summa auf eine beträchtliche „Europäisierung des nationalen Kartellrechtes" hinaus. Die Bundesregierung führt in ihrer Begründung zum RegE aus, dass im nationalen Recht wie im europäischen Recht die Rechtsanwendung entbürokratisiert und vereinfacht werden soll. Für die Unternehmen ergibt sich daraus ein größerer Freiraum, aber auch eine höhere Eigenverantwortung.

Das nationale Diskriminierungs- und Behinderungsverbot soll aber – wie § 20 RegE GWB zu entnehmen ist – erhalten bleiben. Hier allein und hinsichtlich der Rechtsfolgen von Kartellverstößen scheint materielles nationales Kartellrecht

---

[37] BGHSt 24, 54.
[38] Der rechtspolitische Ausblick auf das neue GWB bezieht sich auf den RegE, BT-Drucks. 15/3640. Mittlerweile liegt nach zahlreichen Einwänden, Stellungnahmen und Kritiken an der siebten GWB-Novelle die vom Bundestag am 11. März 2005 beschlossene Fassung des GWB dem Bundesrat zur Stellungnahme vor, der sich am 29. April 2005 im Plenum mit dem Gesetz befassen wird. Die Wahrscheinlichkeit, dass der Vermittlungsausschuss angerufen wird, ist nach dem bisherigen Stand der Dinge äußerst groß.
[39] Dieses System war durch das Konzept der Ausnahmekartelle in Form der Anmelde- und Genehmigungskartelle gekennzeichnet.
[40] Vgl. Ehricke/Blask, JZ 2003, 77.
[41] Vgl. etwa die Leitlinien für vertikale Beschränkungen v. 13.10.2000, ABl. EG Nr. C 291/1 v. 13.10.2000; Leitlinie über horizontale Zusammenarbeit v. 6.1.2001, ABl. EG Nr. C 3/2 v. 6.1.2001.

künftig eine wesentliche Eigenbedeutung zu besitzen[42]. Änderungen des Verfahrensrechtes erhalten über die ausgeweiteten Zuständigkeiten der nationalen Kartellbehörden zusätzliches Gewicht.

Die Regelungen zur Reform des Pressekartellrechtes werden nachhaltig kritisiert. Entgegen der Philosophie der Entwurfsbegründung, die kartellrechtlichen Vorschriften vorbeugend für das Überleben von Zeitungen zu lockern[43], wird im kartellrechtlichen Schrifttum betont, dass, wer der Zeitungspresse nachhaltig helfen will, nicht für Wettbewerbsbeschränkungen zu sorgen hat, sondern für Wettbewerb[44]. Die Losung lautet daher: Wettbewerbsfähig bleibt man am ehesten im Wettbewerb selbst[45]. Das Kartellrecht darf nicht – und dies ist ein wichtiges ordnungspoltisches Monitum – zur Aufrechterhaltung der Pressevielfalt instrumentalisiert werden und damit Marktmacht zur Sicherung der Meinungsvielfalt zugelassen werden[46].

---

[42] Hönn, JuS 2004, 760, 764.
[43] Vgl. BR- Drucks. 441/04, S. 61 ff.; Clement, WuW 2004, 720-726.
[44] Möschel, JZ 2004, 1060, 1062 („Konzeption ordnungspolitisch fehlsam"). Vgl. ferner: Der Bundesrat hat in seiner Stellungnahme vom 9.7.2004 zum Entwurf der 7. GWB-Novelle in einem schneidigen Verriss folgende Schlussfolgerung gezogen: „Die Änderungen des Pressekartellrechts sind vollumfänglich abzulehnen" (vgl. BR-Drucks. 441/04, S. 7).
[45] Möschel, JZ 2004, 1060, 1064.
[46] In diesem Sinne ist das Statement von Prof. Dr. Dr. h.c. Ulrich Immenga auf dem Göttinger Symposium zu aktuellen Fragen der Wettbewerbspolitik und des Wettbewerbsrechts am 5. Juli 2004 in Göttingen zu werten.

Fall 21
Der Missbrauch

Diskriminierungsverbot des Art. 82 EGV, Vorliegen einer marktbeherrschenden Stellung, Marktabgrenzung, Missbrauch einer marktbeherrschenden Stellung

A. Sachverhalt

Gehen Sie von nachfolgendem fiktiven wettbewerbsrechtlichen Sachverhalt aus:

Der amerikanische Lokomotivhersteller GENERAL MOTORS ist ein weltweit tätiges, hochdiversifiziertes Unternehmen mit Umsätzen in Milliardenhöhe. In der Europäischen Union ist das Unternehmen durch drei Tochtergesellschaften vertreten. GENERAL MOTORS ist auf dem Weltmarkt der Lokomotiven mit einem Anteil von 35 % führend. Die wichtigsten Konkurrenten von GENERAL MOTORS auf dem Sektor des Lokomotivbaus sind BOMBARDIER und SIEMENS. Der Marktanteil von GENERAL MOTORS in der Europäischen Union beträgt rund 45 % und schwankt von Mitgliedstaat zu Mitgliedstaat zwischen 30 % und mehr als 50 %. Im Gegensatz hierzu liegen die Marktanteile der beiden Konkurrenten durchweg deutlich unter 10 %.

Seit 20 Jahren verfolgt GENERAL MOTORS die Politik, durch die Einführung neuer Lokomotivmodelle neue und kapitalkräftige Marktanteile zu erschließen. Diese Politik erwies sich als so erfolgreich, dass die Konkurrenten gleichfalls zur Einführung neuer Modellmarken gezwungen wurden. Angeblich um die gleich bleibende technische Qualität zu gewährleisten, legt GENERAL MOTORS den jeweiligen Teileherstellern strenge Bindungen und Qualitätskontrollen auf. Zu der Marktstrategie von GENERAL MOTORS gehört auch, das Angebot von starken Großdiesellokomotiven knapp zu halten. Durch diese Strategie hat GENERAL MOTORS erreicht, dass sich seine Lokomotiven bei den jeweiligen Bahngesellschaften besonderer Beliebtheit erfreuen und somit zu wesentlich höheren Preisen verkauft werden können als die Lokomotiven der Konkurrenten.

Die wichtigsten Abnehmer der Lokomotiven von GENERAL MOTORS waren die dänischen Staatsbahnen (DSB), die schwedischen Staatsbahnen (SJ), die norwegischen Staatsbahnen (NSB) und die Deutsche Bahn (DB). Wegen der weiteren

Preiserhöhungen bei den Lokomotiven kauften die DSB, SJ, NSB und DB nunmehr einen Teil der Lokomotiven bei BOMBARDIER. Die DSB, SJ, NSB und DB beteiligten sich auch an einer neuen Werbekampagne für die Hersteller BOMBARDIER und SIEMENS. Als Folge stellte GENERAL MOTORS die noch ausstehenden weiteren Lokomotivlieferungen an die SJ und NSB ein. Da die leistungsfähigsten Lokomotiven gerade für die Erz-Bahnen „Kiruna-Narvik" nur GENERAL MOTORS liefern kann, erlitten die Bahngesellschaften schwere Verluste. Auch die Deutsche Bundesbahn war von der Lieferblockade in einem erheblichen Maße betroffen. Umsatzausfälle im Güter- und Fernverkehr auf noch nicht elektrifizierten Strecken in einem Bereich von mehren Millionen Euro waren die Folge.

Prüfen Sie, ob die beschriebene Verhaltensweise von GENERAL MOTORS (GM) gegen Art. 82 EGV verstößt.

B. Lösung

Nach Art. 82 EGV ist die missbräuchliche Ausnutzung einer beherrschenden Stellung auf dem Gemeinsamen Markt oder einem wesentlichen Teil desselben mit dem Gemeinsamen Markt unvereinbar und verboten, soweit dies dazu führen kann, dass der Handel zwischen den Mitgliedstaaten beeinträchtigt wird. Das Vorgehen von GM verstößt gegen Art. 82 EGV, wenn GM eine marktbeherrschende Stellung missbräuchlich ausgenutzt hat und dieses Verhalten geeignet war, den zwischenstaatlichen Handel auf dem Gemeinsamen Markt zu beeinträchtigen.

> Zum einen dient Art. 82 EGV dem Schutz der Handelspartner und der Verbraucher vor unmittelbaren Schädigungen durch den Einsatz leistungsfremder Geschäftspraktiken, d. h. solcher Verhaltensweisen, die auf der marktbeherrschenden Stellung des agierenden Unternehmens beruhen[1]; zum anderen schützt diese Norm auch den Wettbewerb als Institution, was sich aus der Zielvorgabe in Art. 3 I lit. g. EGV ergibt[2].

1. Unternehmenseigenschaft

Der im EGV nicht geregelte Unternehmensbegriff des Art. 82 EGV wird weit ausgelegt. Er ist identisch mit dem Unternehmensbegriff des Art. 81 EGV. Unternehmen i.S.d. Art. 82 S. 1 EGV sind alle Einheiten (entities), die eine wirtschaftliche Tätigkeit von gewisser Dauer ausüben, unabhängig von ihrer Rechtsform, dem Vorliegen oder Fehlen einer Gewinnerzielungsabsicht, dem Umfang der Tätigkeit oder der Art ihrer Finanzierung. Voraussetzung ist eine selbständige wirtschaftli-

---

[1] EuGH, Beschluss v. 11.12.1973 – Verb. Rss. 41/73, 43 bis 48/73, 50/73 und 114/73, „Générale Sucrière", Slg. 1973, 1465 Tz. 7.
[2] Deselaers, EuZW 1995, 563, 565.

che Tätigkeit im weitesten Sinne[3]. GENERAL MOTORS erfüllt als wirtschaftlich tätiges Unternehmen die Anforderungen an den vom EuGH entwickelten (kartellrechtsfunktionalen) Unternehmensbegriff.

2. Vorliegen einer marktbeherrschenden Stellung

Die zweite Voraussetzung ist die marktbeherrschende Stellung des Unternehmens auf dem Gemeinsamen Markt oder einem wesentlichen Teilmarkt desselben. Hier erfolgt eine Abgrenzung des sachlich, räumlich und zeitlich relevanten Marktes[4].

a) Relevanter Markt

Die gegenständliche Marktabgrenzung (die Bestimmung des sachlich relevanten Marktes) erfolgt nach dem sog. Bedarfsmarktkonzept. Rechtsprechung und Kommission stellen zur Abgrenzung des gegenständlichen Marktes auf das Kriterium der Austauschbarkeit (substitutability, interchangeability) ab[5]. Zu einem sachlichen Markt werden grundsätzlich nur diejenigen Produkte und Leistungen gerechnet, welche aus der Sicht der Marktgegenseite wegen ihrer Eigenschaften zur Befriedigung eines gleich bleibenden Bedarfs gleichermaßen geeignet sind und deren Austauschbarkeit mit anderen Erzeugnissen oder Leistungen gering ist[6].

Anhand der Angaben im Sachverhalt ergibt sich in diesem Punkt folgende Subsumtion: Angesichts der herausragenden technischen Qualität und des technischen Vorsprungs gerade auf dem Sektor von leistungsfähigen Diesellokomotiven verfügt GM über eine Produktpalette, die aus der Sicht der Marktgegenseite wegen ihrer Eigenschaften zur Befriedigung eines gleich bleibenden Bedarfs gleichermaßen geeignet erscheint, während ihre Austauschbarkeit mit den Produkten der Konkurrenten gering ist[7]. Gerade der Gesichtspunkt der Alleinstellung auf dem Gebiet leistungsfähiger Diesellokomotiven rechtfertigt es, neben dem Faktum der besonderen technischen Qualität von der Annahme eines eigenen Marktes in Form eines Angebotsmarktes für Diesellokomotiven auszugehen.

b) Räumlich relevanter Markt

In räumlicher Hinsicht erfolgt die Marktabgrenzung mit dem Ziel der Feststellung, welche Unternehmen mit dem Unternehmen, dessen beherrschende Stellung zu prüfen ist, in dessen Hauptabsatzgebiet tatsächlich konkurrieren[8]. Der räumliche Markt erfasst das Gesamtgebiet des Gemeinsamen Marktes ebenso wie das Gebiet

---

[3] EuGH, Urt. v. 16.11.1995 – Rs. C-244/94, „Fédération française", Slg. 1995, I-4013 Tz. 21.
[4] Schröter/Jakob/Mederer, Kommentar zum Europäischen Wettbewerbsrecht, Baden-Baden 2003, Art. 82 Rn. 30.
[5] Bunte, Kartellrecht, München 2003, § 15 I, S. 414.
[6] Schröter/Jakob/Mederer (aaO), Art. 82 Rn. 132.
[7] Eine nur begrenzte Austauschbarkeit (limited interchangeability) genügt nicht (vgl. Schröter/Jakob/Mederer (aaO), Art. 82 Rn. 132).
[8] Emmerich, Kartellrecht, 9. Auflage, München 2001, § 38 2 b), S. 428 ff.

eines oder mehrerer Mitgliedstaaten oder eines wesentlichen Teils davon[9]. Der räumlich relevante Markt kann geographisch aber auch über den Gemeinsamen Markt hinausgreifen und z.B. alle „marktwirtschaftlich organisierten europäischen Länder" oder sogar den „Weltmarkt" erfassen[10]. Der Anteil am Markt in der Europäischen Union beträgt 45 %. Die beiden Konkurrenten BOMBARDIER und SIEMENS erreichen allenfalls einen Anteil von 10 %. Aus der Sicht der Markgegenseite ist keine funktionale Austauschbarkeit vorhanden. Es liegt somit ein räumlich relevanter Markt in einem wesentlichen Teil des Gemeinsamen Marktes vor. Dass Norwegen nicht Mitglied der Europäischen Union ist, ändert angesichts des sog. Auswirkungsprinzips[11] nichts an der Anwendbarkeit der europäischen Wettbewerbsregeln.

c) Zeitlich relevanter Markt

Zu diesem Kriterium ist festzuhalten, dass die marktbeherrschende Stellung eines Unternehmens während des gesamten Zeitraums bestehen muss, für den ihm missbräuchliches Verhalten vorgeworfen wird, was wiederum für die Fälle Bedeutung erlangt, bei denen die Marktposition des betreffenden Unternehmens erheblichen Schwankungen unterworfen ist (sog. zeitliche Kongruenz von Marktbeherrschung und Missbrauch)[12]. Mangels gegenteiliger Angaben im Sachverhalt ist das Vorliegen dieses Merkmals als gegeben anzusehen. Das Kriterium des zeitlich relevanten Marktes spielt im Kartellrecht nur eine untergeordnete Rolle.

d) Beherrschende Stellung auf dem relevanten Markt

Nach der konformen Judikatur des EuGH ist die marktbeherrschende Stellung dadurch gekennzeichnet, dass das Unternehmen „die Aufrechterhaltung eines wirksamen Wettbewerbs auf dem relevanten Markt verhindern und sich seinen Wettbewerbern, seinen Abnehmern und letztlich dem Verbraucher gegenüber in einem wesentlichen Umfang unabhängig verhalten kann"[13].

Ein sehr wichtiges Kriterium zur Bestimmung der marktbeherrschenden Stellung eines Anbieters oder Nachfragers ist der Marktanteil. Die Rechtsprechung und die Verwaltungspraxis haben dafür Richtwerte entwickelt, die keinesfalls starr und schematisch anzuwenden sind[14]. Ab einem Marktanteil von deutlich über 40 % wird auf eine beherrschende Stellung des Unternehmens geschlossen. Zwischen 25 und 40 % bedarf es für die Annahme einer marktbeherrschenden Stellung zu-

---

[9] Rittner, Wettbewerbs- und Kartellrecht, 6. Auflage, Heidelberg 1999, § 10 Rn. 113.
[10] Gleiss/Hirsch, Kommentar zum EG-Kartellrecht, 4. Auflage, Heidelberg 1993, Art. 85 Rn. 228. Hier finden sich auch weitere Beispiele aus der Kommissionspraxis.
[11] Vgl. zu diesem Punkt: Fall 20 „Das Starkstromkartell", B. 1. a).
[12] Schröter/Jakob/Mederer (aaO), Art. 82 Rn. 156.
[13] EuGH, Urt. v. 8.6.1971 – Rs. 78/70, „Deutsche Grammophon", Slg. 1971, 487; EuGH, Urt. v. 15.2.1979 - Rs. 85/76, „Hoffmann-LaRoche", Slg. 1979, 461 (Leitsatz 4 und S. 520, Tz. 38).
[14] Rittner (aaO), § 10 Rn. 115.

sätzlich eines entsprechenden Abstandes zum nächstliegenden Bewerber, wobei an dieses Erfordernis umso höhere Anforderungen zu stellen sind, je niedriger der Marktanteil ist. Unterhalb von 25 % Marktanteil ist die Annahme einer marktbeherrschenden Stellung regelmäßig ausgeschlossen[15].

> Kennzeichnend für das Vorliegen einer marktbeherrschenden Stellung sind danach vor allem folgende zwei Kriterien:
>
> a) die Fähigkeit zur Verhinderung eines wirksamen Wettbewerbs zum einen und
>
> b) die Möglichkeit zu einer unabhängigen Marktstrategie im Verhältnis zu den Marktpartnern zum anderen[16].

Die beherrschende Stellung muss auf einem wesentlichen Teil des Gemeinsamen Marktes bestehen. Der Hintergrund dieser Beschränkung auf wesentliche Teilmärkte liegt darin, dass die marktbeherrschende Stellung eines Unternehmens auf kleinen, lokalen oder regionalen Märkten den Wettbewerb auf dem Gemeinsamen Markt nicht gefährdet und deshalb der Aufsicht der Kommission entzogen sein soll[17]. Das EuG und der EuGH beurteilen die Frage nach dem wesentlichen Teil des Gemeinsamen Marktes zunächst nach geographischen Gegebenheiten. Beide Gerichtskörper bejahen dieses Merkmal, wenn sich der räumlich relevante Markt über das Gebiet mehrerer Mitgliedstaaten erstreckt oder wesentliche Teile größerer Mitgliedstaaten erfasst[18].

Der Marktanteil von GM schwankt je nach Mitgliedstaat zwischen 40 und 50 % mit erheblichem Abstand zu den nächsten Konkurrenten, deren Anteile durchweg unter 10 % liegen. Dieses Faktum spricht deutlich für eine führende Position von GM. Verstärkend tritt noch das Moment hinzu, dass die Marktstellung von GM trotz ernsthafter Versuche und Anstrengungen der Konkurrenten nie ernsthaft gefährdet war. GM ist es durch seine ausgeklügelte Markt- und Marketingstrategie gelungen, sich deutlich von seinen Konkurrenten abzusetzen. Dies hatte zur Konsequenz, dass Preise verlangt werden konnten, die wesentlich höher liegen als die der Konkurrenten. Es kommt hinzu, dass GM außerhalb Europas ebenfalls eine führende Position besitzt. Daraus ergibt sich ein Bild eines dominierenden Unternehmens, das aufgrund seiner wirtschaftlichen Machtstellung im Widerspruch zu

---

[15] Emmerich (aaO), § 38 3 b), S. 432 mit entsprechenden Rechtsprechungsnachweisen. Strenger äußert sich: Möschel, in: Immenga/Mestmäcker (Hrsg.), EG-Wettbewerbsrecht, Bd. I, München 1997, Art. 86 Rn. 81 ff. Bei Marktanteilen von über 75 % Marktbeherrschung regelmäßig gegeben; bei Marktanteilen zwischen 75 und 40 % Marktbeherrschung gegeben, wenn gleichzeitig weitere Faktoren vorliegen; bei Marktanteilen zwischen 40 und 25 % ist eine marktbeherrschende Stellung nicht ausgeschlossen; regelmäßig keine marktbeherrschende Stellung bei Marktanteilen unter 25 %.
[16] Emmerich (aaO), § 38 3 a), S. 430.
[17] Vgl. Jung, in: Grabitz/Hilf (Hrsg.), Das Recht der Europäischen Union, 20. Ergänzungslieferung, August 2002, Art. 82 Rn. 49.
[18] Nachweise bei: Möschel (aaO), Art. 86 Rn. 57.

dem System des unverfälschten Wettbewerbs – wie es in Art. 3 I lit. g EGV fixiert ist – steht und sich dem Wettbewerbsdruck auf seinen Märkten entziehen und unabhängige Strategien entwickeln kann.

3. Missbräuchliche Ausnutzung einer marktbeherrschenden Stellung

Der Begriff der missbräuchlichen Ausnutzung einer marktbeherrschenden Stellung (abuse of a dominant position) wird im EGV ebenfalls nicht definiert. Art. 82 S. 2 EGV enthält insoweit lediglich einen nicht abschließenden Beispielskatalog. Der EuGH betont in ständiger Rechtsprechung und in Übereinstimmung mit der Kommissionspraxis, dass es sich bei der missbräuchlichen Ausnutzung um einen objektiven Begriff handele. Er erfasst alle Verhaltensweisen von marktbeherrschenden Unternehmen, welche die Struktur eines Marktes beeinflussen können, auf dem der Wettbewerb gerade wegen der Anwesenheit des fraglichen Unternehmens bereits geschwächt ist, und die den noch bestehenden Wettbewerb durch die Verwendung von Mitteln behindern, die außerhalb eines normalen Produkt- oder Dienstleistungswettbewerbs auf der Grundlage der Leistungen der Mitbürger liegen[19]. Dieser objektive Missbrauchsbegriff hat vor allem den Zweck, den Wettbewerb vor Verfälschungen und Beschränkungen zu schützen und den „normalen Wettbewerb" zu gewährleisten[20]. Art. 82 EGV ist im Lichte des Art. 3 I lit. g EGV auszulegen, wonach die Tätigkeit der Gemeinschaft ein System umfasst, welches den Wettbewerb innerhalb des Binnenmarktes vor Verfälschungen schützt[21].

Die von GM praktizierte Liefersperre gegenüber der DB, SJ und NSB hatte zum Ziel, wettbewerbsbeschränkende Zwecke zu verfolgen. Die Sperre war die Sanktion dafür, dass die betreffenden Bahngesellschaften Konkurrenzprodukte kauften und sich auch an Werbekampagnen für sie beteiligten. Mit der Liefersperre wollte GM im Grunde eine Ausschließlichkeitsbindung von den jeweiligen Bahngesellschaften. Das weitere Ziel war, andere Bahngesellschaften davon abzuhalten, Konkurrenzprodukte zu erwerben. Ein solches Verhalten stellt einen Missbrauch i.S.d. Art. 82 S. 2 lit. b EGV dar.

Ein Missbrauch kann nach Art. 82 S. 2 lit. a EGV schließlich in der Erzwingung unangemessener Verkaufspreise liegen. Dieses Regelbeispiel ermöglicht der Kommission die Kontrolle der Preispolitik marktbeherrschender Unternehmen. Die Klausel hat zwei Voraussetzungen: Die von dem marktbeherrschenden Unternehmen geforderten oder gezahlten Preise müssen erzwungen und unangemessen sein. Das Merkmal „erzwungen" wird weit ausgelegt. Dafür genügt jeder Einsatz der besonderen Macht des marktbeherrschenden Unternehmens[22]. Insoweit ist ein besonderer Druck auf die Marktgegenseite nicht erforderlich. Preise werden vielmehr schon erzwungen, wenn die Marktgegenseite gerade wegen der besonderen Position des marktbeherrschenden Unternehmens den von ihm angebotenen oder

---

[19] EuGH, Urt. v. 13.2.1979 – Rs. 85/76, „Hoffmann-LaRoche", Slg. 1979, 461 Tz. 91; EuGH, Urt. v. 3.7.1991 – Rs. C-62/86, „Akzo", Slg. 1991, I-3359, Tz. 69.
[20] Rittner (aaO), § 10 Rn. 118.
[21] Emmerich (aaO), § 38 5 a), S. 437.
[22] Schröter/Jakob/Mederer (aaO), Art. 82 Rn. 182.

geforderten Preisen nicht mehr auszuweichen vermag[23] respektive wenn die übrigen Marktteilnehmer aufgrund der überlegenen Stellung des beherrschenden Unternehmens dessen unangemessenen Preise oder Geschäftsbedingungen ohne weiteres hinnehmen[24]. Bei der Prüfung, ob der erzwungene Preis unangemessen ist, muss danach gefragt werden, ob der geforderte oder gezahlte Preis außer Verhältnis zu dem wirtschaftlichen Wert des Produktes steht[25]. Damit stellt sich als zentrales Problem die Ermittlung des wirtschaftlichen Werts einer Ware bzw. Dienstleistung. Der EuGH geht davon aus, dass die Angemessenheit des Preises mit Hilfe der Methode der Gewinnspannermittlung festgestellt werden kann, wonach die Kosten eines Erzeugnisses und sein Preis miteinander zu vergleichen sind.

In casu liefert der Sachverhalt zu diesem Komplex keine verlässlichen Angaben. Zudem tritt hinzu, dass es sich in vielen Fällen als sehr schwierig erweist, die Entstehungskosten eines einzelnen Produktes exakt festzustellen. Neben dem Beispielskatalog des Art. 82 S. 2 EGV erfasst die Generalklausel des Art. 82 S. 1 EGV weitere Verhaltensweisen marktbeherrschender Unternehmen, durch die Wettbewerber, Handelspartner oder Verbraucher geschädigt oder die Strukturen des Marktes beeinträchtigt werden. Im wissenschaftlichen Schrifttum ist u. a. die Kategorie der Geschäftsverweigerung entwickelt worden[26]. Hierunter versteht man Konstellationen, wo Unternehmen ohne sachlich rechtfertigende Gründe Geschäftsbeziehungen zu ihren Handelspartnern abbrechen oder solche mit potentiellen Geschäftspartnern nicht aufnehmen. Hintergrund der Klassifikation derartiger Verhaltensweisen als missbräuchlich ist die Befürchtung, dass die Marktmacht bei der Entscheidung über die Aufnahme oder Fortsetzung von Geschäftsbeziehungen in einer Weise eingesetzt wird, durch die aktuelle Wettbewerber vom Markt verdrängt oder potentielle Mitbewerber vom Eintritt in den Markt abgehalten werden könnten und damit letztlich eine weitere Schwächung der durch die Existenz des Marktbeherrschers ohnehin bereits beeinträchtigten wettbewerblichen Marktstruktur bewirkt werden könnte[27].

Durch das unmotivierte und grundlose Abbrechen der Vertragsbeziehungen in Form einer Liefersperre zu den Bahngesellschaften DB, NSB und SJ hat GM seine Verantwortung für die Aufrechterhaltung eines Systems unverfälschten Wettbewerbs erheblich verletzt. Die Geschäftsverweigerungsstrategie hatte lediglich das Ziel, den Lokomotivmarkt weiter zu monopolisieren. Man strebte mehr oder minder einen „Alleinstellungsberühmungsanspruch" an.

---

[23] Bunte (aaO), § 15 III, S. 421 f.
[24] Jung, in: Grabitz/Hilf (aaO), Art. 82 Rn. 246.
[25] EuGH, Urt. v. 13.11.1975 – Rs. 26/75, „General Motors", Slg. 1975, 1367 Tz. 12; EuGH, Urt. v. 17.7.1997 – Rs. C-242/95, "GT-Link/DSB", Slg. 1997, I-4453 Tz. 39.
[26] Vgl. Bunte (aaO), § 15 III, S. 425 f.
[27] Bunte (aaO), § 15 III, S. 425.

4. Beeinträchtigung des Handels zwischen den Mitgliedstaaten[28]

Soweit nach den vorstehenden Ausführungen die Maßnahmen von GM als missbräuchlich zu qualifizieren sind, sind sie zugleich geeignet, den Handel zwischen den Mitgliedstaaten zu beeinträchtigen. Die Maßnahmen tragen zur Errichtung von Handelsschranken im Gemeinsamen Markt bei, mit der Folge, dass die vom Vertrag gewollte Durchdringung der Märkte erschwert wird[29]. Das Verhalten von GM wirkt sich unmittelbar auf die Handelsströme zwischen den Mitgliedstaaten in einer Weise aus, die der Verwirklichung der Ziele eines einheitlichen Marktes entgegenwirken und ist somit in letzter Konsequenz als missbräuchlich i.S.d. Art. 82 EGV zu qualifizieren. Art. 82 EGV ist zudem auch Schutzgesetz i.S.d. § 823 III BGB[30], so dass die durch den Missbrauch geschädigten Dritten von dem Unternehmen in beherrschender Stellung Unterlassung und Schadensersatz verlangen können. Der EuGH hat entschieden, dass die in Art. 81 und Art. 82 EGV enthaltenen Verbote, da sie ihrer Natur nach geeignet sind, in den Beziehungen zwischen Unternehmen unmittelbare Wirkungen zu erzeugen, auch unmittelbar in deren Person Rechte entstehen lassen, welche die Gerichte der Mitgliedstaaten zu wahren haben[31].

C. Weiterführende Hinweise: Literatur

1.) Immenga, Zusammenschlusskontrolle auf obrigkeitlich gelenkten Märkten?, WuW 2004, 1116-1124

2.) Bunte, Anwendung der deutschen Fusionskontrolle auf Verkehrskooperationen im öffentlichen Personennahverkehr (ÖPNV)?, GRUR 2004, 913-922.

3.) Bechtold/Buntscheck, Die Entwicklung des deutschen Kartellrechts 2001-2003, NJW 2003, 2866-2874.

---

[28] Zu den Anforderungen an die sog. Zwischenstaatlichkeitsklausel: vgl. Fall 20 „Das Starkstromkartell", B. 1. b).
[29] Im Gegensatz zum Kartellverbot des Art. 81 EGV ist die Spürbarkeit der Handelsbeeinträchtigung nicht Voraussetzung des Diskriminierungsverbotes des Art. 82 EGV - weder bei der Frage der Wettbewerbsbeschränkung noch bei der der Handelsbeeinträchtigung.
[30] Bunte (aaO), § 15 V., S. 430.
[31] Nachweise bei: Jung, in: Grabitz/Hilf (aaO), Art. 82 Rn. 283.

Fall 22
Fusionitis[1]

Neue Fusionskontrollverordnung (FKVO), Zusammenschlussbegriff der FKVO, Aufgreifkriterien, Eingreifkriterien

A. Sachverhalt

Gehen Sie von folgender wirtschaftlicher Ausgangslage aus:
 Es existiert kein einheitlicher Gesamtmarkt für Flugzeuge, sondern es liegen viele Einzelmärkte vom Klein- bis zum Großraumflugzeug vor. So gibt es auch drei eigene Produktmärkte für Turboprop-Regionalflugzeuge (Reichweite bis zu 500 Meilen) mit 20-39 Sitzen, 40-59 Sitzen sowie 60 Sitzen und mehr. Das französisch-italienische Konsortium Aérospatiale-Alenia (weltweite Gesamtumsätze von 4,7 resp. 5,2 Milliarden Euro, davon jeweils mehr als 250 Millionen Euro in der Gemeinschaft) will den kanadischen Hersteller de Havilland (Gesamtumsatz: 0,5 Milliarden Euro) aufkaufen. Bei den 40-59 Sitzen hat Aérospatiale-Alenia einen weltweiten Marktanteil von 45 %, de Havilland verfügt über 19 %, Fokker über 22 % sowie Saab und Casa über jeweils 7 %.
 Die neue EU-Wettbewerbskommissarin möchte zu Beginn ihrer neuen Amtszeit richtungsweisende Signale in puncto „Wettbewerbspolititk" aussenden und den Innovationswettbewerb in einem dynamischen System stärken.

Sie sind zur Zeit Stationsreferendar bei der EU-Kommission – Generaldirektion „Wettbewerb" – und haben nunmehr die Aufgabe, die Zulässigkeit eines Aufkaufes von de Havilland unter dem Blickwinkel der FKVO[2] zu beurteilen.

---

[1] In Anlehnung an: Europ. Kommission, 2.10.1991, „Aérospatiale-Alenia/de Havilland", IV/M053, ABl. L 334/42.
[2] Seit dem 1.5.2004 ist die neue FKVO in Kraft. Vgl. hierzu: ABl. EG Nr. C 20 v. 28.1.2003, S. 4.

B. Lösung

Der Aufkauf von de Havilland durch das Konsortium Aérospatiale-Alenia ist wettbewerbsrechtlich zulässig, wenn er den Bestimmungen der FKVO entspricht.

1. Zusammenschluss von gemeinschaftsweiter Bedeutung

Der Anwendungsbereich der FKVO beschränkt sich nach Art. 1 I der FKVO auf Zusammenschlüsse von gemeinschaftsweiter Bedeutung. Was hierunter en détail zu verstehen ist, ergibt sich unter Heranziehung der Art. 1 II und Art. 1 III iV.m. Art. 3 der FKVO. Ausgangspunkt bildet somit die Frage, ob es sich bei dem fraglichen Vorgang überhaupt um einen Zusammenschluss im Sinne des Art. 3 der FKVO handelt. Ist dies zu bejahen, so muss, wenn die Verordnung anwendbar sein soll, noch hinzukommen, dass der betreffende Zusammenschluss die Schwellenwerte des Art. 1 II und Art. 1 III FKVO überschreitet. Man spricht in diesem Zusammenhang deshalb auch von Aufgreifkriterien. Die quantitativen Umsatzschwellen gelten unabhängig von der wettbewerbsrechtlichen Bedeutung des Zusammenschlusses[3]. Die Umsatzgrenzen führen zu einer im Vergleich zu Marktanteilen eindeutigen Regelung und schließen Rechtsunsicherheit weitgehend aus[4].

Die FKVO kennt zwei Zusammenschlussformen, nämlich die Fusion und den Kontrollerwerb. Die Fusion ist nach Art. 3 I a) FKVO dadurch gekennzeichnet, dass zwei oder mehr bisher voneinander unabhängige Unternehmen oder Unternehmensteile fusionieren. Kennzeichnend für den Kontrollerwerb nach Art. 3 I b) FKVO ist, dass eine oder mehrere Personen, die bereits mindestens ein Unternehmen kontrollieren, oder ein oder mehrere Unternehmen durch den Erwerb von Anteilsrechten oder Vermögenswerten durch Vertrag oder in sonstiger Weise die unmittelbare oder mittelbare Kontrolle über die Gesamtheit oder über Teile eines oder mehrerer anderer Unternehmen erwerben. Die Kontrolle wird nach Art. 3 II FKVO durch Rechte, Verträge oder andere Mittel begründet, die einzeln oder zusammen unter Berücksichtigung aller tatsächlichen oder rechtlichen Umstände die Möglichkeit gewähren, einen bestimmenden Einfluss auf die Tätigkeit eines Unternehmens auszuüben.

Wichtigstes Strukturmerkmal der FKVO ist das Prinzip des sog. „one stop shop", nämlich eine Ein-Schranken-Theorie sowohl in materiellrechtlicher als auch in verfahrensrechtlicher Hinsicht[5]. Zuständig für die Anwendung europäischen Fusionskontrollrechtes ist nur die Europäische Kommission (Art. 21 II FKVO). Für die betroffenen Unternehmen hat ein solches Pro-

---

[3] Mestmäcker/Schweitzer, Europäisches Wettbewerbsrecht, 2. Auflage, München 2004, § 23 IV. 1., S. 537.
[4] Immenga, in: Immenga/Mestmäcker (Hrsg.), EG-Wettbewerbsrecht, Bd. 1, München 1997, FKVO, D Art. 1 Rn. 1.
[5] Heinemann, JURA 2003, 721, 723.

cedere den Vorteil, dass sie sich nur mit einer Kartellbehörde auseinandersetzen müssen.

Die gemeinschaftsweite Bedeutung des Zusammenschlusses ist in Art. 1 II FKVO fixiert. Die Unternehmenseigenschaft wird in der Fusionskontrolle ebenso wie bei Art. 81, 82 EGV durch jede selbständige wirtschaftliche Tätigkeit begründet[6]. Im Streitfall ist das Vorliegen der Aufgreifkriterien zu bejahen. Es liegt ein Zusammenschluss von gemeinschaftsweiter Bedeutung vor. Genauer gesagt handelt es sich angesichts einer Verschmelzung von Unternehmen durch Aufnahme um eine Fusion. Es kommt zu einer dauerhaften Strukturveränderung der beteiligten Unternehmen. Ein bisher selbständiges Unternehmen verliert seine Unabhängigkeit[7]. Die in Art. 1 II FKVO normierten Umsatzschwellen sind erreicht. Die Europäische Kommission ist ergo gem. Art. 21 II FKVO ausschließlich für die Prüfung des Zusammenschlusses zuständig.

Zum Verhältnis der FKVO zur Wettbewerbspolitik und zum Wettbewerbsrecht der Mitgliedstaaten bleibt anzumerken, dass auf Zusammenschlüsse von gemeinschaftsweiter Bedeutung das mitgliedstaatliche Recht nach Art. 21 III FKVO nicht anwendbar ist. Die Schwellenwerte normieren den Bereich, in dem die FKVO ausschließlich gelten soll. Für Mitgliedstaaten, die keine eigene Fusionskontrolle haben, können die hohen Aufgreifkriterien dazu führen, dass nicht alle Zusammenschlüsse erfasst werden, die im eigenen wettbewerbspolitischen Interesse erfasst werden sollten[8].

2. Genehmigungsfähigkeit

In diesem Punkt ist zu klären, ob das streitgegenständliche Vorhaben genehmigungsfähig ist. Diese Frage richtet sich danach, ob eine Behinderung des Wettbewerbs eintritt. Ist dies der Fall, so ist der Zusammenschluss nach Art. 2 III FKVO als mit dem Gemeinsamen Markt für unvereinbar zu erklären[9]. Das zentrale Eingreifkriterium ist also die Behinderung respektive erhebliche Behinderung wirk-

---

[6] Der Begriff des „Unternehmens" ist - wie die Bearbeitungen der Fälle 20 und 21 gezeigt haben - ein allgemeiner Begriff des europäischen Wettbewerbsrechtes.

[7] Nicht erfasst werden von der FKVO Fälle, in denen bereits vor der Fusion bzw. dem Kontrollerwerb eine wirtschaftliche Einheit bestand oder in denen bloß eine interne Reorganisation einer Unternehmensgruppe erfolgt, ohne dass die Kontrolle in andere Hände übergeht.

[8] Mestmäcker/Schweitzer (aaO), § 23 V., S. 540.

[9] Der neue Untersagungstatbestand lautet: „Zusammenschlüsse, durch die wirksamer Wettbewerb im Gemeinsamen Markt behindert würde, insbesondere durch Begründung oder Verstärkung einer beherrschenden Stellung, sind für mit dem Gemeinsamen Markt unvereinbar zu erklären".

samen Wettbewerbs im Gemeinsamen Markt. Das Europäische Fusionskontrollrecht ist somit primär wettbewerblich und nicht industriepolitisch ausgerichtet[10].

> Der Zweck der Neufassung ist die Erfassung von Zusammenschlüssen, die unter Bedingungen eines Oligopols wirksamen Wettbewerb verhindern, ohne dass die Oligopolmitglieder ihr Marktverhalten koordinieren[11]. Im Erwägungsgrund 25 heißt es dazu, die Gerichte der Gemeinschaft hätten den Untersagungstatbestand bisher nicht dahingehend ausgelegt, dass Zusammenschlüsse, die solche nicht koordinierten Auswirkungen haben, für mit dem Gemeinsamen Markt unvereinbar zu erklären seien. Die Neufassung solle klarstellen, dass auch solche Wirkungen von Zusammenschlüssen mit dem Gemeinsamen Markt unvereinbar sind.

Eine Aufrechterhaltung wirksamen Wettbewerbs wird von Unternehmen dann verhindert, wenn sie die Möglichkeit besitzen, sich ihren Wettbewerbern, Abnehmern und letztlich den Verbrauchern gegenüber in einem nennenswerten Umfang unabhängig zu verhalten. Damit wird das zentrale Strukturelement des Wettbewerbs, nämlich das Inaussichtstellen von möglichst günstigen Konditionen gegenüber Dritten im Rahmen eines „Entdeckungsverfahrens" (v. Hayek) unterminiert und ad absurdum geführt[12]. Zur Auslegung des Begriffs „erhebliche Behinderung wirksamen Wettbewerbs" heißt es in den Erwägungsgründen, es werde beabsichtigt, diesen dahingehend auszulegen, „dass er sich über das Konzept der Marktbeherrschung hinaus ausschließlich auf diejenigen wettbewerbsbeschränkenden Auswirkungen eines Zusammenschlusses erstreckt, die sich aus nicht koordiniertem Verhalten von Unternehmen ergeben, die auf dem jeweiligen Markt keine beherrschende Stellung haben würden"[13].

Auf dem Markt für 40-59-Sitzer hätte das fusionierte Unternehmen einen Marktanteil von insgesamt 64 %. Der stärkste verbleibende Wettbewerber, nämlich Fokker, hat demgegenüber einen Marktanteil von 22 %. Angesichts des hohen Marktanteils und des großen prozentualen Abstands zum nächsten Konkurrenten liegt die Annahme eines nicht mehr hinreichend durch den Wettbewerb kontrol-

---

[10] In diesem Zusammenhang sei auf die umstrittene Problematik der Novellierung des Pressekartellrechts hingewiesen, die mehr industriepolitisch als wettbewerbspolitisch geprägt zu sein scheint.

[11] Mestmäcker/Schweitzer (aaO), § 25 I. 1., S. 594.

[12] Vgl. auch den Definitionsversuch von Fikentscher im Rahmen einer Annäherung an das Wesen des ökonomischen Wettbewerbs. Danach ist der wirtschaftliche Wettbewerb das selbständige Streben sich gegenseitig im Wirtschaftserfolg beeinflussender Anbieter oder Nachfrager (Mitbewerber) nach Geschäftsverbindungen mit Dritten (Kunden) durch das Inaussichtstellen möglichst günstiger Geschäftsbedingungen (vgl. Fikentscher, WuW 1961, 788, 790).

[13] Daraus folgt unter Heranziehung des Erwägungsgrundes 26, dass für alle anderen Arten von Zusammenschlüssen der Marktbeherrschungstest in Übereinstimmung mit der Rechtsprechung und der Praxis der Kommission erhalten bleibt. Das stellt auch der Gesetzgeber klar, demnach wirksamer Wettbewerb „insbesondere" durch die Begründung oder Verstärkung einer beherrschenden Stellung erheblich behindert wird.

lierten Verhaltensspielraums nahe. Als verstärkendes Faktum tritt hinzu, dass ein Marktzutritt angesichts der Besonderheiten des Flugzeugbaus unwahrscheinlich ist und in letzter Konsequenz auch keine neuen Wettbewerber zu erwarten sind. Die Fusion würde der gemeinschaftsrechtlichen Verpflichtung nach einer offenen Marktwirtschaft mit freiem Wettbewerb und einer Fortentwicklung des Binnenmarktes diametral zuwiderlaufen[14]. Die im Falle einer Fusion sich ergebende erhebliche Behinderung wirksamen Wettbewerbs resultiert im Allgemeinen aus der Begründung respektive Stärkung einer beherrschenden Stellung. Damit ist der Bogen argumentativ gespannt zum neuen Untersagungstatbestand des Art. 2 III FKVO. Aus diesen Überlegungen ist die wettbewerbsrechtliche Schlussfolgerung zu ziehen, dass die beabsichtigte Fusion sich als nicht genehmigungsfähig und somit nicht vereinbar mit der FKVO erweist. Der Entscheidungsvorschlag des Stationsreferendars lautet daher, dass der Aufkauf wegen Unvereinbarkeit mit der FKVO zu untersagen ist.

C. Weiterführende Hinweise: FKVO

1. Neue FusionskontrollVO

Am 1.5.2004 ist die neue vom Rat der Europäischen Union erlassene Verordnung Nummer 139/2004 über die Kontrolle von Unternehmenszusammenschlüssen (FKVO)[15] in Kraft getreten. Außerdem veröffentlichte die Europäische Kommission Leitlinien über die Kontrolle horizontaler Zusammenschlüsse. Die neuen Vorschriften brachten neben einer Neufassung der materiellen Prüfungskriterien für Zusammenschlüsse auch bedeutende Neuerungen im Verfahrensrecht. Neuer Prüfungsmaßstab: Nach der neuen Regelung ist ein Zusammenschluss zu untersagen, wenn er wirksamen Wettbewerb am Gemeinsamen Markt oder in wesentlichen Teilen desselben erheblich beeinträchtigen würde. Der bisherige Test, wonach ein Zusammenschluss zu untersagen war, wenn dieser eine marktbeherrschende Stellung begründet oder verstärkt, ist nunmehr nur ein möglicher Beispielsfall für einen Untersagungsgrund.

Nachfolgend ein zusammenfassender Überblick über die Veränderungen:

- Materieller Beurteilungsmaßstab des Art. 2 FKVO
  Im Grünbuch hatte die Kommission zur Diskussion gestellt, ob eine Änderung

---

[14] Dass das EG-Recht im Zweifel freiheitsorientiert ist, kommt immer wieder in der Judikatur des EuGH zum Ausdruck.
[15] Beachte auch: Säcker, Angleichung der deutschen Fusionskontrolle an Art. 2 III FKVO?, WuW 2004, 1038-1040. Säcker hebt hervor, dass „ein Wettbewerb um das beste Rechtssystem bei der Fusionskontrolle nicht mehr erforderlich ist; er verschlisse nur die Überzeugungskraft des wettbewerblichen Kontrollinstrumentariums insgesamt" (Säcker, WuW 2004, 1038, 1040).

des geltenden Beurteilungsmaßstabs der „Marktbeherrschung"[16] durch das vor allem in den USA angewandte Kriterium des „substantial lessening of competition"[17] wünschenswert sei. Im Verordnungsentwurf beließ sie es bei der alten Regelung, schlug nur eine Konkretisierung des Begriffes der Marktbeherrschung vor, u. a. zur besseren Erfassung von Oligopolsachverhalten. Dem ist der Rat nicht gefolgt. Der neue Art. 2 FKVO enthält stattdessen die Formulierung „Zusammenschlüsse, durch die wirksamer Wettbewerb erheblich behindert würde, insbesondere durch Begründung oder Verstärkung einer beherrschenden Stellung". Nach Erwägungsgrund 25 ist beabsichtigt, den Begriff „erhebliche Behinderung wesentlichen Wettbewerbs" ausschließlich auf die wettbewerbsschädigenden Auswirkungen eines Zusammenschlusses anzuwenden, die sich aus nicht koordiniertem Verhalten von Unternehmen ergeben, die keine marktbeherrschende Stellung haben würden. Inwieweit sich hieraus eine Änderung in der Beurteilungspraxis ergibt, bleibt abzuwarten.

- Verweisungsvorschriften
Eines der wichtigsten Ziele der Änderung war eine bessere Zuweisung der Prüfung von Zusammenschlüssen zwischen den Mitgliedstaaten und der Kommission. Insbesondere sollten Mehrfachanmeldungen vermieden werden. Der Rat hat die Schwellenwerte des Art. 1 FKVO, die die gemeinschaftsweite Bedeutung eines Zusammenschlusses bestimmen, beibehalten. Auch kommt es nicht - wie ursprünglich im Grünbuch angedacht - zu einer automatischen Zuständigkeit der Kommission, wenn eine Anmeldung in mehr als drei Mitgliedstaaten erfolgen müsste. Stattdessen wurden die Verweisungsvorschriften geändert.
Nach Art. 4 FKVO können die beteiligten Unternehmen nun bereits vor der Anmeldung des Zusammenschlussvorhabens einen Verweisungsantrag an die Kommission stellen. Dies gilt sowohl hinsichtlich der Verweisung an einen Mitgliedstaat (Abs. 4), als auch hinsichtlich der Verweisung an die Kommission, wenn der Fall an sich keine gemeinschaftsweite Bedeutung im Sinne von Art. 1 FKVO hat (Abs. 5). Letzteres soll möglich sein, wenn der Zusammenschluss ansonsten von mindestens drei Mitgliedstaaten nach nationalem Recht geprüft werden müsste. Ein an sich zuständiger Mitgliedstaat hat allerdings innerhalb von 15 Arbeitstagen die Möglichkeit, die Verweisung an die Kommission abzulehnen. Ansonsten wird die gemeinschaftsweite Bedeutung vermutet.
Die Verweisungsmöglichkeiten nach Art. 9 FKVO (Kommission an Mitglied-

---

[16] Anlässlich des Falles „General Electric/Honeywell" (Kommission v. 3.7.2001, Fall Nr. COMP/M.2220, WuW/E EU-V 631), bei dem die Kommission den Zusammenschluss der beiden Unternehmen untersagte, nachdem das amerikanische Department of Justice (DOJ) als US-Kartellbehörde das Vorhaben im Wesentlichen erlaubt hatte, wurde diskutiert, ob eine Adaption des SLC-Tests im EG-Kartellrecht sinnvoll sei. Im Ergebnis hat man sich – wie die neue FKVO belegt – zu Recht dagegen entschieden.

[17] Aus ökonomischer Sicht ist der SLC-Test die konzeptionell klarere Methode zur Erfassung von Wettbewerbsbehinderungen durch Fusionen als der MB-Test. Er entspricht am ehesten einem „more economic approach". Zur Problematik des „more economic approach" in der deutschen Wettbewerbspolitik: Böge, WuW 2004, 726 ff.

staat) und Art. 22 FKVO (Mitgliedstaat an Kommission) bleiben erhalten. Die bisherige materielle Voraussetzung einer drohenden marktbeherrschenden Stellung in dem betreffenden Mitgliedstaat wurde durch den Begriff der erheblichen Beeinträchtigung des Wettbewerbs ersetzt. Dieser Maßstab gilt auch für Art. 4 FKVO

- Verfahrensvorschriften
  Die Fristen des Art. 10 FKVO wurden flexibilisiert. In der ersten Verfahrensphase wird die Frist für eine Entscheidung von einem Monat auf 25 Arbeitstage erhöht, die automatische Fristverlängerung bei der Vorlage von Verpflichtungszusagen durch die Beteiligten von sechs Wochen auf 35 Arbeitstage. In der zweiten Verfahrensphase erhöht sich die Frist von 4 Monaten auf 90 Arbeitstage. Neu ist die Regelung, dass sich diese Frist auf 105 Tage erhöht, wenn die Unternehmen Verpflichtungszusagen anbieten. Ebenfalls neu ist die Möglichkeit, dass die Anmelder in Phase 2 eine Fristverlängerung auf 105 Tage beantragen können oder die Kommission dies mit Zustimmung der Anmelder von sich aus tun kann.

- Anmeldepflicht
  Eine Erleichterung für die Praxis dürfte die Änderung der Voraussetzungen für die Anmeldefähigkeit in Art. 4 FKVO bedeuten. Während die Anmeldung bisher einen bindenden Vertragsschluss oder die Veröffentlichung eines Übernahmeangebotes voraussetzte, kann ein geplanter Zusammenschluss in Zukunft bereits angemeldet werden, wenn die Beteiligten glaubhaft machen, dass sie beabsichtigen einen Vertrag zu schließen.

2. Verhältnis der FKVO zu den Wettbewerbsregeln

Die Bestimmungen des EG-Vertrages enthalten keine besonderen Vorschriften für Unternehmenszusammenschlüsse. Daraus ist häufig die Schlussfolgerung gezogen worden, dass Unternehmenszusammenschlüsse als solche weder vom Kartellverbot des Art. 81 EGV noch vom Missbrauchsverbot für beherrschende Unternehmen in Art. 82 EGV erfasst würden. Nach der Rechtsprechung ist fraglich, ob ein Unternehmenszusammenschluss, der die rechtliche Selbständigkeit der beteiligten Unternehmen im Falle der Fusion oder die wirtschaftliche Selbständigkeit im Falle der Konzernierung aufhebt, gleichwohl als Vertrag oder abgestimmte Verhaltensweise qualifiziert werden kann. Bei Art. 82 EGV ist fraglich, ob ein Unternehmenszusammenschluss, der die Struktur der Unternehmen und der Märkte verändert, als solcher den Tatbestand der missbräuchlichen Ausnutzung einer beherrschenden Stellung erfüllen kann. Es wurde daher ein neues Rechtsinstrument in Form der FKVO geschaffen, „das eine wirksame Kontrolle sämtlicher Zusammenschlüsse im Hinblick auf ihre Auswirkungen auf die Wettbewerbsstruktur in der

Gemeinschaft ermöglicht und das zugleich das einzige auf derartige Zusammenschlüsse anwendbare Instrument ist" (Begründungserwägung 6)[18].

Die Kommission erklärte zur Beurteilung von Unternehmenszusammenschlüssen nach Art. 85 EGV (jetzt Art. 81 EGV): „Zusammenfassend lässt sich feststellen, dass die allgemein übliche Differenzierung in der rechtlichen Behandlung von Kartellen und Unternehmenskonzentrationen sachlich geboten ist und Art. 85 EGV (jetzt Art. 81 EGV) aus den angeführten Gründen nicht auf Vereinbarungen angewendet werden kann, die den Erwerb von Eigentum an Unternehmen oder Unternehmensteilen sowie die Neugestaltung von Eigentumsverhältnissen an Unternehmen zum Gegenstand haben (Fusion, Beteiligungserwerb, Erwerb von Vermögensteilen). Falls nach dem Konzentrationsvorgang mehrere wirtschaftlich selbständige Unternehmen fortbestehen (z. B. bei der Bildung von Gemeinschaftsunternehmen), ist allerdings sorgfältig zu prüfen, ob nicht neben der Änderung der Eigentumsverhältnisse Vereinbarungen oder aufeinander abgestimmte Verhaltensweisen der beteiligten Unternehmen im Sinne von Art. 85 Abs. 1 vorliegen"[19].

Im Gegensatz zur Kommission hat der EuGH im „Philip-Morris-Fall" entschieden, dass der Erwerb einer Kapitalbeteiligung, obwohl er nicht als solcher ein wettbewerbsbeschränkendes Verhalten darstelle, als Instrument dienen könne, um das Geschäftsverhalten der beteiligten Unternehmen im Sinne einer Einschränkung oder Verfälschung des Wettbewerbs auf dem Markt, auf dem sie tätig sind, zu beeinflussen[20]. Die Voraussetzungen, unter denen der Erwerb einer Beteiligung geeignet ist, den Wettbewerb zu beschränken oder zu verfälschen, werden vom EuGH wie folgt umschrieben: „Dies wäre insbesondere der Fall, wenn das investierende Unternehmen durch den Erwerb der Beteiligung oder durch Nebenklauseln der Vereinbarung rechtlich oder faktisch die Kontrolle über das geschäftliche Verhalten des anderen Unternehmens erlangt oder wenn die Vereinbarung eine geschäftliche Zusammenarbeit zwischen Unternehmen vorsieht oder Strukturen schafft, die einer solchen Zusammenarbeit förderlich sein können. Ferner kann dies dann der Fall sein, wenn die Vereinbarung dem investierenden Unternehmen die Möglichkeit gibt, seine Position später zu stärken, indem es die effektive Kontrolle über das andere Unternehmen erlangt. Dabei sind nicht nur die tatsächlichen Wirkungen der Vereinbarung, sondern auch ihre potentiellen Wirkungen sowie die

---

[18] Ein Gutachten der Monopolkommission in einem Verfahren der Ministererlaubnis nach dem GWB hat zu einer erneuten Diskussion über das Verhältnis der FKVO zu den Wettbewerbsregeln und zur mitgliedstaatlichen Fusionskontrolle geführt. Die Monopolkommission nimmt an, dass das primäre Wettbewerbsrecht der Art. 81, 82 EGV neben der FKVO und mit Vorrang vor dem mitgliedstaatlichen Recht anwendbar geblieben ist. Art. 22 II FKVO a. F. (jetzt Art. 21 I FKVO) wird so ausgelegt, dass die VO 17 (jetzt VO 1/03) nur im Anwendungsbereich der in Art. 1 FKVO normierten Schwellenwerte der gemeinsamen Fusionskontrolle ausgeschlossen sei, daneben aber Art. 81 EGV anwendbar bleibe (Umfassend dazu: Basedow, Gemeinschaftsrechtliche Grenzen der Ministererlaubnis in der Fusionskontrolle, EuZW 2003, 44, 49).
[19] Studienreihe Wettbewerb, Band 3, Brüssel 1966, Rn. 14.
[20] EuGH, Urt. v. 17.11.1987, „BAT & Reynolds/Kommission", Slg. 1987, 4566, 4577 Rn. 37.

Möglichkeit zu berücksichtigen, dass die Vereinbarung im Rahmen eines langfristigen Plans getroffen worden sein kann"[21].

---

[21] EuGH (aaO), Rn. 38 f.

Fall 23
Nicht mit uns

Kartellrechtliche Bewertung staatlicher Monopole, Besonderheiten der öffentlichen Unternehmen nach Art. 86 EGV, Kollision mit den Grundfreiheiten des EG-Vertrages, neues Kartellverfahrensrecht

A. Sachverhalt

Der schwedische Reichstag (Riksdag) hat ein Gesetz beschlossen, in dem festgelegt wird, dass die Arbeitsvermittlung innerhalb von Schweden und von Schweden aus in andere Staaten allein durch eine öffentlich-rechtliche Anstalt betrieben werden darf. Diese Anstalt wird finanziert von Arbeitgebern und Arbeitnehmern über Zwangsbeiträge.

Die Anstalt war in der Vergangenheit mehrfach nicht in der Lage, die Nachfrage des Marktes nach qualifizierten Führungskräften zu erfüllen.

Der Lokomotivhersteller Larsson (L) in Gävle beauftragt die Personalagentur Rönnells (R) in Stockholm, ihm bei der Besetzung der Stelle eines Leiters der Produktionsfertigung behilflich zu sein. Larsson hat von der Schwedischen Staatsbahn (SJ) den Auftrag bekommen, für die Erzbahnstrecke „Kiruna-Narvik" eine neue leistungsfähige Elektrolokomotive zu entwickeln, die die alten 12-achsigen Stangenelektrolokomotiven vom Typ „Dm3" ablösen soll. Für die Entwicklung einer neuen Lokomotive, die eine Leistung von 2 mal 5.400 kW erbringen und nunmehr 8.600 t Züge ziehen soll, benötigt Larsson eine Person mit ausgezeichnetem technischen Sachverstand.

Rönnells präsentiert einen geeigneten Kandidaten. Der Lokomotivhersteller Larsson lehnt den Kandidaten ohne Angabe von Gründen ab und verweigert die Zahlung des vereinbarten Honorars. Der Beratungsvertrag sei vielmehr nichtig, da nach dem vom Reichstag beschlossenen Gesetz das Arbeitsvermittlungsmonopol bei einer öffentlich-rechtlichen Anstalt liege.

Die Personalagentur Rönnells ist der Ansicht, dass Schweden durch das System der allein öffentlich-rechtlich betriebenen Arbeitsvermittlung gegen die Wettbewerbsvorschriften des Europäischen Gemeinschaftsrechts verstoße. Vor allem verstoße ein solches Gesetz gegen die im EGV gewährleistete Dienstleistungsfreiheit.

Aufgrund europarechtlicher Bestimmungen stehe ihr das Honorar aus dem Beratungsvertrag zu.

Hat R Recht? Beurteilen Sie die kartellrechtliche Zulässigkeit des Gesetzes.

B. Lösung

Die Personalagentur Rönnells hat mit Ihrem Vorbringen Erfolg, wenn Schweden als Mitgliedstaat der Europäischen Union mit seinem Gesetz gegen die Wettbewerbsvorschrift des EG-Vertrages in Form des Art. 86 EGV[1] verstößt. In einem solchen Fall stünde R die Vergütung aus dem Beratungsvertrag zu.

1. Verstoß gegen Art. 86 i.V.m. Art. 82 EGV

> Es wäre zunächst zu überlegen gewesen, ob Schweden mit seinem System einer allein öffentlich-rechtlichen Arbeitsvermittlung gegen Art. 82 EGV verstößt. Die Anwendung dieser Norm würde voraussetzen, dass ein Mitgliedstaat der EU überhaupt Adressat der Norm des Art. 82 EGV sein kann. Im Gegensatz zu den Grundfreiheiten richten sich die Wettbewerbsvorschriften des EG-Vertrages an Unternehmen und nicht an die Mitgliedstaaten[2]. Somit scheidet unter diesem Gesichtspunkt ein unmittelbarer Verstoß gegen Art. 82 EGV mangels Normadressateneigenschaft aus.

Nach Art. 86 EGV sind die Mitgliedstaaten verpflichtet, in Bezug auf öffentliche Unternehmen und auf Unternehmen, denen sie besondere oder ausschließliche Rechte gewähren, keine dem EG-Vertrag und insbesondere den Art. 81 bis 89 EGV widersprechenden Maßnahmen zu treffen. Der Tatbestand des Art. 86 EGV ist im Zusammenspiel mit Art. 82 EGV zu prüfen.

a) Unternehmen

Der Unternehmensbegriff der Wettbewerbsregeln des EG-Vertrages ist einheitlich auszulegen. Er findet daher im Ausgangspunkt auf die staatsnahen öffentlichen Unternehmen Anwendung. Unternehmen in diesem Sinne ist deshalb – wie bei Art. 81 und 82 EGV – jede selbständige wirtschaftliche Tätigkeit in der Erzeugung oder Verteilung wirtschaftlicher Güter und gewerblicher Leistungen, ohne

---

[1] Das Europäische Kartellrecht verfügt neben den bereits besprochenen drei „klassischen" Bestandteilen (vgl. Fälle 20-22) über einen vierten Pfeiler, der sich mit der Wirtschaftsbetätigung der öffentlichen Hand beschäftigt. Vgl. allgemein: Ehricke, Staatliche Eingriffe in den Wettbewerb – Kontrolle durch Gemeinschaftsrecht, Baden-Baden 1994; Fesenmair, Öffentliche Dienstleistungsmonopole im europäischen Recht, Berlin 1996; Stoffel, Wettbewerbsrecht und staatliche Wirtschaftstätigkeit, Freiburg 1994.

[2] EuGH, Urt. v. 10.12.1991 – Rs. C-179/90, „Hafen von Genua", Slg. 1991, I-5889.

dass eine Gewinnerzielungsabsicht erforderlich ist[3]. Die reine Hoheitsverwaltung wird von Art. 86 EGV nicht erfasst. Eine zur staatlichen Verwaltung gehörende, unselbständige rechtliche Einheit (Regiebetrieb) kann demgegenüber ein Unternehmen i.S.d. Art. 86 I EGV sein[4]. Das Unternehmen muss weiterhin ein öffentliches sein. Diese Eigenschaft wird in Art. 86 I EGV allerdings nicht definiert, sondern vorausgesetzt. Es handelt sich um einen wirtschaftlich geprägten, autonomen Begriff des Gemeinschaftsrechts[5], der aus dem angelsächsischen Rechtskreis abgeleitet wurde (public corporation, public enterprise)[6]. Unter öffentlichen Unternehmen i.S.d. Art. 86 I EGV sind somit sämtliche Unternehmen zu verstehen, auf deren Wirtschaftsplanung der Staat mittelbar oder unmittelbar Einfluss ausüben kann[7].

In casu erfüllt die vom Reichstag beschlossene Installation der öffentlich-rechtlichen Anstalt die Merkmale des öffentlichen Unternehmens. Es liegt eine Verteilung gewerblicher Leistungen ohne konkrete Gewinnerzielungsabsicht vor. Dass es sich um eine wirtschaftspolitische Aufgabe des Staates handelt, schließt die wirtschaftliche Tätigkeit nicht aus. Diese kann prinzipiell auch von Privaten mit der Absicht, Gewinne zu erwirtschaften, verfolgt werden. Die Anstalt ist aufgrund des beherrschenden Einflusses der öffentlichen Hand und einer ausschließlichen Rechtegewährleistung (Monopolisierung der Arbeitsvermittlung) auch öffentlich.

> Der EuGH[8] hat in jüngster Zeit eine differenzierte Judikatur zum Unternehmensbegriff des Art. 86 EGV entwickelt. Er hat dort einer italienischen Einrichtung zur Pflichtversicherung gegen Arbeitsunfälle und Berufskrankheiten die Unternehmenseigenschaft mit der Begründung abgesprochen, sie nehme eine Aufgabe rein sozialer Natur wahr. Im Bereich der Daseinsvorsorge kann es ergo Fälle geben, in denen dem handelnden Subjekt bereits die Eigenschaft als Unternehmen fehlt. Deshalb muss nicht erst auf die Ausnahme des Art. 86 II EGV rekurriert werden. Der Leitsatz 2 des o. g. Urteils lautet:
>
> *„2. Eine Einrichtung, die durch Gesetz mit der Verwaltung eines Systems der Versicherung gegen Arbeitsunfälle und Berufskrankheiten betraut ist, fällt nicht unter den Begriff des Unternehmens im Sinne der Artikel 85 und 86 EGV (jetzt Art. 81 und 82 EGV), wenn die Höhe der Leistungen und der Beiträge staatlicher Aufsicht unterliegt und die Pflichtmitgliedschaft, die für ein solches Versicherungssystem kennzeichnend ist, für dessen finan-*

---

[3] Detailliert: Kapp, in: Kersten/Rieger (Hrsg.), Frankfurter Kommentar zum Kartellrecht, Loseblatt, 51. Lfg. (Oktober 2002), Art. 86 Rn. 11 ff.
[4] EuGH, Urt. v. 16.6.1987 – Rs. 118/85, „AAMS", Slg. 1987, 2622.
[5] Kapp, in: Frankfurter Kommentar zum Kartellrecht (aaO), Art. 86 Rn. 18.
[6] Schröter/Jakob/Mederer, Kommentar zum Europäischen Wettbewerbsrecht, Baden-Baden 2003, Art. 86 Rn. 6.
[7] Schröter/Jakob/Mederer (aaO), Art. 86 Rn. 7 ff.
[8] EuGH, Urt. v. 22.1.2002 – Rs. C-218/00, „Cisal di Battistello Venanzio/INAIL", Slg. 2002, I-691.

> *zielles Gleichgewicht sowie für die Umsetzung des Grundsatzes der Solidarität, der verlangt, dass die dem Versicherten gewährten Leistungen nicht proportional zu den von ihm entrichteten Beiträgen sind, unerlässlich ist. Eine solche Einrichtung nimmt eine Aufgabe rein sozialer Natur wahr. Ihre Tätigkeit ist daher keine wirtschaftliche Tätigkeit im Sinne des Wettbewerbsrechts."*

b) Eine Art. 82 EGV widersprechende Maßnahme

In diesem Schritt ist zu prüfen, ob Schweden in Bezug auf die Tätigkeit der staatlichen Arbeitsvermittlung eine dem Art. 82 EGV widersprechende Maßnahme getroffen hat. Der Tatbestand des Art. 82 EGV setzt zunächst das Bestehen einer beherrschenden Stellung des Unternehmens auf dem Gemeinsamen Markt oder einem wesentlichen Teil desselben voraus. Hier erfolgt eine Abgrenzung des sachlich, räumlich und zeitlich relevanten Marktes[9]. Nach der Rechtsprechung des EuGH ist die marktbeherrschende Stellung dadurch gekennzeichnet, dass das Unternehmen „die Aufrechterhaltung eines wirksamen Wettbewerbs auf dem relevanten Markt verhindern und sich seinen Wettbewerbern, seinen Arbeitnehmern und letztlich dem Verbraucher gegenüber in einem wesentlichen Umfang unabhängig verhalten kann"[10]. Die vom Reichstag ex lege installierte öffentlich-rechtliche Anstalt ist für einen bestimmten Tätigkeitsbereich mit einem Monopol ausgestattet, sodass daraus sich insoweit für das Unternehmen zwangsläufig eine beherrschende Stellung ergibt. Das gesetzliche Monopol besteht für ganz Schweden und damit auch für einen wesentlichen Teil des gemeinsamen Marktes.

c) Missbrauch der beherrschenden Stellung

Der Begriff der missbräuchlichen Ausnutzung einer marktbeherrschenden Stellung (abuse of a dominant position) wird im EG-Vertrag ebenfalls nicht definiert[11]. Der EuGH betont in seiner konformen Rechtsprechung - auch in Übereinstimmung mit der Kommissionspraxis -, dass es sich bei der missbräuchlichen Ausnutzung um einen objektiven Begriff handle. Er erfasst alle Verhaltensweisen von marktbeherrschenden Unternehmen, welche die Struktur eines Marktes beeinflussen können, auf dem der Wettbewerb gerade wegen der Anwesenheit des fraglichen Unternehmens bereits geschwächt ist und die den noch bestehenden Wettbewerb durch die Verwendung von Mitteln behindern, die außerhalb eines norma-

---

[9] Schröter/Jakob/Mederer (aaO), Art. 82 Rn. 125.
[10] Vgl. nur: EuGH, Urt. v. 5.10.1988, Rs. 247/86, „Alsatel/Novasam", Slg. 1988, 5987 Tz. 12.
[11] Nach Emmerich, Kartellrecht, 8. Auflage, München 1999, § 38, S. 450, wurde seinerzeit die Frage der beherrschenden Stellung bewusst offen gelassen, um den Gemeinschaftsorganen die Möglichkeit zu eröffnen, das Missbrauchsverbot dynamisch der Entwicklung des Gemeinsamen Marktes anzupassen.

len Produkt- oder Dienstleistungswettbewerbs auf der Grundlage der Leistungen der Marktbürger liegen[12].

> Das Kriterium der missbräuchlichen Ausnutzung einer marktbeherrschenden Stellung ist also nicht im Sinne eines moralischen Schuldvorwurfs zu verstehen. Es erfasst vielmehr ein Marktverhalten, das zu Vorteilen des marktbeherrschenden Unternehmens und nachhaltigen Beeinträchtigungen der Marktpartner führt, die durch sachliche Interessen nicht gerechtfertigt werden können[13].

Beispielsfälle zur Konkretisierung des Missbrauchstatbestandes sind in Art. 82 II EGV genannt. Im Streitfall könnte der in Art. 82 II lit. b) EGV[14] enthaltene Rechtsgedanke einschlägig sein, nach dem ein Missbrauch[15] vorliegt, wenn die marktbeherrschende Stellung des Unternehmens zu Lasten der Verbraucher geht. Nach den Angaben im Sachverhalt ist die öffentlich-rechtliche Arbeitsvermittlungsanstalt offenbar nicht in der Lage, die Nachfrage des Marktes nach qualifizierten Führungskräften zu erfüllen. Privaten Arbeitsvermittlern – namentlich Rönnells – ist es dagegen durch das Gesetz verboten und daher nicht möglich, diese Nachfrage zu befriedigen. Die Bedürfnisse der Wirtschaftsunternehmen, die Führungskräfte suchen, und auch die Bedürfnisse der Führungskräfte, die als „Verbraucher" die Dienstleistungen der Arbeitsvermittlung in Anspruch nehmen wollen, werden durch die öffentlich-rechtliche Anstalt nicht hinreichend erfüllt. Aufgrund des Vorliegens einer marktbeherrschenden Stellung zu Lasten des Verbrauchers – die Anstalt ist gar nicht in der Lage, die Nachfrage nach dem Monopolgut zu decken – liegt ein Missbrauch[16] i.S.d. Art. 82 EGV vor.

d) Zwischenstaatlichkeitsklausel

Die Anwendung des Art. 82 EGV setzt weitergehend voraus, dass die fragliche wettbewerbsbeschränkende Maßnahme geeignet ist, den Handel zwischen den Mitgliedstaaten zu beeinträchtigen (sog. Zwischenstaatlichkeitsklausel). Zur Erfüllung dieser Voraussetzung genügt es bereits – wie bei Art. 81 EGV -, dass die betreffende Maßnahme auf Grund der gesamten Umstände geeignet ist, unmittelbar oder mittelbar den Handel zwischen de Mitgliedstaaten in einer Weise zu be-

---

[12] EuGH, Urt. v. 13.2.1979 – Rs. 85/76, „Hoffmann-LaRoche", Slg. 1979, 461 Tz. 91; Urt. v. 3.7.1991 – Rs. C-62/86, „Akzo", Slg. 1991, I-3359, Tz. 69.
[13] Oppermann, Europarecht, 2. Auflage, München 1999, Rn. 1042.
[14] Diese Vorschrift wird weit ausgelegt. Vgl.: Emmerich, in: Dauses, Handbuch des EU-Wirtschaftsrechts, Band 2, München 2000, H I Rn. 367.
[15] Der EuGH hat die „Theorie vom automatischen Missbrauch" aufgestellt, nach der man sehr häufig zur Feststellung eines Verstoßes gelangen wird (Zur „Théorie de l'abus automatique": vgl. auch Kovar, La „peau de chagrin", ou comment le droit communautaire opère la réduction des monopoles publics, 1992).
[16] Der objektive Missbrauchsbegriff hat vor allem den Zweck, den Wettbewerb vor Verfälschungen und Beschränkungen zu schützen und den „normalen Wettbewerb" zu gewährleisten.

einträchtigen, die der Verwirklichung der Ziele eines einheitlichen zwischenstaatlichen Marktes nachteilig sein kann, indem sie zur Errichtung von Handelsschranken im Gemeinsamen Markt beiträgt und die vom Vertrag gewollte gegenseitige Durchdringung der Märkte erschwert[17]. Der Beurteilungsmaßstab hierfür sind die hypothetischen Verhältnisse ohne die fragliche Maßnahme, d.h. bei Bestehen von Wettbewerb.

Unter Berücksichtigung der hypothetischen Verhältnisse ist festzuhalten, dass eine spürbare Veränderung des Handels zwischen den Mitgliedstaaten vorliegt. Das Verbot der Arbeitsvermittlung beschränkt sich nicht auf Schweden, sondern auch auf das EU-Ausland. Daraus ist zu folgern, dass die gegenseitige Durchdringung der Gemeinsamen Märkte ad absurdum geführt wird.

2. Regelungsgehalt des Art. 86 II EGV

Nach Art. 86 II EGV gelten die Vorschriften des EGV für Unternehmen, die mit Dienstleistungen von allgemeinem wirtschaftlichem Interesse betraut sind oder den Charakter eines Finanzmonopols haben, nur dann, soweit die Anwendung dieser Vorschriften nicht die Erfüllung der ihnen übertragenen besonderen Aufgabe rechtlich oder tatsächlich verhindert. An die Ausnahme des Art. 86 II EGV stellt die Judikatur des EuGH zunehmend strenge Anforderungen. Insbesondere drängt das EG-Wettbewerbsrecht Sonderrechte öffentlicher Unternehmen insoweit zurück, als diese mit Standards effizienter Leistungserbringung kollidieren und moderne Marktbedürfnisse nicht mehr befriedigend erfüllen[18]. Im Zusammenhang mit dem Arbeitsvermittlungsmonopol der Bundesanstalt für Arbeit hat der EuGH die Zulässigkeit eines derartigen Privileges für ein öffentliches Unternehmen an strenge Voraussetzungen geknüpft. Ein derartiges Monopol einer öffentlich-rechtlichen Anstalt verstößt nach Ansicht des EuGH dann gegen das Verbot der missbräuchlichen Ausnutzung einer beherrschenden Stellung, wenn

- das Monopol sich auf Tätigkeiten zur Vermittlung von Führungskräften der Wirtschaft erstreckt,

- die Anstalt offenkundig nicht in der Lage ist, selbst die Nachfrage auf dem Markt nach solchen Leistungen zu befriedigen,

- die tatsächliche Ausübung der Vermittlungstätigkeit durch private Beratungsunternehmen durch nationales Recht (Nichtigkeit von Verträgen/Strafdrohung) unmöglich gemacht wird und

---

[17] EuGH, Urt. v. 11.7.1989 – Rs. 246/86, „Belasco", Slg. 1989 2117, 2189 ff.; Urt. v. 31.3.1993, verb. Rss. 89/85, 104/85, 114/85, 116/85, 117/85, 125 -129/85, „Ahlström/Kommission", Slg. 1993, I-1575 Tz. 142 f.
[18] Herdegen, Europarecht, 6. Auflage, München 2004, Rn. 361.

- sich die Vermittlungstätigkeiten auch auf Angehörige oder das Gebiet anderer Vertragsstaaten erstrecken können[19].

Die durch Gesetz installierte öffentlich-rechtliche Anstalt ist angesichts der Vermittlung von Arbeitskräften mit einer Dienstleistung betraut, die auch von allgemeinem wirtschaftlichem Interesse ist. Denn es ist Aufgabe der Mitgliedstaaten, einen hohen Beschäftigungsgrad zu erzielen, die Beschäftigungsstruktur zu verbessern und damit das Wachstum der Wirtschaft zu fördern.

> Der Begriff „Dienstleistung" erfasst – über das allgemeine Verständnis des Zivilrechts und über Art. 50 EGV hinausgehend – das Bereithalten, das Bereitstellen (einschließlich der Erzeugung) und die Verteilung von Sachleistungen, sonstigen Gütern und Energie[20].

Zu den vom EuGH aufgestellten Kriterien einer Zulässigkeit von Arbeitsvermittlungsmonopolen bleibt festzustellen, dass die öffentlich-rechtliche Anstalt keinesfalls - d. h. weder rechtlich noch tatsächlich – an der Erfüllung ihrer Aufgabe der Arbeitsvermittlung gehindert wäre, wenn sie gezwungen würde, im Bereich der Arbeitsvermittlung mit privaten Unternehmen in Wettbewerb zu treten. Eine Tätigkeit nach Aufhebung des Monopols wäre weiterhin möglich. Des Weiteren ist die Anstalt nicht in der Lage, selbst die Nachfrage nach qualifiziertem Führungspersonal zu befriedigen. Anders lässt sich der Abschluss des Beratungsvertrages zwischen Larsson und Rönnells nicht plausibel erklären. Damit steht Art. 86 II EGV einer Anwendung von Art. 86 I EGV i.V.m. Art. 82 EGV nicht entgegen. Das staatliche Arbeitsvermittlungsmonopol verstößt gegen das Gemeinschaftsrecht. Der Personalagentur Rönnells steht mangels Nichtigkeit des Beratungsvertrages die entsprechende Vergütung zu.

C. Weiterführende Hinweise: Kartellverfahrensrecht

Für die Anwendung des europäischen Kartellrechtes stehen verwaltungsrechtliche und privatrechtliche Mittel zur Verfügung. Diese Doppelspurigkeit von Behördenverfahren und privaten Ansprüchen ist den meisten Kartellrechtsordnungen bekannt. Als weiteres Faktum kommt hinzu, dass Kartellrecht zugleich öffentliches Recht und Privatrecht ist. Insoweit kann man mit einer gewichtigen Berechtigung von einer Janusköpfigkeit sprechen. Strafrechtliche Sanktionen stehen demgegenüber nicht zur Verfügung. Die Geldbußen im Kartellverfahren sind verwaltungsrechtlich, nicht strafrechtlich zu qualifizieren[21].

Das europäische Kartellrecht kann sowohl von den europäischen Institutionen als auch von nationalen Behörden und Gerichten angewendet werden. Auf europäischer Ebene ist vorbehaltlich der Nachprüfung durch das EuG und den EuGH die

---

[19] Vgl. Auflistung bei: Herdegen (aaO), Rn. 362.
[20] Schröter/Jakob/Mederer (aaO), Art. 86 Rn. 49.
[21] So expressis verbis Art. 23 V VO Nr. 1/2003 und Art. 14 IV FKVO.

Kommission zur Anwendung berufen[22]. Die neue Kartellverfahrensordnung führt zu einer engeren Verzahnung von europäischem und nationalem Kartellrecht. Nach Art. 3 VO Nr. 1/2003 können die nationalen Kartellbehörden nicht mehr allein das nationale Kartellrecht auf Sachverhalte mit grenzüberschreitendem Moment anwenden, sondern müssen gleichzeitig auch immer auf europäisches Kartellrecht zurückgreifen.

Das genaue Procedere zum Verfahren und den Ermittlungsbefugnissen ist in der VO 17 respektive VO 1/2003 geregelt. Die Kommission kann auf Antrag oder von Amts wegen tätig werden. Sie kann Auskünfte von Regierungen, Behörden und Unternehmen einholen, notfalls unter Festsetzung von Zwangsgeldern. Sie kann Nachprüfungen durch Behörden der Mitgliedstaaten oder aber selber vornehmen, in deren Rahmen Geschäftsunterlagen eingesehen und Geschäftsräume betreten werden können. Durchsuchungen gegen den Willen der Betroffenen können unter Beachtung der im jeweiligen Land geltenden Verfahrensgarantien vorgenommen werden, bedürfen also in Deutschland eines richterlichen Beschlusses. Nach der neuen Kartellverordnung sind bei begründetem Verdacht auch Nachprüfungen in Privatwohnungen von Unternehmensmitarbeitern möglich (Art. 21 VO Nr. 1/2003).

---

[22] Analyse der Entscheidungspraxis von Kommission und EuGH: Zäch, Wettbewerbsrecht der Europäischen Union: Praxis von Kommission und Gerichtshof, Bern 1994.

Literaturverzeichnis

Urheberrecht

Dreier, Thomas
Schulze, Gernot
Kommentar zum Urheberrechtsgesetz, München 2004

Ensthaler, Jürgen
Gewerblicher Rechtsschutz und Urheberrecht, 2. Auflage, Berlin/Heidelberg 2003

Haberstumpf, Helmut
Handbuch des Urheberrechts, 2. Auflage, Neuwied 2000

Hertin, Paul W.
Urheberrecht, München 2003

Loewenheim, Ulrich (Hrsg.)
Handbuch des Urheberrechts, München 2003

Rehbinder, Manfred
Urheberrecht, 13. Auflage, München 2004

Schack, Haimo
Urheber- und Urhebervertragsrecht, 2. Auflage, Tübingen 2001

Schricker, Gerhard
Verlagsrecht, 3. Auflage, München 2001

Ulmer, Eugen
Urheber- und Verlagsrecht, 3. Auflage, Berlin 1980

Wandtke, Artur-Axel (Hrsg.)
Bullinger, Martin
Praxiskommentar zum Urheberrecht, München 2002

Wettbewerbsrecht

Beater, Axel
Unlauterer Wettbewerb, München 2002

Baumbach, A.
Hefermehl, W.
Kommentar zum Wettbewerbsrecht, 23. Auflage, München 2004

Emmerich, Volker
Unlauterer Wettbewerb, 7. Auflage, München 2004

Fezer, Karl-Heinz (Hrsg.)
Unlauterkeitsrecht. UWG-Kommentar, München 2005

Harte-Bavendamm, H. (Hrsg.) *Henning-Bodewig*, Frauke	UWG - Kommentar, München 2004
Lettl, Tobias	Das neue UWG, München 2004

Geschmacksmusterrecht

Eichmann, Helmut *von Falckenstein*, Roland	Geschmacksmustergesetz, 3. Auflage, München 2005
Rehmann, Thorsten	Geschmacksmusterrecht, München 2004

Patentrecht

Kraßer, Rudolf	Patentrecht – Ein Lehr- und Handbuch, 5. Auflage, München 2004
Nieder, Michael	Die Patentverletzung, München 2004
Osterrieth, Christian	Patentrecht, 2. Auflage, München 2004

Gebrauchsmusterrecht

Loth, Hans-Friedrich	Gebrauchsmustergesetz, München 2001
Mes, Peter	Patentgesetz. Gebrauchsmustergesetz, München, 1997

Markenrecht

Berlit, Wolfgang	Das neue Markenrecht, 5. Auflage, München 2003
Fezer, Karl-Heinz	Markenrecht, 3. Auflage, München 2001
Harte-Bavendamm, Henning	Handbuch der Markenpiraterie in Europa, München 2000
Ingerl, Reinhard *Rohnke*, Christian	Markengesetz – Kommentar, 2. Auflage, München 2003

Kartellrecht

Bunte, Hermann-Josef   Kartellrecht, München 2003

Ensthaler, Jürgen   Kartellrecht, Berlin/Heidelberg 2005
Gesmann-Nuissl, Dagmar

Loewenheim, Ulrich (Hrsg.) Kartellrecht, 2 Bände, München 2005
Meesen, Karl
Riesenkampff, Alexander

Mestmäcker, Ernst-Joachim   Europäisches Wettbewerbsrecht, 2. Auflage,
Schweitzer, Heike   München 2004

Wiedemann, Gerhard   Handbuch des Kartellrechts, München 1999

If you have any concerns about our products,
you can contact us on
ProductSafety@springernature.com

In case Publisher is established outside the EU,
the EU authorized representative is:
**Springer Nature Customer Service Center GmbH
Europaplatz 3, 69115 Heidelberg, Germany**

Printed by Libri Plureos GmbH
in Hamburg, Germany